KB088548

학종
유감

학종유감

學綜遺憾

| 이천종 지음 |

금수저, 깜깜이, 쓰앵님…
'학종'은 왜 공공의 적이 됐을까?

카시오페아
Cassiopeia

한국인과 입시

고려 광종이 한반도에 과거제를 처음 들여올 때부터 조국 전 법무부 장관 파문까지, '입시'는 늘 논쟁거리였다.

집권 9년째인 958년, 광종은 호족을 견제하고 왕권을 강화하기 위해 후주(後周) 출신 쌍기(雙冀)의 건의를 받아들이는 형식으로 과거제를 들여왔다. 말 그대로 뼛속까지 각인된 '골품(骨品)' 사회였던 신라와 견줘 과거제는 가히 혁명이었다. 문벌 세력의 지배 구조가 뿌리 깊고 건국 공신이 득실거리던 고려 초창기, '시험'을 통해 지배 세력의 카르텔로 진입할 수 있도록 길을 터주었으니 말이다. 이는 기득권 세력을 향한 광종의 친위 쿠데타였는지도 모른다.

이때부터 조선 말 갑오경장 때 폐지되기까지 거의 1,000년 동안 과거제는 고려와 조선의 신분 상승 사다리로 작동했다. 조선 후기, 과거에 급제하기 위해 창의적인 학문 탐구보다는 시험을 위한 암기식 공부가 횡행하자 실학자를 중심으로 개혁론이 분출됐다. 수준 낮은 시문으로 시험을 봐서 당락을 결정하는 과거제 대신 공거제(貢擧制)와 같이 추천으로 인재를 등용하자는 주장도 나왔다.

세계적으로도 악명 높은 한국의 과열된 입시 문화는 일제 강점기 때로 거슬러 올라간다. 식민지라는 엄혹한 현실을 근근이 버텨가던 '2등 백성' 조선인에게 신분 상승 욕망을 해소할 만한 창구라고는 지필시험 정도가 거의 유일했다. 상급 학교 진학시험이라는 불빛을 보고 수많은 불나방이 달려들었다. 입학시험에 떨어진 소년이 자살하고, 시험지에 혈서를 써넣는 일도 벌어졌다.

해방 이후 '상아탑'을 향한 한국인의 열망은 국어·영어·수학 등 입시에 맞는 도구 과목 중심으로 교육과정을 파행적으로 운영하게 만들었다. 1970년대 말이 되자 입시 위주 교육 탓에 사회적 병폐가 심각한 상황에 이르렀다. 쿠데타로 집권한 전두환 정권이 민심을 얻으려고 본고사 폐지와 과외 전면금지 카드를 빼 들었을 정도다.

1986년 1월 15일 새벽, '행복은 성적순이 아니잖아요'라는 내용의 유서를 남기고 여중생이 스스로 목숨을 끊었다. 전교 1등을 하던 중3 여학생의 이 비극적인 사건은 입시 과열로 치닫는 우리 사회에 경종을 울렸다. 1989년 7월 같은 제목으로 개봉된 영화가 큰 반향을 불러일으키기도 했다. 그즈음 전국교직원노동조합의 전신인 전국교사협의회가 참교육을 기치로 내걸고 출범했다.

됐어(됐어)! 됐어(됐어)!
이제 그런 가르침은 됐어!
그걸로 족해(족해)! 족해(족해)!

내 사투로 내가 늘어놓을래

매일 아침 일곱 시 삼십 분까지

우릴 조그만 교실로 몰아넣고

전국 구백만의 아이들의 머릿속에

모두 똑같은 것만 집어넣고 있어

- 서태지와 아이들, '교실 이데아' 중

1994년, '서태지와 아이들'의 3집 수록곡 '교실 이데아'는 거친 헤비메탈 사운드로 획일적인 입시 교육의 문제점을 정조준했다. 시험지 도난(1992학년도 후기 대입 학력고사 문제지 유출 사건)이라는 초유의 일을 겪은 92학번들과 한 해 두 차례 수능을 치른 94학번들의 노래방 애창곡이었다. 점수로 줄을 세우는 입시 교육의 굴레에서 벗어나자는 외침이었다.

1995년 김영삼 정부에서 발표한 '5·31교육개혁안'이 그 응답이었다. 학교에서 배우는 과정을 중시하고, 이를 통해 학생의 다양성을 찾자는 학생부종합전형(학종)의 뿌리가 여기에 있다. 이를 바탕으로 노무현 정부에서는 2008학년도부터 미국식 입학사정관제를 실시토록 명문화했다. 줄을 세우더라도 '여러 줄'을 세우자는 취지였다.

입학사정관제는 이명박 정부 첫해에 처음 시행됐는데, 이듬해 모든 대학이 일괄 도입하도록 밀어붙이면서 부작용이 커졌다. 2019년 하반기 치열했던 논란에서 보듯 초기엔 '부모찬스'로 특혜를 누린 경우가 적잖았다. 대학들이 스펙을 평가요소로 삼는다는 사실이 확인되자 발빠른 수험생과 학부모, 고등학교들은 '스펙 사냥'에 뛰어들었다.

이런 우려가 커지면서 박근혜 정부 들어 학교 교육만으로 대학에 갈 수 있도록 하자는 취지에서 업그레이드한 게 바로 학종이다. 학종은 내신(학생부교과) 외에 봉사활동이나 수상경력, 동아리활동, 자기소개서 등 다양한 비교과활동을 입시에 활용한다.

그러나 지금 학종은 신음하고 있다.

돈과 권력, 인맥과 정보가 있는 자들에게 유리한 '현대판 음서제도'라는 비판, 평가 근거를 알 수 없다는 '깜깜이 전형' 논란, '쓰앵님(JTBC 드라마 〈SKY 캐슬〉 여주인공이 '선생님'을 '쓰앵님'으로 발음한 데서 비롯된 유행어로 고액 입시 컨설턴트를 뜻함)'으로 상징되는 사교육 부담을 늘렸다는 지적 등으로 공공의 적이 됐다.

최순실 씨 딸의 이화여대 부정입학 사건, 숙명여고 쌍둥이 자매 내신 파문, 조국 전 장관 딸의 입학을 둘러싼 의혹 등을 거치면서 서민들은 〈SKY 캐슬〉 속 이야기가 실제로 있는 일이라고 여기게 됐다.

서울대를 비롯한 주요 대학의 대세 전형으로 자리매김한 학종은 '3인 4각' 경기가 된 지 오래다. 학생과 엄마·아빠가 제대로 합을 맞춰야 골인점을 통과할 수 있다. 학생 혼자 열심히 뛴다고 해서 이길 수 있는 구조가 아니다. 교과 성적은 물론 '자동봉진(자율·동아리·봉사·진로활동)'의 비교과를 두루 잘하는 1등급 아이로 키우려면 '공부+알파(α)'를 갖춰야 한다. 알파는 재력은 기본이고, 권력에 따라붙는 인맥과 정보로 무장한 학부모라야 수월하게 얻을 수 있다. 알파는 '엄마 찬스', '아빠 찬스'로도 불린다. 학종이 '금수저 전형'이라고 뭇매를 맞는 이유다.

대입으로 가는 큰 강이 물줄기를 틀자, 고입으로 가는 샛강은 더 빠르고 거칠게 물길을 냈다. 상위권 대학을 학종으로 입학하는 데 유리하다는 입소문과 함께 영재고 · 과학고, 외고 · 국제고 등 특목고(특수목적고), 전국형 · 광역단위 자사고(자율형사립고) 등의 인기가 치솟으면서 고입 경쟁이 과열됐다. 절대다수인 일반고는 '2부 리그'로 낙인찍혔고, 고교는 1960~1970년대처럼 서열화됐다.

고입 경쟁은 훨씬 아랫단위까지 영향을 줬다. 초등학교 1~2학년 학생들이 영재 · 선행학습 학원으로 내몰렸다. 불안한 학부모들은 아이가 한 살이라도 어릴 때 학원에 보내기 위해 아등바등했고, 아이들은 학원에서 허우적댔다. 집집마다 껑충 뛴 사교육비에 곡소리가 터졌다. 연애와 결혼, 출산을 포기한 '3포 세대'가 등장했다.

학력고사와 수능 세대인 지금의 학부모 상당수에게 학종은 낯설고 불편하다. 먹고살기도 빠듯한 서민이나 늘 시간에 쫓기는 맞벌이 부부, 입시에 큰 관심이 없던 학부모들이 학종이라는 제도를 인지하는 건 보통 자녀의 입시를 준비하면서다. 고3 원서접수를 할 때쯤에야 아는 이들도 허다하다. 입시 전문가들조차 어떻게 손을 써볼 수 없는 경우다. 최소한 고교 입시를 치르는 중3, 아니면 고1 1학기 중간고사를 치르기 직전에라도 눈치를 채야 비빌 언덕이 생긴다.

입시 흐름에 민감한 '학종맘'은 다르다. '맹모(孟母)의 길'을 따라 이미 대치동으로 향했다. 대치동 초등학교와 중학교에는 전학생이 쇄도한다. 그러나 '강남 속의 강남'은 진입장벽이 높다. 고액의 사교육비에도 끄떡하지 않을 만한 내공을 갖춰야 버틸 수 있다. 영어유치원은 물론이고 초등학교 1~2학년부터 '영재고 · 과학고 · 특목고 · 자사고'를 목표로 고입 지옥에 뛰어들어야 한다. 3년 선행학습은 대치동에서는 불문율이다. 학원가는 불야성을 이룬다.

2019년 여름 '조국 사태'로 촉발된 대입제도개편 논의로 '정시 확대론'이 다시 분출했다.

정시 확대파의 주장은 비교적 선명하다. 수능이 가장 공정하고 학종은 불공정한 전형이라는 것이다. 조지 오웰의 《동물농장》에 나오는 '네 발은 좋고 두 발은 나쁘다!'라는 슬로건처럼 선명한 메시지다. 이들은 수능이 모두에게 기회가 제공되는 열린 대입전형이라는 점을 강조한다. 내신 성적이 뒤처지는 학생, 비교과활동이나 학교생활기록부(생기부)에서 내세울 게 그다지 없는 일반고 학생, N수생과 만학도 모두에게 동일한 기회가 제공된다는 것이다.

국민 10명 중 6명 이상은 정시전형에 손을 들어주고 있다. 2019년 9월 5일 tbs가 여론조사 전문 업체인 리얼미터에 의뢰한 "'수시 vs 정시' 대학입시제도에 대한 국민여론" 현안 조사에 따르면, 응답자 501명 중 63.2%가 '정시가 보다 바람직하다'라고 답했다. '수시가 보다 바람직하다'라는 응답은 22.5%에 불과했다.

학종 개선론자는 정시 확대가 '예비고사·본고사, 학력고사, 수능'으로 이어지는 획일적 입시의 악몽으로 돌아가는 것이라며 강하게 반대한다. 길게 줄을 세운 학벌 구조는 입시 피라미드 최상층부의 몇몇을 제외하고는 모두를 소외시킨다는 것이다.

4차 산업혁명을 앞둔 지금 상황에 주입식 입시 교육은 시대착오적이다. 4차 산업혁명 시대에는 정답을 기억하는 능력은 의미가 없다. 지식과 정보의 흐름에 실시간 접속할 수 있으니 검색해보면 된다. 그보다는 넘쳐나는 정보 중에서 필요한 것을 갈무리하고 해석하는 능력이 더 높은 평가를 받는다. 정보를 가공하고 융합해 새로운 무엇을 창조하는 게

'21세기에 요구되는 능력'이다.

나는 2019년 3월 '4차 산업혁명과 미래교육'을 주제로 교육 전문가와 학부모, 청년, 30대 대기업 인사 담당자 등을 대상으로 설문조사를 했다. 지금과 같은 학교 교육으로는 빛의 속도로 변하는 4차 산업혁명 시대에 적응하기는커녕 도태될 수밖에 없다는 우울한 결론이 나왔다. 가장 많이 언급된 문제점은 '입시 위주의 주입식 교육', '다양성과 창의성이 실종된 획일적인 교육 시스템'이었다.

참교육연구소 전경원 소장은 이렇게 진단했다.

"19세기에 고안된 형태의 교실에서, 20세기에 태어난 교사들이, 21세기를 살아갈 학생들을 가르치고 있다."

불공정한 '학종'과 미래에 어울리지 않는 '주입식 교육'의 틈바구니에서 교육 현장은 신음하고 있었다. 드라마 〈SKY 캐슬〉과 조국 사태는 어찌 보면 '입알못(입시에 대해 잘 알지 못하는 사람)'에게 현 입시제도의 딜레마를 알게 해준 고마운(?) 도우미인지도 모른다. 거액을 받는 입시 코디네이터가 일명 'SKY 캐슬'의 금수저를 위해 생기부(학교생활기록부)와 내신, 수능까지 철저하게 관리해준다는 설정이 호기심을 자극해 학종이 대세가 된 수시전형을 널리 알렸으니 말이다.

학벌사회 한국에서 입시는 민심의 역린이다. 용의 턱밑에 거꾸로 난 비늘을 다루는 그 자리는 독이 든 성배다. 군사정권의 총칼도 무력했고, 민주화 이후 숱한 개혁도 허사였다. 입시는 여전히 그 자리에서 정권의 목을 겨눈다.

문재인 정부 들어서도 입시개혁 성적표는 그다지 신통치 않다. 조국 사태로 불거진 교육개혁 여론에 문재인 대통령이 정시확대와 고교서열화 해소, 학종 개선을 지시하면서 교육부가 부산하다. 하지만 이번 대책은 2017년 문재인 정부 출범 이후 3년째 되풀이되는 대입제도 수술이라는 점에서 일선의 혼란만 키운다는 비판도 거세다.

한국의 입시제도는 수컷 농게의 커다란 집게발 신세인지 모른다. 농게의 집게발은 전체 몸무게의 절반에 달할 만큼 지나치게 크고 무겁다. 다른 수컷과의 경쟁에서 이기려고 쓸데없이 덩치를 키워서다. 경쟁에서 이기고 나면 집게발은 쓸모가 없다. 아니, 해롭다. 쓸 데도 없는 집게발 때문에 과하게 소모되는 에너지를 충전하려면 먹잇감이 배로 필요해서다. 먹이를 찾아 더 자주 갯벌로 나가야 하고, 이는 천적인 새들에게 더 자주 노출돼 포식당할 가능성을 높일 뿐이다.

수컷 농게의 비극을 피하는 길은 자명하다. 쓸모없는 집게발을 도려내는 것이다. 빠르면 빠를수록 좋다.

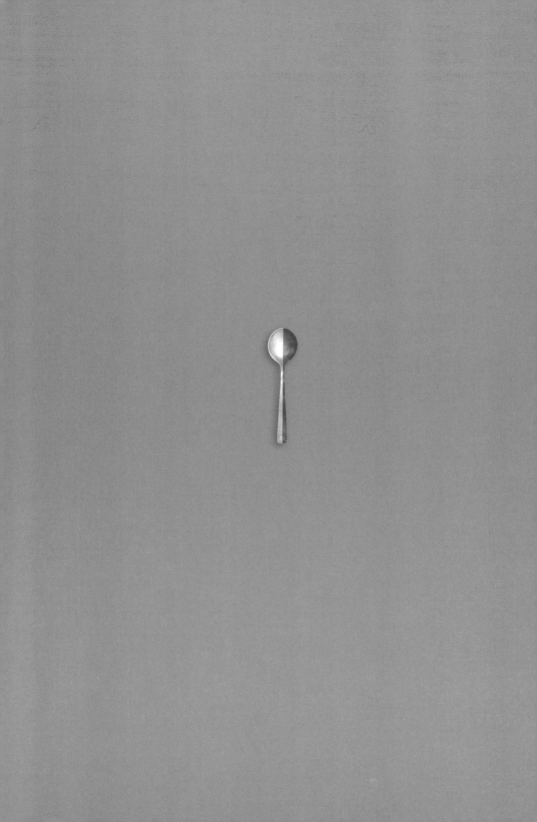

차 례

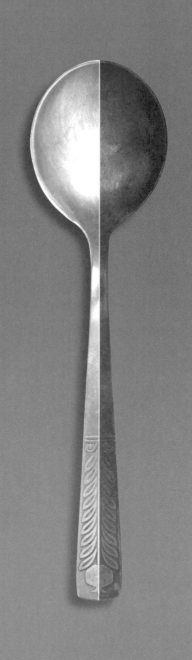

1장

학종
톺아보기

2019년은 역사책에 '학종의 해'로 기록될 것 같다.

국회 인사청문회를 앞두고 조국 법무부 장관 후보자 자녀의 대학입시 관련 의혹이 한창이던 9월 1일. 문재인 대통령은 동남아 3개국 순방길에 오르기 직전에 중요한 메시지를 던진다. 문 대통령은 "그동안 입시제도를 개선하려는 노력이 있긴 했지만 여전히 입시제도가 공평하지 못하고 공정하지도 않다고 생각하는 국민이 많다"라면서 "특히 기회에 접근하지 못하는 젊은 세대에게 깊은 상처가 된다는 점을 직시해야 한다"라고 언급했다.

문 대통령은 또 "공정의 가치는 경제 영역에 한하는 것이 아니고 다른 사회 영역, 특히 교육 분야에서도 최우선의 과제가 돼야 한다"라며 "이상론에 치우치지 말고 현실에 기초해서 실행 가능한 방안을 강구하라"고 강조했다.

조 후보자와 관련한 각종 의혹이 불거진 상황에서 문 대통령의 첫 언급이 '대입제도'라는 점에서 파장이 컸다. 당장 여야가 "교육개혁의 기회로 삼자"(여당), "조국 정국 물타기다"(야당)라며 맞섰다.

교육제도적 관점에서 공정성 논란의 도마에 오른 학종이 전면 수술대에 오를 것이라는 전망부터 정시 확대와 수능시험 개편론까지 제기됐다. 교육부도 부랴부랴 대책 마련에 나서겠다고 밝히고 다음 날부터 실무 작업에 들어갔다. 수능 관련 일부 업체의 주가가 상한가에 육박할 정도로 급등하는 등 시장의 반응도 즉각적이었다.

진보 교육계는 문 대통령의 발언이 정시 확대로 흐르는 것을 경계했다. 전국교직원노동조합은 9월 4일 성명서를 내고 "대통령의 발언은 대입제도 개편 공약을 집권 3년 차인 지금껏 이행하지 않다가 이제 와 급작스럽게 재검토하라는 것"이라며 "정치적 난제를 풀기 위해 교육을 수단화해서는 안 된다. 또한 이를 빌미로 사교육 시장이 들썩이고, 교육 현장의 혼란이 가중되며 백년대계인 교육이 좌지우지되는 일은 없어야 한다"라고 우려했다. 전교조는 특히 정시를 확대하려는 흐름에는 명확히 반대한다는 점을 강조했다. 실천교육교사모임도 성명에서 "정치적 위기를 모면하고자 입시를 이용한 것은 아니길 바란다"라며 "대통령 지시로 정시 확대 기대가 커지면서 학교 교육이 과거 문제풀이식으로 돌아갈 위기에 처했다는 점이 개탄스럽다"라고 지적했다.

이 때문인지 '대입제도 전면 재검토'의 방향은 처음에는 학종 개선 쪽으로 가닥이 잡혔다. 유은혜 사회부총리 겸 교육부 장관은 4일 문 대통령이 지시한 대입제도개편과 관련해 "학종의 투명성과 공정성을 높일 방안을 최우선으로 마련해 발표할 계획"이라고 말했다. 일각에서 거론된 정시 확대에 대해서 유 부총리는 "정시와 수시 비율 조정으로 불평등과 특권의 시스템을 바꿀 수 있다고 생각하지 않는다"라며 선을 그었다. 정시 확대와 수시 비율 조정은 찬반이 극명하게 갈리기 때문에 카드를 빼 드는 순간 교육계 전반에 대혼란이 불가피하다는 점을 고려한 것으로 보인다. 반면 '금수저·깜깜이' 전형으로 낙인찍힌 학종 개선의 필요성에는 양측 모두 공감하고 있기에 후유증이 덜하다. 교육부도 그간 학종 개선안을 마련해왔던 만큼 정책의 연속성도 유지할 수 있다.

교육시민단체인 사교육걱정없는세상(사걱세)도 이날 기자회견을 열고 대입 공정성 확보를 위해 생기부 기재 항목인 수상경력, 자율동아리활동, 자기소개서를 학종 평가요소에서 제외해야 한다고 주장했다.

대입제도개편 논의로 관심을 모은 9월 18일 당정청협의회는 '정시 확대 불가, 학종 개선'이라는 기존 입장을 재확인했다. 수시와 정시 비율 조정은 사실상 논의 대상에서 제외한 셈이다. 그러면서 여당 내 '교육공정성강화특별위원회'를 구성하고, 위원장에 정책위원장 출신인 김태년 의원을 앉혔다. 특위는 교육 공정성 관련 문제를 점검하고 대책을 내놓기로 했다.

유 부총리는 9월 26일 오전 국회에서 열린 더불어민주당 교육공정성강화특별위원회와 교육부의 연석회의에서 "학종에 대해서는 지난 10여 년 동안 부모의 경제력과 정보력에 따라 자녀의 스펙이 만들어진다는 사회적 불신이 대단히 컸다"라고 말했다. 유 부총리는 오후에는 서울 여의도 교육시설재난공제회에서 열린 교육신뢰회복추진단 회의 모두발언에서 "학생부종합전형에서 학교생활기록부(생기부) 비교과 영역 폐지 등 모든 대책을 검토하고 있다"라며 강도 높은 개편을 예고했다. 그는 "학부모의 힘이 자녀의 대학입시에 크게 영향을 주는 것은 절대 용납할 수 없으며 과감하게 제도를 개선하겠다"라고 강조했다. 학종의 핵심으로 꼽히는 학생부 비교과 영역은 이른바 '자동봉진'으로 불리는 자율활동, 동아리활동, 봉사활동, 진로활동 항목을 뜻한다. 또 학종 비율이 높고 자사고·특목고 출신 학생이 많은 전국

13개 대학을 대상으로 실태 조사와 감사를 벌여 학종 운영 실태를 파악하고, 그 결과를 토대로 11월에 구체적인 제도 개편 최종안을 내놓겠다고 밝혔다. 그렇지만 10월 들어 상황은 급반전된다. 문재인 대통령이 10월 22일 국회 시정연설에서 직접 '정시확대' 카드를 빼들었다. 사흘 뒤인 25일에는 이 정부 들어 처음으로 교육개혁관계장관회의를 소집해 "수시에 대한 신뢰가 형성될 때까지 서울의 주요 대학을 중심으로 수시와 정시 비중의 지나친 불균형을 해소할 방안을 조속히 마련하라"며 정시확대 방안 마련을 지시했다. 문 대통령은 "(수시 비중 확대는) 학생부의 공정성과 투명성, 대학의 평가에 대한 신뢰가 먼저 쌓인 후에야 추진할 일"이라며 "그때까지는 정시가 능사는 아닌 줄은 알지만 그래도 지금으로서는 차라리 정시가 수시보다 공정하다는 입시당사자들과 학부모들의 목소리에 귀를 기울여야 한다"고 강조했다.

학종은 2019년 초 JTBC 드라마 〈SKY 캐슬〉의 흥행으로도 널리 회자됐다. 이 드라마는 입시가 한국 사회를 관통하는 코드임을 새삼 각인시켰다. 2018년 11월 23일부터 2019년 2월 1일까지 방영됐는데 종합편성채널이라는 한계에도 대박을 터트렸다. 시청률 조사 회사 닐슨코리아에 따르면 〈SKY 캐슬〉 20회는 전국 기준 자체 최고 시청률인 23.779%를 기록했다.

학종은 수험생이나 학부모가 아니면 낯선 소재다. 그런데도 이 드라마가 이토록 인기를 끈 비결은 뭘까. '기승전 대입'인 한국 사회에서 '0.1%' 상류층이 자녀의 서울대 의대 합격을 위해 재력을 활용해 학종의 허점을 비집고 들어간다는 설정이 주효한 것 같다. 점수로 계량화하는 정량평가와 달리 정성평가 방식인 학종 제도의 한계를 제대로 파고든 수작이다. 흙수저들은 드라마를 보며 공분했다.

〈SKY 캐슬〉과 학종을 다룬 기사가 쏟아졌고, 댓글에는 학종 비판론과 옹호론이 뒤엉키면서 논란이 증폭됐다. 시청자들은 청와대 국민청원 게시판에 대입, 그중에서도 수시전형인 학종과 관련한 청원 글을 쏟아냈다.

중학생과 대학생 자녀를 둔 학부모가 '교육부 장관님께 대학입시 개혁을 바랍니다'라는 제목으로 올린 장문의 청원 글에는 따끔한 일침이 담겼다.

요즘 인기 있는 드라마 스카이캐슬을 보면 많은 요소들이 조금 과장되고 맞지 않는 내용도 많지만 한 가지 불변의 진리는 코디를 통하면 자기 능력보다 내신도 잘 받고 대학도 더 잘 보낸다는 사실입니다. 그런데 코디는 평민이 고용할 수 없다는 사실이죠.

- 국민청원 홈페이지, "교육부 장관님께 대학입시 개혁을 바랍니다" 중

현직 고교 국어 교사이자 초등학생과 유치원생을 둔 청원인은 'SKY캐슬? 캔슬! - 서울대 폐지(대학평준화) 국민 청원'이라는 제목의 글에서 "드라마가 과장됐다지만, 실제 학교에서 아이들이 느끼는 잠재적 스트레스는 이보다 더하다는 것을 현장 교사로서 말씀드릴 수 있다"라고 단언했다. 그러면서 진보 진영에서 제기된 바 있는 대학 평준화의 첫걸음으로 서울대 폐지론을 주장했다. 기존 서울대의 물리적 공간을 유지하면서, 서울대 및 지방의 국립대학들과 더불어 '국립대통합네트워크', '대학연합체제', '국립대 공동 학위 수여' 등으로 불리는 정책을 추진하자고 제안하기도 했다.

엄마·아빠와 함께 뛰어야 하는 2인3각 또는 3인4각 경기로 변질된 학종에 대한 분노가 가장 컸다. 유사 이래 중요성이 가장 커졌지만 공정성이 훼손된 내신에 대한 불만과 성적이 좋거나 있는 집 아이들에게 몰아주는 수상

경력 등도 도마에 올랐다.

2019년 1월 7일 정부세종청사 인근에서 열린 출입기자 신년 오찬 간담회에서 유은혜 부총리는 〈SKY 캐슬〉을 두고 "과도한 부분이 있지만 현실을 반영한 것 같다"라고 말했다. 그러면서 "수백만 원대 입시 코디가 있다는 기사를 읽었다. (사교육을) 비판하는 사람들도 내 아이의 문제가 되면 그렇게 한다더라"고 전했다. 유 부총리는 "대입제도가 너무 자주 바뀌어서 사교육 열풍을 조장하는 측면이 있다"라는 지적에는 "대입제도 자체는 건드리지 않더라도 수시 학생부종합전형의 공정성에 대한 문제 제기가 계속 이뤄지고 있다는 점을 감안해야 한다"라고 의견을 제시했다.

서울대 오세정 신임 총장이 취임 후 처음으로 서울대 출입기자 간담회를 가졌을 때, 이를 다룬 신문의 헤드라인도 '〈SKY 캐슬〉과 학종'이었다. 오 총장은 서울대 신입생 선발에서 학종의 투명성을 높이겠다고 했다. 드라마에서와 같이 학종에 대한 우리 사회의 불신이 높은 만큼 입학 정책을 다루는 별도 기구를 만들어 신입생 선발 절차를 장기적으로 개선해가겠다는 계획을 밝힌 것이다.

드라마를 통해 드러난 학종의 부정적 키워드는 세 가지로 요약된다. 금수저, 깜깜이, 그리고 쓰앵님.

키워드 하나,
금수저

씁쓸한 방정식,
'학종 = 금수저 전형'

"학부모의 힘이 자녀의 대학입시에 크게 영향을 주는 것은 절대 용납될 수 없는 일이다."

2019년 9월 26일 서울 여의도 교육시설재난공제회관에서 열린 제13차 교육신뢰회복추진단 회의에서 유은혜 부총리가 한 말이다. 조국 법무부 장관 딸의 '금수저 스펙' 활용 의혹이 불거진 뒤 금수저 전형으로 비난받는 학종 개선에 박차를 가하겠다는 의지를 밝힌 것이다.

유 부총리는 나흘 뒤인 9월 30일 교육부 출입기자단 간담회에서도 비슷한 맥락의 발언을 이어갔다. "학종이 계층 격차를 심화하는 결과를 낳은 데 따른 불신이 정시 확대 요구로 이어졌다"면서 "실제 학종에 부모의 힘이 어떻게 영향을 미치는지 살펴보겠다"라고 말했다. 불공정 여론이 들끓는 학종에 대해 교육 당국의 수장까지 나서서 '메스'를 대겠다고 선언한 것이다.

도대체 왜 학종이 금수저 전형이라는 뭇매를 맞는 것일까.

학종은 원래 시험 한 방으로 승부하지 않고 과정을 두루 평가하는 정성평가다. 건국대와 경희대, 연세대, 이화여대, 중앙대, 한국외대 등 6개 대학의 입학사정관들이 함께 만든 〈학생부종합전형 101가지 이야기〉라는 책자에서는 학종의 도입 취지를 이렇게 설명한다.

점수 위주 학생 선발에서는 오직 점수의 높고 낮음에 따라 합격·불합격이 결정됩니다. 평가의 공정성과 객관성을 강조하는 입장에서는 간단하고 편리한 방법이 될 수 있으나 점수가 과연 학생의 능력이나 잠재력, 발전 가능성 등의 정보를 얼마나 많이 담고 있는가에 대해서는 의문을 가지게 됩니다. 수학 1등급을 받은 학생이 과연 수학 교과에서 어떤 역량을 발휘할 수 있는지는 알 수 없습니다. 문제를 잘 풀 것이라는 가정은 가능하지만, 수학이라는 학문의 구조를 어느 정도 맛보았으며 어떤 의미와 목적의식을 가지고 수학 공부에 임하여 어떤 성장을 이루게 됐는지는 확인이 어렵습니다. 학종은 수치로는 비슷하게 묘사될 수 있지만 실제 너무나 다양한 능력을 갖춘 학생들의 가능성과 역량을 평가하기 위하여 도입한 종합적인 평가제도입니다. 수치로 드러나는 교과 성적만을 반영하지 않고, 지원자가 제출하는 학교생활기록부, 자기소개서 등을 바탕으로 학업능력뿐만 아니라 학업에 대한 태도, 도전정신, 열정과 발전 가능성 등을 종합적으로 평가하는 방식입니다.

- 건국대 외, 〈학생부종합전형 101가지 이야기〉, p.14

구구절절 옳은 말이다. 1점으로 당락이 갈려 '시험 당일 컨디션도 실력'이라 했던 잔인한 시절로 되돌아갈 순 없지 않은가. 배우는 과정을 중시하고, 학생의 다양성을 찾는 '긴 여행'이 학업의 본령이다. 그러나 살벌한 입시 레이스에서 뛰는 선수에게는 한가한 소리로만 들린다.

학종 체제 아래서는 더욱 불안하다. 이 체제에서는 부모가 재력과 사회적 지위 등을 은밀하게 활용하면 자녀가 지닌 능력 이상의 성과물을 끌어낼 수 있다. 고액의 컨설팅으로 스펙을 꾸민다면 실력보다 한 단계 나은 대학에 보낼 수 있다. 눈 질끈 감고 갓길로 내달려도 벌금 한 푼 내지 않은 채 목적지에 다다르는 이들이 여기저기 숱하다.

확증할 수 있는 '스모킹건'은 아니더라도 의혹을 뒷받침하는 정황증거는 수두룩하다. 일단 수험생이 선호하는 '인(in) 서울' 대학에는 상대적으로 고소득층 자녀들이 많다. 국회 교육위원회 소속 더불어민주당 박찬대 의원이 교육부와 한국장학재단으로부터 제출받아 분석한 '최근 2년간 전국 대학별 국가장학금 신청 현황 자료'를 입수해 살펴봤다.

자료는 288개 대학과 전문대학 본교를 대상으로 했는데, 소득 8분위 이하(2019년 1학기 기준, 월소득 922만 원 이하) 중산층과 저소득층만 신청할 수 있는 국가장학금을 적게 교부받은 대학은 주로 서울에 소재지를 두고 있었다. 고소득층인 소득 9분위(월소득 922~1,384만 원)와 10분위(월소득 1,384만 원 초과)는 국가장학금 지급 대상에서 제외되는데 이들이 서울 소재 대학에 많다는 뜻이다. 상위 7개 대학 재학생들의 국가장학금 지급 비율은 평균 22% 수준으로 전국 288개 조사 대상 대학 평균 국가장학금 지급률 54%의 절반에도 못 미쳤다.

학교별 순위는 2018년 1학기 기준으로 한국외대(15.93%), 경희대(17.69%), 서울대(23.43%), 성균관대(24.76%), 서강대(25.22%), 연세대(25.93%), 고려대(26.03%) 순이었다. 2019년 1학기 기준으로는 한국외대(15.26%), 경희대(17.75%), 서강대(24.33%), 성균관대(24.62%), 서울대

(24.67%), 연세대(24.86%), 고려대(25.09%) 순이었다.

박찬대 의원은 "서울권 주요 대학에 고소득층 자녀들이 많이 다니고 있다는 것은, 대학이 계층 격차 극복의 수단이 아닌 계층 공고화의 수단으로 작용한다는 것을 의미한다"며, "교육 계층 사다리 복원과 교육 격차 극복을 위해 체계적인 교육정책 설계가 시급하다"고 밝혔다.[1]

더불어민주당 안민석 의원이 2017년 한국장학재단으로부터 제출받은 '2015~2017년 8개 주요 대학 의약 계열 재학생 국가장학금 신청자 소득분위 현황'에 따르면 의·약대생의 53%도 고소득층 자녀인 것으로 파악됐다.[2]

이처럼 고소득층 자녀들이 서울 소재 상위권 대학과 의·약대를 독식하는 구조는 사교육비와 밀접한 관련이 있다고 분석된다. 서울 주요 대학들은 '돈 먹는 하마'로 불리는 학종을 꾸준히 늘려왔다. 사교육비를 부담할 여력이 되는 집안의 학생들에게 유리해진 것이다. 2017년 여성가족부가 발표한 '지역·가구소득·양육자 학력별 사교육 경험 통계'에 따르면 '사교육을 받은 적이 있다'라고 답한 비율은 가구 소득 600만 원 이상인 가정에서 자란 청소년의 경우 91%에 달했지만, 소득 100~200만 원 미만인 가정의 청소년은 50.5%에 그쳤다.

2016년 6월 전국대학입학관련처장협의회가 '학생부종합전형 발전을 위한 고교 대학 연계포럼'을 주최했는데, 여기서 발표한 자료에 따르면 학종은 내신만 보는 교과전형에 비해 월소득 상위 30%(500만 원 이상) 가정 자녀의 합격자 비율이 그 이하인 자의 1.5배였다. 그중에서도 월소득 1,000만 원 이상 가정 자녀의 합격자 비율은 30% 이하인 자에 비해 2배 높았다.[3]

드라마 〈SKY 캐슬〉에서나 나오는 '픽션'이기를 바라지만 우리는 매일 '팩트'를 담은 뉴스로 확인하고 있다. 이 때문에 학종은 돈과 권력, 인맥, 정보가 있는 자들에게 유리한 '현대판 음서제'라는 비판에 시달린다.

조국 전 장관 자녀를 둘러싼 의혹은 학종의 전신 격인 입학사정관제의 추악한 민낯을 적나라하게 보여줬다. 입학사정관제는 도입 초기부터 적잖은 부작용을 낳았다. 2010년을 전후해 대학입시 시장에서는 논문과 봉사활동, 인턴 경력 등 '스펙 쌓기' 열풍이 불었다. 조 전 장관 자녀가 활용한 고려대 '세계선도인재전형'도 당시 대표적인 '외고 특별전형'이라 불렸다. 만점에 가까운 어학 성적이나 당시 외고에서만 시험을 치를 수 있었던 AP(Advanced Placement) 성적 등이 있어야 지원할 수 있었다. 자연 계열로도 선발했기에 외고 학생들이 이공계나 의전원에 진학하는 수단으로 활용하기도 했다.

발 빠른 특목고는 학부모 네트워크를 적극 활용했다. 당시 고교생들의 논문 공저자 등재는 유행처럼 번지며 그들만의 성을 쌓았다. 교수들이 자기 자녀를 논문 공저자로 올려 대학 진학에서 유리한 고지를 확보한 것이 단적인 사례다.

교육부는 2019년 5월 13일 〈교육부·과기정통부, 책임 있는 대학의 연구문화 확립에 나선다〉라는 보도자료를 배포했다. 이 자료를 보면 2007년 이후 전국 총 50개 대학 소속 교수 87명이 139건의 논문에 자녀를 공저자로 올린 것으로 드러났다. 조사 대상 대학 중 서울대 교수가 가장 많았다. 7명의 교수는 논문에 대한 기여가 없는 자녀를 논문 12편의 공저자로 올리기도 했다. 드러난 것은 빙산의 일각일지 모른다. 10월 17일 교육부는 정부세종청사에서 '제14차 교육신뢰회복추진단' 회의를 열고 미성년 공저자 논문 관련 15개 대학 감사 결과를 발표했는데 충격적인 결과가 나왔다. 5개월 만에 미성년자 논문 끼워넣기 사례 245건이 새롭게 밝혀졌다. 이로써 2007년 이후 총 794건의 미성년자 논문 사례가 교육부 감사로 드러났다. 이번 조사에서는 프로시딩(학술대회 발표용 연구 논문집)이긴 해도 중학교 1학년이 논문 저자로 기재된 경우까지 있었다.

서울 강남에 살고 소득이 많은 이들은 입시정보에도 상대적으로 밝다. "EBS〈대학입시의 진실〉제작팀에서 학부모가 입시에 대한 최소한의 기본정보와 지식을 어느 정도 갖춰야 하는지에 대해 입시 전문가가 출제한 관련 문제를 갖고 전국 학부모 1,500명에게 모의고사처럼 풀게 했다. 결과는 대도시로 갈수록 점수가 높아지고, 강남 3구가 평균 55.4점보다 3.3점 높은 58.7점이었으며, 월평균 소득 700만 원 이상 가구가 57.6점으로 300만 원 미만 가구 50.5점보다 7.1점이나 높았다."[4]

생기부에 담아야 하는 다양한 경험도 천양지차다. '흙수저'에게는 학교생활 빼고는 변변하게 적을 게 없으나 금수저에게는 일상조차 입시 코디의 손을 거치면 그럴듯하게 포장된다.

학종에서는 부모의 학교생활 지도 능력이 중요하다. 고등학교 3년의 성공적인 로드맵을 위해 부모는 자녀의 학사일정부터 파악해야 한다. 축제나 주요 행사, 교내 경시대회 일정까지 꿰고 있어야 한다. 과학고와 일반고 등에서 숱한 입시를 치른 교감 A 씨는 한 고교 입학설명회에서 "아이는 중학교 3학년 때 고교 과정을 선행하고, 부모는 자녀의 진로 설정은 물론 입학할 고등학교의 시험과 각종 대회, 동아리 등을 파악해 놔야 입시에서 승산이 있다"라고 너스레를 떨기도 했다. 직접 하기 벅차면 입시 컨설팅 전문가에게 의뢰라도 해야 한다. 그래야 내신시험에 영향을 주지 않는 선에서 비교과활동을 연 단위로 체계적으로 할 수 있다. 생기부에 기록되는 수많은 수상 기록이 그냥 하늘에서 떨어지는 게 아니다. 김은실 입시 컨설턴트는 이렇게 분석했다.

"강남에서는 교내 대회 사교육도 성업 중이다. 매년 4월 과학의 달에 치르는 과학탐구토론대회가 대표적이다. 준비 과정에 사교육이 파고들자 학교는 대회 주제를 당일 발표하거나 그 전날 발표하는 식으로 진행했다. 사교육 폐해를 줄이려는 고육지책으로. 그럼에도 학원에서는 다양한 예상 주제로 학생들을 연습시켰다. 대회 전날 주제를 발표한 경우에는 전날 밤늦도록 학원에서 독서실까지 이동해가면서 개인 또는 그룹지도로 연습을 시켰다. 마치 숨바꼭질을 하듯 사교육을 통해 출발선을 추월하는 부모와 학생들…. 그러나 입상 결과를 보면 헛돈을 쓴 게 결코 아니다."[5]

박세리와 류현진, 손흥민에겐 한 가지 공통점이 있다. 골프와 야구, 축구로 분야는 다르지만 코칭해준 아빠가 있었다는 거다. 입시에서도 코칭할 줄 아는 아빠의 시대라는 게 사교육계의 주장이다.

빠른 볼 하나로 에이스 투수가 되는 시절은 끝났다. 지금은 박찬호가 아니라 류현진의 시대다. 직구는 기본이고 슬라이더와 커브, 체인지업, 커터를 원하는 곳에 꽂아 넣을 수 있어야 한다. 학생과 함께 뛰는 강남 엄마, 대치동 아빠는 볼 카운트가 불리할 때 유용하게 쓸 수 있는 '체인지업'이다. 학종 시대에는 구종이 다양한 선수가 에이스다.

"이젠 사교육이 아니라 학교생활 지도에 주력해야 한다. 예전에는 자식 뒷바라지가 돈과 사교육이라고 했지만, 이제는 그 말이 통하지 않는다. 학교 선생님, 학원 선생님에게 자녀를 맡기는 게 아니라 부모가 코치하는 만큼 대학에 가는 시대가 됐다."[6]

　이런 역사적·사회적 맥락을 거치며 '학종=금수저 전형'이라는 방정식이 학부모의 뇌리에 똬리를 틀었다. 의심과 의혹이 각종 입시 비리가 불거질 때마다 사실로 확인되면서 흙수저의 분노는 하늘을 찌르고, 학종은 공공의 적이 됐다.

　이를 반영하듯 국민들이 입시에서 가장 중요하게 보는 것은 공정성이다. 2018년 대입제도 관련 입시제도 방향을 결정하기 위해 대입제도개편공론화위원회 시민참여단이 꾸려졌다. 이들이 생각하는 입시제도의 방향성을 설문조사로 살펴봤는데 '공정하고 투명한 입시제도가 중요하다'라는 의견이 95.7%로 가장 높게 나타났다. 그다음은 학교 교육 정상화에 기여하는 입시제도 92.8%, 다양한 적성 개발에 부합하는 입시제도 86.7%, 교육 기회의 형평성을 제고하는 입시제도 85.5% 순이었다. 대학 특성을 반영하는 입시제도의 중요성은 51.2%로 가장 낮았다.

무너진
교육 사다리

〈SKY 캐슬〉의 주인공 예서가 '서울대 의대'를 목표로 했듯이, 요즘 대세는 의대다. 그리고 국내 의대생 절반은 '금수저'다.

한국장학재단이 국회 교육위원회 소속 더불어민주당 김해영 의원실에 제출한 '2012~2019년 국가장학금 신청 현황' 자료에 따르면 국내 의대 재학생 가운데 48.08%는 가구소득이 9분위(월소득 인정액 922~1,384만 원)와 10분위(월소득 인정액 1,384만 원 이상)에 속한다. SKY, 즉 서울대와 고려대, 연세대 재학생 중에서는 40.7%가 9·10분위에 속했다. SKY를 포함해 경희대, 서강대, 성균관대, 이화여대, 중앙대, 한국외대, 한양대의 9·10분위 학생은 전체의 36.2%를 차지했다.

국내 의대에 진학한 고소득층 자녀는 극빈층인 기초생활보장 수급자와 차상위 계층 자녀보다 약 15배 많았다. SKY는 약 8배, 서울 주요 대학은 약 7.3배 많았다.

고소득층은 9·10분위 중에서도 10분위 학생들이 2배 이상 많은 것으로 파악됐다. SKY의 경우 10분위가 9분위의 2.7배이고 그중 의대는 2.9배였으며, 서울 주요 대학은 2.3배가량 많은 것으로 집계됐다. 반면 1분위(월소득 인정액 138만 원 이하), 2분위(월소득 인정액138~230만 원)에 속하는 재학생은 국내 의대와 SKY에서 모두 20% 미만으로 나타났다. 국내 의대의 경우 14.72%, SKY는 18.66%였다.[7]

부와 교육의 대물림 간 연관성을 보여주는 통계는 식상할 정도로 많다. "부모의 월소득이 100만 원 증가할수록 수능 영어 점수 백분위가 2.9단계 올라가고 국어는 2.2단계, 수학은 1.9단계 높아진다. 특목고, 자사고, 강남 3구 출신의 서울대 합격 비율은 올해 49.1%로 금수저 출신 비율은 증가 추세다. 2014년 기준 소득이 가장 높은 10%는 소득이 가장 낮은 10%보다 사교육비를 18배 많이 지출했다. 20조 원에 달하는 사교육의 가장 많은 부분은 경제적으로 여유 있는 계층이 지출한다."[8]

자식이 부모 직업군까지 대물림하는 '수저 계급론'은 여러 연구에서 입증된다. 한국노동연구원이 2017년 7월에 발표한 〈직업 계층 이동성과 기회불균등 분석〉 보고서에 따르면 아버지 직업이 1군이면 자녀 직업 역시 1군일 확률이 높았다. 대물림 경향성은 어머니의 직업과 자녀의 직업 간에도 나타난다. 또 1960~1975년생 자녀에 비해 1976~1996년생 자녀 그룹에서 기회불균등 정도가 더 컸다. 즉, 최근 청년층의 경제적 성과가 부모의 배경이라는 점으로 설명되는 비율이 더 높아진 것이다.[9]

저소득 계층의 자녀는 다시 저소득의 늪에 빠지는 빈곤의 악순환 경향이 커져, 시험을 통해 개천의 용이 될 가능성은 점점 더 줄어들고 있다. '정보화 세대'라 불리는 1975~1995년생들에게서 아버지가 중상층 이상일 때 자식도 중상층 이상일 확률은 아버지가 하층일 때 자녀가 중상층 이상이 될 확률보다 훨씬 높다.

한국보건사회연구원이 2015년 12월에 발표한 〈사회통합 실태진단 및 대응방안 Ⅱ-사회통합과 사회이동〉에 따르면 정보화 세대로 올수록 고학력 아버지의 자녀가 고학력일 가능성이 커진다. 직업 계층의 대물림도 확인된다. 아버지의 직업이 관리전문직인 경우에 자녀의 직업도 관리전문직인 경우가 많았다. 반대로 아버지의 직업이 단순노무직인 경우 자녀의 직업도 단순노무직인 경우가 많았다. 이들이 15세 무렵 속했던 계층과 현재 계층을 비교했을 때도 비슷한 흐름이 확인된다. 15세 무렵 하층이었을 경우에 현재도 하층일 가능성, 15세 무렵 상층이었을 경우에 현재도 상층일 가능성이 상당했다.[10]

이처럼 신분 상승의 사다리가 뚝 끊길 위기에 처한 한국 사회에 학종이 등장해 이를 더 가속화했다는 지적이다.

주목해야 할 부분이 사교육이다. '있는' 학부모들은 그저 학원에 보내고 과외를 시키는 사교육의 선을 훌쩍 넘어서고 있다. 자녀 입시 매니저, 이른바 '입시 코디'로 변신 중이다. 사교육비는 부의 대물림과 직접적인 상관관계가 있다. 서열화된 고교·대학 체제에서 입시를 통해 만든 스펙이 곧 신분 상승의 사다리 역할을 하기 때문이다. 아버지의 교육수준에 따라 사교육 참여율 격차가 나타나고, 월평균 교육비 지출과의 연관성도 뚜렷하다. 사교육을 통한 스펙의 향상이 결과적으로 미래 소득수준을 가른다.

한국교육개발원의 《2018 한국교육종단연구》를 보면 이런 관련성을 유추할 수 있다. 이 연구는 한국교육개발원이 2013년 초등학교 5학년이었던 학생 7,000여 명을 대상으로 5년간 추적해 구축한 종단 자료를 바탕으로 한다.

가장 눈길을 끄는 것은 교육비 지출 격차다. 종단 연구에 따르면 아버지의 교육수준이 대학원졸, 대졸인 가정의 자녀 월평균 교육비는 '100만 원 초과'인 경우가 가장 많았으나, 고졸과 중졸 이하인 가정의 월평균 교육비는 '20만 원 이하'인 경우가 가장 많았다.[11] 아버지의 교육수준에 따라 사교육 참여율도 큰 차이를 보였다. 종단 자료에 따르면 대학원졸·대졸인 아버지를 둔 학생은 90% 이상이 사교육에 참여했으나, 고졸인 아버지를 둔 학생은 약 79%, 중졸인 아버지를 둔 학생은 63%만이 사교육에 참여했다.[12] 더욱 안타까운 것은 아버지의 교육수준이 높을수록 부모의 학업적 지원이 더 많이 이뤄지고, 국어와 영어 과목의 학업성취도는 물론 창의성 정도까지 비례해서 높다는 것이다. 교육적 측면에서 보면 수저 계급 고착화 현상이 심화된 모양새다.

영어 교육 투자 면에서의 격차는 부모의 학력과 소득에 따라 학령기 영어 사교육비의 규모가 체계적인 차이를 보인다. 소득 수준이 비슷하더라도 영어를 접할 수 있는 환경의 지역 간 차이 때문에 영어 노출의 정도가 다르다. GIST(광주과학기술원) 기초교육학부 김희삼 교수가 2012년 KDI 연구위원 시절에 쓴 〈영어 교육 투자의 형평성과 효율성〉 보고서를 보면 일반적으로 부모의 소득이 많을수록 사교육비 지출액이 늘어나는 경향이 있는데, 영어 사교육도 예외는 아니다. 통계청의 2010년 사교육비 조사 결과에 따르면, 영어 사교육 참여율이 월소득 100만 원 이하 가구의 학생은 20% 수준이지만, 500만 원 이상 가구의 학생은 70% 수준으로 3.5배에 이른다. 또한 월평균 영어 사교육비 지출액(사교육 미참여 학생

포함)은 월소득 100만 원 이하 가구의 학생(1만 6,000원)에 비해 700만원 이상의 고소득 가구의 학생(16만 3,000원)이 10배 높다.[13]

지역별 편차도 뚜렷했다. 강남 아이 10명 중 5명은 초등학교 입학 전부터 영어 사교육을 시작했다. 시작 시기엔 차이가 있었지만, 영어 사교육을 받은 적이 없다고 답한 아이는 한 명도 없었다.

명문대를 보내는 코스인 특목고와 자사고는 귀족학교화됐다는 비판을 받고 있다. 이들 학교에 진학하려면 학생의 성적도 좋아야 하지만, 비싼 학비를 감당할 수 있는 경제적 능력이 뒷받침되어야 한다.

사립외국어고(외고) 평균 학비는 연간 1,100만 원이 넘고, 가장 비싼 곳은 1년에 1,900만 원 가까이 든다. 국회 교육위원회 소속 정의당 여영국 의원이 2019년 10월 교육부에서 받은 국정감사 자료에 따르면 2018년 회계 결산 기준으로 전국 사립외고 16곳의 학부모 부담금은 평균 1,154만 원이었다.

전국 외고 30곳(사립 16곳, 공립 14곳) 가운데 김해외고(공립)를 제외한 29곳을 분석한 결과다. 평균 학비를 항목별로 보면 학생 1인당 입학금이 평균 52만 7,000원, 연간 수업료가 평균 618만 원, 학교운영지원비는 67만 6,000원, 수익자 부담 경비(기숙사비·급식비·기타 활동비)가 416만 2,000원이었다. 16개 사립외고 가운데 12개 학교의 연간 학비가 1,000만 원을 넘었다. 경기외고가 1,866만 원으로 가장 비쌌다. 명덕외고(1,434만 원), 김포외고(1,370만 원), 대일외고(1,302만 원), 한영외고(1,285만 원), 대원외고(1,187만 원), 인천외고(1,186만 원) 등이 뒤를 이었다.

공립외고는 연간 학비가 평균 494만 7,000원으로 사립보다 평균 660여만 원 저렴했다. 이어 수원외고(703만 원), 동두천외고(598만 원),

성남외고(578만 원), 충남외고(561만 원), 미추홀외고(511만 원), 울산외고(496만 원), 대전외고(476만 원) 순이었다.

국제고의 경우 유일한 사립인 청심국제고의 연간 학비가 1,812만 원으로 가장 비쌌다. 공립국제고는 연간 학비 평균이 902만 원이었다. 동탄국제고(1,429만 원), 서울국제고(1,094만 원), 고양국제고(918만 원), 세종국제고(677만 원) 순이었다.

여영국 의원은 "외고, 국제고, 자율형사립고는 교육 불평등을 강화하고 기득권을 대물림하는 통로가 됐다"면서 "기울어진 운동장을 바로잡으려면 자사고·외고·국제고 등 특권학교를 폐지해야 한다"라고 주장했다.[14]

2018년 자사고 재학생은 1인당 900만 원에 가까운 학비를 냈다. 자사고 중 학비가 가장 비싼 곳은 강원 민족사관고로 한 해 약 2,700만 원을 내야 했다.

여 의원이 교육부로부터 제출받은 '자사고 연간 학비 현황'에 따르면, 2018회계연도 결산 기준 전국 42개 자사고의 학부모 1인당 연간 부담금은 평균 886만 4,000원이었다. 세부적으로 보면 수업료 418만 1,000원, 수익자 부담 경비 328만 8,000원, 학교운영지원비 131만 9,000원, 입학금 7만 6,000원 등이었다.

자사고 5곳 중 1곳 이상(21.4%)은 연간 학부모 부담금이 1,000만 원을 넘었다. 민사고는 학생 1명당 연간 2,671만 8,000원이 필요해 전국 자사고 42개교 가운데 학비가 가장 많이 들었다. 270만 원 내외로 알려진 일반고 학비의 약 10배에 가까운 금액이다. 서울 하나고(1,547만 6,000원), 경기 용인외대부고(1,329만 원), 인천하늘고(1,228만 1,000원) 등이 뒤를 이었다. 2019년 시·도교육청이 자사고에 내린 지정취소 통보 중 교육부가 유일하게 부동의권을 행사한 전북 상산고는 1,149만 원으로 5위에 올랐다. 경북 김천고(1,136만 4,000원), 울산 현대청운고(1,113만 7,000원), 서울 동성고(1,027만 6,000원), 충남 북일고(1,017만 6,000원) 등 총 9곳이 학부모 부담금 1,000만 원 이상을 기록했다.

자사고 중 학비가 가장 싼 곳은 전남 광양제철고(569만 4,000원)였다. 이 밖에 경북 포항제철고(677만 8,000원), 서울 세화고(689만 5,000원), 한가람고(694만 1,000원), 세화여고(694만 3,000원) 등이 그나마 학비가 저렴했다.

이처럼 한 해 2,000만 원 이상의 학비를 내는 고교가 있는 반면, 일선 학교에서는 가정 형편 때문에 일반고 학비조차 내지 못하는 학생이 한 해 3,000여 명에 달하는 것으로 나타났다. 여 의원이 공개한 교육부 자료에 따르면 최근 3년간 학비를 낼 여유가 없었던 학생은 8,945명이었다. 2016년 2,812명, 2017년 2,927명, 2018년 3,206명으로 증가하는 추세. 지역별로는 제조업 불황의 직격타를 맞은 경남이 2016년 10명에서 2018년 57명으로 가장 큰 증가 폭을 보였다.[15]

성인 10명 중 8명은 현재 교육제도가 부모의 직업·출신학교·경제력 등이 자녀에게 대물림되기 좋은 구조라고 생각한다는 설문조사 결과가 나왔다. 사걱세는 10월 7일 서울 용산구 사무실에서 기자회견을 열고 이런 내용을 골자로 한 '특권 대물림 교육에 대한 국민 인식조사 결과'를 발표했다.

여론조사업체 리얼미터가 9월 30일 사걱세 의뢰로 실시한 여론조사 결과를 보면 성인 응답자 1,015명 가운데 84.2%가 현재 교육제도가 부모의 직업·출신학교·경제력 등이 자녀에게 대물림되기 쉽게 만들어져 있다는 지적에 '공감한다'고 답했다. 구체적으로 '매우 공감한다'는 응답자는 57.7%, '다소 공감한다'는 26.5%였다. '공감하지 않는다'는 응답자는 13.4%(별로 공감하지 않는다 8.4%, 전혀 공감하지 않는다 5.0%)였고 '잘 모르겠다'는 응답자는 2.4%였다.

'대물림의 정도'를 묻자 응답자 89.8%가 '심각하다(매우 심각하다 52.6%, 다소 심각하다 37.2%)'고 답했다. '심각하지 않다'는 응답자는 9.4%(별로 심각하지 않다 7.9%, 전혀 심각하지 않다 1.5%)였고 '잘 모르겠다'는 응답자는 0.8%였다.

응답자 51.8%는 '대학입시제도 개편으로는 교육을 통해 부모의 경제력 등이 자녀에게 대물림되는 문제를 해결할 수 없다'고 봤다. '충분히 해결될 수 있다'는 응답자는 28.7%, '잘 모르겠다'는 응답자는 19.5%였다.

대입개편의 추가적인 문제 해결 방안으로 제시된 '고등학교 서열화 해소'에는 응답자 68.0%가 찬성, 27.7%가 반대라고 답했으며 '대학 서열화 해소'에는 70.0%가 찬성, 26.0%가 반대했다. 여론조사 표본오차는 95% 신뢰수준에서 ±3.1%p다.[16]

'흙수저'에겐
수능도 '넘사벽'

맹추위가 기승을 부리던 2018년 겨울, 서울 강북 '추어탕집 외아들'의 불수능 만점 스토리는 우리에게 훈훈한 감동을 줬다. 도봉구 선덕고 3학년 김지명 학생 이야기다. 초등학교 6학년 때 백혈병에 걸려 고등학교 1학년 때 완치됐다는 그의 서울대 의대 수석 합격은 모처럼 만나는 '개천 용' 스토리였다. 그가 사는 아파트에는 '수능 만점'을 축하하는 현수막이 걸렸고, 언론은 그에게 스포트라이트를 비췄다.

'막노동 6년, 서울대 인문계 수석으로 법학과 합격'이라는 신화를 일군 주인공은 또 있다. 포클레인 조수와 LPG 가스통 배달부, 신문배달부, 택시기사 등을 거쳐 서울대생이 된 장승수의 사연은 1996년 겨울 개천 용 신드롬을 일으켰다.《공부가 가장 쉬웠어요》라는 그의 책은 날개 돋친 듯 팔렸고, 책 제목이 유행어가 됐다. 1987년 학력고사에서 전국 여자 수석을 했던 이정희 전 통합진보당 대표도 서울 봉천동 달동네 출신으로 주목받았다.

"시험으로 뽑으면 대통령도 될 수 있다"라고 호언장담할 정도로 지필시험에 일가견이 있는 이들이 법원과 검찰, 정부 부처, 청와대 주변에 널려 있다. 학력고사와 수능, 사법시험과 행정고시·외무고시 등에서 수석을 차지한 이들의 무용담은 가난한 수재들의 성공신화로 회자된다.

그러나 개천 용 신화는 전혀 현실적이지 못하다. 대부분의 미꾸라지는 개천에서 허우적댄다. 고시도 사라지고, 수능도 학종처럼 스펙을 중시하는 게 대세가 되면서 요즘은 집안 좋은 이들이 시험도 잘 본다. 10여 년 전부터 사법부와 행정부, 대기업에 외고 출신이 현저히 늘어났다. 지금은 사라진 사법고시 합격자 수 기준으로 대원외고가 2001년부터 10여 년간 선두를 놓치지 않았다. 대원외고 출신 법조인 수가 옛 명문 경기고를 제친 것은 이미 오래 전 일이다.

왜 그럴까? 기대와 달리, 지필시험도 흙수저에게 불리하기는 마찬가지여서다. 수능을 놓고 보자. EBS 교재만 열심히 공부하면 되니까 가난한 집 수험생도 크게 불리할 게 없을 것 같지만, 현실은 그렇지 않다. 비슷한 두뇌라면 공부할 수 있는 시간과 사교육에 들일 재력이 있는 수험생이 훨씬 유리하다. 수능은 재학생보다 한 문제라도 더 많이 풀어본 반수·재수·삼수생 등 'N수생'이 상위권을 접수한 지 오래다. 요즘 재수하려면 1년에 최소 3,000만 원은 든다. 친분이 있는 한 공무원은 재수하고 싶다는 자녀가 나중에 갚겠다며 재수 비용으로 3,000만 원짜리 차용증을 써 가지고 와 재수를 허락했다는 얘기를 전하며 씁쓸해했다. 흙수저라면 반수나 재수, 삼수는 그림의 떡이다.

"서울 지역 기준으로 재수학원은 월 100만 원 내외, 수도권 기숙 재수학원은 월 200만 원 전후로 기본 학원비가 든다. 책값, 모의고사 비용,

인강 비용 등으로 월 30~40만 원이 추가로 들고, 지방에서 서울로 올라온 경우엔 고시원이나 원룸 등의 숙소 비용, 식비, 교통비가 추가된다. 통학 재수는 연 2,000만 원, 기숙 재수는 연 3,000~4,000만 원을 생각하면 된다."[17]

수능이 되레 흙수저에게 '넘사벽'이라는 학종 개선론자들의 주장은 이런 맥락이다.

수능 성적 등급과 관련된 통계를 보자. 2017학년도 수학능력시험에서 국어·수학·영어 1등급과 2등급 비율이 높은 학교 목록을 보면 10위권 안에 일반고는 한 군데도 없다. 서울 4대 명문 외고의 경우 내신은 5~6등급 이하인데 수능은 1~2등급인 학생들이 많다.[18]

외고·국제고와 같은 특목고나 자사고의 수능 성적은 압도적이다. 이들 학교의 학생 1인당 학비는 일반고의 2.5~9배가량이다. 요즘 수능은 N수생이 모든 영역에서 표준점수 평균과 1·2등급을 휩쓴다. '불수능'일수록 이런 경향은 더 두드러진다.

"SKY대학의 합격생 중 재수생의 비율이 40%에 이른다. 서울 강남 명문고의 진학률이 재학생만의 공적이 아니라 졸업생들이 크게 기여한다는 점이 그대로 증명되고 있다. 재수생들은 정시에서 높은 성적을 거두는데 통계에 따르면 1등급의 41%, 2등급의 39%, 3등급의 31% 등 상위권에 대거 포진해 있어 재수 효과를 드러내고 있다."[19]

특히 '교육특구'에 재수생이 압도적으로 많다. 종로학원하늘교육이 2019년 5월 31일 '학교알리미(www.schoolinfo.go.kr)' 사이트에 공시된 자료를 분석한 결과, 서울 강남구 일반계고의 대학 진학률은 2019년 46.8%로 나타났다. 서울 25개 자치구 중 가장 낮고, 서울 일반계고 대학 진학률 평균(59.8%)에도 크게 못 미쳤다.

학교별로는 강남구 일반계고 18개교 중 대학 진학률이 50% 미만인 학교는 13개교로 72%에 달했다. 휘문고 36.1%, 중동고 38.1%, 영동고 38.7%, 경기고 39.8% 등 4개교는 40% 미만이었다. 단대부고와 중산고, 서울세종고, 중대부고, 압구정고, 진선여고, 청담고, 숙명여고, 현대고 등은 40~50%를 기록했다. 서울 서초구(53.2%)와 양천구(54.7%) 등 이른바 서울 지역 다른 교육특구도 마찬가지였다. 전국 일반계 고등학교(특성화고 제외, 일반고+특목고+자율고) 대학 진학률이 76.5%라는 점을 고려하면 현저히 낮은 수치다.

경기도 신도시(일산, 분당) 지역과 대구 수성구, 부산 해운대구 등 지방의 교육특구도 비슷한 양상이 나타났다. 극성스러운 교육열을 자랑하는 교육특구의 대학 진학률이 낮다는 역설은 해마다 되풀이되는 현상이다. 왜 그럴까? 이유는 재수생에서 찾을 수 있다.

한 입시 전문가는 "재수를 선택하는 학생들은 대부분 서울의 주요 상위권 대학에 들어가려는 경우인데 이들이 서울 강남구와 양천구 등 교육특구에 몰려 있다"라며, "요즘 재수에 들어가는 비용이 만만치 않은데 이 지역 학부모들은 그런 재수 비용을 감당할 수 있다는 뜻이기도 하다"라고 설명했다.

재수 결정을 부모들이 부추기기도 한다. 소득이 높은 지역일수록 자녀에 대한 기대 수준이 높기 때문이다.[20]

이 때문에 학종이 아니라 정시로 가면 일반고는 초토화될 것이라고 경고하는 전문가도 많다.

"그나마 현재 수시 학생부종합전형으로 학생을 뽑아주니까 일반고에서도 상위권 대학 합격자가 나오는 거다. 수능으로 줄을 세우면 특목고나 자사고 학생들의 상위권 대학 합격률이 더 높아진다. 또한 수능 강조, 정시 확대로 가면 이제 자리를 잡으려고 하는 고교에서의 창의적 체험활동이나 진로탐구 활동을 위한 노력이 수포로 돌아가 '수능 올인 → 고교교육 붕괴 → 학교의 재수학원화 → 재수생·삼수생·편입생 양산'이라는 악순환 상황으로 되돌아갈 수밖에 없다."[21]

서울대가 2018학년도 지원자의 전체 성적을 분석한 〈서울대 정시모집 확대(안) 검토 결과 보고서〉에 따르면 2018학년도 수시전형으로 서울대 합격자를 낸 일반고는 305곳, 특목고는 78곳이었다. 이를 정시 50%로 늘리면 일반고는 171곳으로 절반 가까이 줄고, 특목고는 겨우 7곳이 주는 것으로 조사됐다.[22]

대통령 직속 교육자문기구인 국가교육회의의 김진경 의장은 2019년 9월 23일 세종시의 한 식당에서 열린 기자 간담회에서 "학종도 문제가 있지만 수능은 결코 공정하지 않다"라고 각을 세웠다. 그는 "수능은 오지선다형이라 미래 역량을 측정할 수 없고, 재수·삼수하거나 돈을 들이면 점수를 따므로 공정하지 않다"라고 덧붙였다.

국가교육회의는 2019년 9월 25일 오전 여의도 국회의원회관에서 '청년 세대와 함께하는 2030 릴레이 교육포럼'을 개최했다. 이 자리에서 수능 확대를 반대하는 한 청소년 교육단체는 각 대학이 학종 관련 평가 기준을 공개해야 한다고 주장했다. 사회적 협동조합 '페토' 신택연 이사장은 포럼 발제에서 "수능은 객관적인 능력을 평가할 수 있는 것처럼 보이지만 단 한 번의 시험으로 80%는 낙오자가 되는 데다, 오지선다형은 사교육의 좋은 먹잇감이 된다"라며 수능을 '불공정한 시험'으로 규정했다.

고소득층은 수능과 학종 중 어떤 전형을 좋아할까? '금수저 전형'인 학종으로 기울 것 같지만 사실은 그렇지 않다. 한국교육개발원의 '2018 교육여론조사'를 보면 그 단서를 찾을 수 있다. 고소득층은 '대입에 가장 많이 반영돼야 할 항목'을 묻는 조사에서 수능 성적, 특기적성, 인성봉사, 내신 성적 가운데 '수능 성적'을 선택하는 경향성을 보였다.

월소득 600만 원 이상의 응답자는 수능 성적(38.2%), 특기적성(21.0%), 인성봉사(20.5%) 순의 선택 비율을 보였다. 2017년 조사에서도 수능 성적(29.7%), 특기적성(22.9%), 인성봉사(22.4%) 순이었다. 이에 비해 월소득 200만 원 이상 400만 원 미만은 특기적성 30.4%, 인성봉사 23.9%, 수능 성적 23.6% 순으로 택했다. 그리고 월소득 200만 원 미만은 특기적성 28.6%, 수능 성적 24.9%, 인성봉사 23.0% 순으로 선택했다.

이 조사는 매년 일반 국민을 대상으로 교육 및 교육정책에 관한 여론을 파악하기 위해 실시한다. 이번 설문조사는 2018년 8월 6일부터 9월 3일까지 약 4주간 만 19세 이상 75세 이하 전국 성인 남녀 2,000명을 대상으로 실시했다.

이 결과를 두고 고소득층이 수능을 더 선호한다고 보는 것도 물론 맞다. 하지만 진실에 가까운 진단은 금수저에게는 지필시험이든 정성평가든, 시험에서는 흙수저보다 유리하다는 것이다.

'실력'의 의미를 탐구한 광주교대 박남기 교수는 이 문제를 날카롭게 간파하고 있다.

"몇 해 전 홍익대학교 미대에서 사교육을 받은 사람은 합격하기 어렵게 기준을 만들어 선발하겠다고 하자, 사교육 기관이 '사교육을 받지 않은 것처럼 교육시키겠다'라고 한 이야기가 회자된 적이 있다. 사교육 기관의 적응력은 공교육 기관보다 훨씬 뛰어나므로, 기준이 무엇이든 교육 전쟁 상황에서는 부유층 자녀에게 유리한 제도일 수밖에 없다."[23]

로스쿨은
현대판 음서제

살림은 더욱 기울어 작은형님은 학업을 중단했다. 부모님의 노동 능력은 차츰 줄어 갔고, 마침내 최후의 명줄로 남아 있던 조그만 과수원마저 빚에 쪼들려 처분해야 했다. 나는 3학년이 되면서 일찌감치 고교 진학을 포기하고, 5급 공무원시험을 거쳐 독학으로 고등고시에까지 밀고 나가 보겠다는 결심으로 옛날 형님께서 보시던 누렇게 바랜《법제 대의》와《헌법의 기초 이론(유진오)》을 꺼내 읽기 시작했다. 그러나 그해 10월에는 일자리를 찾아 나갔던 형님께서 돌아와 내가 하는 꼴을 보고 크게 나무라시며 진학을 권하셨다. 나도 가정 사정을 들어 고집을 부려보긴 했으나, 강권에 못 이겨 결국 부산상고에 장학생으로 들어가게 됐다. 그러나 예순이 넘으신 부모님의 생활은 아무런 토지의 근거도 없이 자신들의 노동으로 해결하시도록 내 버려 둔 채 작은형님이 어렵고 힘든 직장을 전전하며 번 돈으로 내 숙식비를 부담해야 했으니, 대학 진학은 아예 엄두도 내보지 못하고 취직반에 들어갔다. 그래도 역시 막연하게나마 길러 오던 고시에의 꿈을 버릴 수는 없었던지 3학년 말 농협에 취직시험을 치른 후 발표도 나기 전에 65년도 11월호 〈고시계〉를 한 권 샀다. 고시의 냄새를 알기 위하여….

- 노무현, '과정도 하나의 직업이었다', 〈고시계〉, pp.124~128

고 노무현 전 대통령이 수험 잡지인 〈고시계〉 1975년 7월호에 기고한 사법고시 합격기의 한 부분이다. 고시로 '개천 용'이 된 대표적인 인물을 꼽으라면 고 노무현 대통령이 맨 앞자리를 차지할 것 같다. 고시는 한국 사회 가난한 수재들의 신분 상승 사다리였다.

사법고시나 행정고시, 외무고시 등은 한때 3대 고시로 불렸을 만큼 시험으로 승부를 걸 청춘들의 '인생 로또'였다. 판검사, 변호사, 고위 공무원 등을 꿈꾸며 시골의 산사나 신림동으로 향했다.

무심코 그중 한 권을 주워들고 내 방에 와서 보니 고시 수험생을 위한 잡지였다. 이해하기 어려운 내용이었지만 맨 뒤에 있는 합격기를 읽고는 고시 공부를 하고 싶다는 생각이 들었다. 주위 사람들은 모두 다 현실성 없는 쓸데없는 짓을 한다고 했지만 시험공부는 내게 또 다른 돌파구였다. 결국 낮에는 은행원, 밤에는 대학생, 그리고 더 깊은 밤에는 고시 수험생이 되는 1인 3역을 하게 됐다. 정말 열심히 공부했다. 죽으라고 공부했다. 이 세상 누구를 지금의 내 위치에 갖다 놓는다고 해도 나보다 더 열심히 공부할 사람은 없다고 생각할 정도로 했다. 겨울날 추운 은행 합숙소 방에서 이불을 뒤집어쓰고 새벽까지 공부했다.

- 김동연, 《있는 자리 흩트리기》, p.61

문재인 정부 초대 경제 사령탑이었던 김동연 경제부총리 역시 전형적인 흙수저로 고시 성공신화의 주인공이다. 열한 살 때 아버지를 여읜

그는 어려운 가정 형편 탓에 덕수상고를 졸업하기도 전부터 은행에 취업해 가족을 부양했지만, 주경야독으로 행정고시와 입법고시에 동시 합격해 경제 관료로 승승장구했다. 독기 품은 공부로 이뤄낸 이들의 성공신화는 같은 꿈을 꾸는 후배들에게 위안과 희망이었다.

그는 부총리 시절 출입기자이던 나와 만날 때마다 아주대 총장으로 근무하면서 자신이 만든 '애프터 유(After you, 나보다 너 먼저)'라는 해외 연수 프로그램에 대한 자부심을 드러냈다.

'애프터 유'는 김 전 부총리가 현재까지 활용하는 페이스북 페이지 계정명이기도 하다. 그가 자신의 연봉 절반을 기부해 만든 이 프로그램은 경제적으로 어려운 학생들을 우선 선발해 미국·중국 등 해외 대학에 파견하고 비용을 지원한다. 그는 이 프로그램으로 성장한 제자들이 보내온 편지의 사연을 들려주며 눈시울을 붉히기도 했다. 편지를 읽다 보면 어려서 아버지를 여의고 판자촌에서 찢어지게 가난하게 살면서도 포기하지 않던 청년 김동연의 뒷모습이 보인다고 했다.

사법고시는 1950년 고등고시 사법과가 출발이다. 1949년 제정된 '고등고시령'에 따라 사법과와 행정과 및 1954년 신설된 기술과 등 3과로 이루어졌다. 이 고등고시 체제로 열여섯 번을 치렀다. 고등고시 사법과 1회 합격자는 16명이었다. 1963년부터는 사법시험으로 전환됐다.

법무부에 따르면 1963년 1회 사법시험은 41명의 합격자를 배출했고, 전원 남자였다. 1967년 7회 사법시험 합격자 수가 5명으로 가장 적었고, 2004년 치러진 46회 사법시험 합격자 수가 1,009명으로 가장 많았다. 1970년 12회 사법시험에 여자 합격자가 처음으로 2명 나왔고, 2008년 50회 사법시험에서는 여자 합격자 수가 382명으로 '여풍'을 선

보였다. 사법시험만 놓고 보면 전체적으로 2만 766명(남자 1만 6,357명, 여자 4,409명)의 합격자가 나왔다. 응시자가 70만 8,276명이었으니 합격자 비율이 대략 3%인 셈이다.[24]

사법시험은 평균 60점을 넘고 과락이 없으면 합격이었다. 23회(사법연수원 13기)부터 선발 인원이 141명에서 289명으로 2배가량 늘었는데, 검찰 내에서는 이들 13기 검사를 구약성서에 바다 괴물로 등장하는 '리바이어던'이라고 부른다. 이들은 인사 때마다 핵심 보직을 놓고 치열한 경합을 벌였다. 황교안 자유한국당 대표와 박한철 제5대 헌법재판소장이 대표적인 13기다.

사법시험은 59회를 끝으로 종언을 고하고, 이제 로스쿨로 전환됐다. 로스쿨 도입을 골자로 한 '법학전문대학원 설치 · 운영에 관한 법률안'은 2005년 10월 27일 국회에 제출된 지 1년 9개월 만인 2007년 7월 3일 국회 본회의를 통과하고, 7월 27일 공포됐다.

법률안은 로스쿨 도입 이유를 다음과 같이 설명한다.

"현행 법조인 양성제도는 법학 교육과 사법제도의 연계가 부족하여 대학에서 충실한 법학 교육이 이루어지기 어렵고, 복잡다기한 법적 분쟁을 전문적 · 효율적으로 예방하고 해결하는 능력을 갖춘 법조인을 양성하는 데에 미흡하다는 지적에 따라 다양한 학문적 배경을 가진 자에게 전문적인 법률 이론 및 실무에 관한 교육을 실시하는 법학전문대학원제도를 도입함으로써 국민의 다양한 기대와 요청에 부응할 수 있는 법률 서비스를 제공하려는 것임."[25]

로스쿨은 법안 통과 후 준비 기간을 거쳐 2009년 도입됐다. 그해 전국 25개 로스쿨이 개원했다.

학부 전공과목과 관계없이 4년제 대학 졸업자는 로스쿨 진학을 위한 법학적성시험(LEET)을 통과해 3년 과정을 이수하면 변호사 자격시험에 응시할 수 있는 자격이 주어진다. 응시 횟수에는 제한이 있다.

로스쿨 제도는 2009년부터 8년 동안 사법고시와 병행하여 시행됐다. 그러나 로스쿨은 도입 당시부터 우려했던 '돈스쿨', '귀족스쿨' 논란에서 벗어나지 못하고 있다. 로스쿨에 입학하려면 비싼 학비를 감당할 재력과 공부할 수 있는 시간이 필요하다.

"2018년 기준으로 로스쿨의 3년간 평균 학비는 6,000만 원 전후다. 가장 저렴한 곳이 3,000만 원 선이다. 보통 학비 이외 생활비나 지방의 경우 거주 비용까지 합하면 3년에 평균 1억 원 이상 예산을 잡아야 한다. 사법고시 시절 3년간 공부하는 비용이 약 3,000~4,000만 원 정도였던 것을 감안하면 로스쿨 비용이 비싼 것은 사실이다."[26]

로스쿨 학생 10명 중 7명은 고소득층 가정의 자녀들이다. 2017년 국회 교육문화체육관광위원회 소속이던 유은혜 의원이 교육부로부터 제출받은 '2016~2017 로스쿨 재학생 소득분위 현황' 자료를 분석한 결과, 전체 25개 로스쿨 재학생 중 67.8%가 고소득층 자녀인 것으로 나타났다. 고소득층은 2017년 기준 월소득 804만 원 이상 소득분위 8~10분위에 속하는 이들을 가리킨다.

2017년 고소득층 자녀 비율은 2016년 대비 0.9%p 상승했다. 사립대와 국립대의 비율을 분석한 결과, 2016년에 비해 고소득층 비율이 모두 증가했다. 2017년에 사립대는 고소득층이 70%를 차지했고 국립대에서도 64.5%가 고소득층인 것으로 나타났다. 반면 중산층은 2016년에 비해 각각 1.0%p, 1.1%p 감소했다.[27]

서울 소재 주요 로스쿨은 서울 일부 상위권대 출신들의 독무대가 되고 있다. 뿌리 깊은 학벌사회를 완화하려던 설립 취지가 무색하게 오히려 학벌사회가 고착화되고 있다.

반기문 유엔 사무총장(제3회 합격)을 배출한 외무고시는 2013년 6월 마지막 시험을 치르고 역사의 뒤안길로 사라졌다.

"1968년 시작돼 46년간 총 1,361명의 외교관을 배출했다. 우리나라가 외무공무원을 뽑기 시작한 것은 1950년부터다. 당시엔 고등고시 행정과 3부가 외무공무원시험이었다. 1968년엔 3급(현재 5급) 공개경쟁채용시험에 외무 직렬이 신설됐고 이를 외무고시의 시작으로 본다. 당시 합격자는 18명이었다. 시험 이름이 외무고시로 바뀐 것은 74년이지만 외무고시 기수는 68년 합격자부터 친다."[28]

외무고시를 대체할 시험으로 2013년 4월부터 외교관 후보자 선발시험이 실시됐다. 이 시험은 외무고시와 달리 외교관 임용이 보장되지는 않으며, 합격자는 국립외교원에서 1년간 연수를 거친 후 임용 여부를 통보받는다.

3대 고시 중 명맥을 이어가는 것은 행정고시뿐이다. 행정부 5급 공무원을 신입으로 뽑는 시험인데 2010년 8월 행정고시를 9급, 7급과 마찬가지로 '5급 공무원 공개경쟁채용시험'이라고 명칭을 바꿨다.

고시는 일제 강점기 때로 거슬러 올라간다. 이른바 고등문관시험으로, 1894년부터 1947년까지 일본에서 실시된 고급 관료 채용시험이다. 1948년부터 2012년까지는 '국가공무원 1종 시험'으로 실시됐으며, 2013년부터는 '종합직시험'으로 개편됐다. 대한민국에서 실시된 고등고시의 원형이라고 할 수 있다. 이 시기에는 행정과, 외교과, 사법과가 있었다. 식민지였던 조선인과 대만인도 시험을 치를 수 있었으나, 도쿄까지 가야 했기 때문에 평범한 식민지인은 엄두를 낼 수 없었다. 1941년에는 행정과 241명을 선발했는데 그중 조선인 합격자는 12명이었다. 일제 강점기를 통틀어 수백 명이 합격했다.

이제는 극심한 취업난 속에 청년들이 공무원시험(공시)으로 몰리고 있다. 공시생 숫자가 45만 명에 달하며, 공무원시험학원이 운집한 서울 노량진은 공무원시험의 메카가 됐다.

"수백 개의 공무원시험학원이 밀집한 노량진은 국내 최대 규모의 공시 시장이다. 노량진 학원가에는 하루에도 수천 명의 공시생이 몰려든다. '헬조선'이라 불리는 대한민국. 극심한 취업난이 계속되면서 공시생이 무려 45만 명이나 된다. 엄청난 공시생 수만큼이나 이들을 둘러싼 산업도 거대하다. 학원과 출판 등 공시 시장 규모는 2,000억 원에 이를 정도다. 판이 커지면서 경쟁도 치열해졌다."[29]

공무원시험 경쟁이 치열해지면서 출신 대학 간 양극화 현상이 나타나고 있다. 수능과 내신 등 지필시험에서 상대적으로 우위를 보이는 서울 주요 대학 출신자들이 시험에 뛰어들면서 지방대 출신들은 갈수록 입지가 좁아지고 있다.

문과의 로스쿨이 '금수저 전형'으로 전락했다면, 이과에서는 명문대 의·약대에서 부의 대물림이 뚜렷하게 감지되고 있다. 조국 전 장관 딸을 둘러싼 논란이 불거지면서 주목받은 의학전문대학원(의전원)은 결국 비싼 등록금으로 양극화 문제가 심화되면서 사실상 의대 체계로 회귀했다.

국회 교육위원회 소속 더불어민주당 박찬대 의원이 한국장학재단으로부터 입수해 분석한 '최근 3년간 20개 대학의 의약계열 국가장학금 신청현황'을 분석한 결과, 의약대생의 59%는 고소득층 자녀인 것으로 나타났다. 이는 월 소득 930만 원 초과인 소득분위 8~10분위와 등록금 부담이 없어 신청하지 않은 것으로 보이는 미신청자를 합한 인원이다. 이에 반해 기초생활보장 수급자부터 소득 2분위까지의 저소득층 자녀는 16.5%에 불과했다. 의약대생 고소득층 자녀는 고려대(76.0%), 영남대(71.4%), 전북대(70.2%) 순으로 나타났다. 고소득층 쏠림 현상은 해마다 심해지고 있다. 2016년 54.9%에서 2019년 65.4%로 10%p 이상 증가했다.[30]

'의학전문대학원'이라는 명칭은 김영삼 대통령 집권기인 1996년 교육개혁위원회에서 처음으로 공식화됐다. 김대중 정부 시기 로스쿨과 함께 기본계획이 확정됐으며, 참여정부 시기인 2005년부터 본격적으로 도입됐다. 그때 일부 의대가 두뇌한국21(BK21) 사업 예산 지원을 연계하여 전환을 시작했고, 2006년 1월 18일 서울대학교가 정원의 50%를 의학전문대학원 체제로 전환한다는 계획을 발표했다. 2009년에는 우여곡절 끝에 전국 41개 의대 중 27개가 의전원 체제를 도입했다.

하지만 의전원은 교육 기간 연장, 등록금 상승, 이공계 대학원 기피 현상 심화 등의 문제를 일으킨다는 지적이 이어졌고 제대로 정착되지 못했다는 평가를 받았다. 교육부는 2010년 '의·치의학 교육제도 개선계획'을 내놓고 각 학교가 학제를 자율적으로 선택하되 두 학제를 병행하지 못하도록 했다. 이후 상당수 대학이 의·치전원을 폐지하고 기존의 학부 단계부터 의·치의예과 전형으로 신입생을 선출했다. 이에 따라 의전원의 신입생 선발 인원은 급감했다.

학종 개선론자
"학종이 흙수저에 더 유리"

학생과 학부모는 '학종=금수저 전형'으로 확신하고 있지만 이와 상반되는 주장과 근거도 적잖다. 학종 모집 인원이 늘면서 서울대와 연세대, 고려대, 성균관대 등 주요 10개 대학에 입학한 신입생 중 일반고 출신 비율이 증가하고 있다.

교육부와 한국대학교육협의회는 2019년 6월 28일 4년제 대학 196곳의 신입생에 대한 출신고 유형별 현황과 산학협력 현황, 강사 강의료 등을 대학정보공시 사이트인 '대학알리미(www.academyinfo.go.kr)'에 공시했다. 학종 옹호론자들이 가장 주목한 통계는 서울 주요 10개 대학 일반고 출신 신입생 비율이었다.

경희대, 고려대, 서강대, 서울대, 성균관대, 연세대, 이화여대, 중앙대, 한국외대, 한양대 등 10개 대학의 일반고 출신 신입생 비율이 증가세로 돌아섰다. 2018년 55.3%였던 일반고 출신 비율이 0.9%p 높아졌고, 자율고 출신 신입생 비율도 전년 15.4%에서 0.4%p 높아졌다. 특목고 출신은 전년 15.3%에서 0.5%p 줄었으며, 특성화고 출신 신입생 비율도 0.1%p 낮아졌다. 이들 대학의 신입생 중 일반고 출신 비율은 2017년까지만 해도 감소 추세였다. 2016년 56.2%에서 2017년 55.3%로 줄었고, 2018년에는 전년과 같은 55.3%로 감소세가 멈췄다. 그러다가 2019년 56.2%로 다시 높아졌다.

이처럼 학종으로 일반고가 상대적인 이득을 보고 있는데, 정시 확대 체제로 가면 교실은 금세 또다시 문제풀이식 입시학원으로 변질될 것이라는 우려의 목소리가 나오고 있다.

"만약 다시금 수능과 같은 시험의 지배력이 커진다면 학교 교육의 이와 같은 변화의 싹은 꺾이고 과거처럼 문제풀이 위주의 수업으로 회귀하게 될 것이다. 게다가 EBS 연계로 인해 수능 시험 자체의 질도 더욱 낮아졌다. 고3 교실은 EBS 문제집에 의존하는 질 낮은 수업으로 전락했다. 이와 같은 수업이 다시금 대세가 될 위험성이 높아졌다."[31]

2017년 3월 30일 서울 경희대학교에서 '학생부종합전형 3년의 성과와 고교교육의 변화' 심포지엄이 열렸다. 경희대 김현 입학처장이 '통계로 살펴보는 10개 대학의 학종 3년', 숙명여대 황희돈 입학사정관이 '숙대 입학전형별 신입생 종단 연구'를 발표했다.

우선 김 처장의 자료에 따르면 2015~2017학년도 서울 소재 10개 대학(경희대, 고려대, 서강대, 서울여대, 성균관대, 숙명여대, 연세대, 중앙대, 한국외대, 한양대)의 입학생 3만 3,243명을 대상으로 조사한 결과, 학종이 일반고 출신과 읍면동 지역 학생들의 대학 합격률에 오히려 기여하는 것으로 나타났다.

학종으로 입학한 학생들은 수능이나 학생부교과전형 등 점수 위주 전형으로 입학한 학생들보다 대학 생활에도 더 잘 적응하는 것으로 조사됐다. 전형별 입학생의 중도 탈락률은 학종이 3.5%였고, 학생부교과가 4.7%, 정시가 8.4%였다. 학점도 학종과 학생부교과로 들어온 학생들이 수능 위주 전형 선발자들에 비해 다소 높았다.[32]

황희돈 입학사정관의 발제문에서도 전형별 중도 탈락률, 학점 비교 결과는 비슷했다. 취업률을 놓고 비교해봤을 때도 학종의 전신인 입학사정관전형 졸업생들이 다른 전형 출신 졸업생들보다 높았으며, 단순히 취업률만 높은 게 아니라 정규직 등 양질의 일자리를 얻은 비율도 높은 것으로 파악됐다. 다만, 학종의 공정성과 관련해선 보완의 필요성이 제기됐다.[33]

동아대학교 강기수 교수는 2017년 4월 12일 국회 김세연 의원실과 대교협이 국회 도서관에서 개최한 '학생부전형의 성과와 고교 현장의 변화' 심포지엄에서 학종의 강점을 분석한 연구 결과를 발표했다.

고교교육 기여대학 지원사업에 참여한 54개 대학의 2015~2016년도 신입생 약 24만 2,790명을 전수 조사하여 분석한 결과, 학교별 특성에서 일반고·특성화고 학생은 학종 및 학생부교과전형으로 대학에 입학한 비율이 높았다. 학종은 일반고 74.7%, 자율고 9.8%, 특목고 8.9%, 특성화고 5.5%, 기타 1.1%를 기록했다. 학생부교과는 일반고 86.7%, 자율고 8.3%, 특목고 0.7%, 특성화고 3.2%, 기타 1.0%였다. 이에 비해 수능은 일반고 73.9%, 자율고 16.7%, 특목고 7.1%, 특성화고 0.9%, 기타 1.4%였다.

지역별로 보면 읍면·기타 지역 고교 학생이 학종 및 학생부교과전형으로 대학에 입학하는 비율이 높았다. 학종은 특별시 16.9%, 광역시

29%, 중소도시 43.4%, 읍면·기타 10.6%였다. 학생부교과는 특별시 8.5%, 광역시 34.5%, 중소도시 49.4%, 읍면·기타 7.6%였다. 이에 비해 수능은 특별시 21.8%, 광역시 30.9%, 중소도시 42.3%, 읍면·기타 5.1% 였다.

54개 대학 중 46개 대학 신입생 18만 7,000명의 소득분위별 특성을 조사한 결과도 있다. 저소득층에 더 많은 지원이 돌아가는 '국가장학금 Ⅰ유형' 수혜율(입학 당시)을 살펴봤더니 학종으로 입학한 학생 4만 1,714명 가운데 1만 8,876명(45.3%)이 이 장학금을 받았다. 학생부교과전형 입학생 4만 8,019명 중 국가장학금을 받은 비율은 절반가량인 48.8%(2만 3,445명)였다. 이에 비해 수능 위주 전형 입학생은 6만 9,711명 가운데 35.2%(2만 4,512명), 논술 위주 전형 입학생은 1만 2,472명 가운데 34.2%(4,267명)만 국가장학금 대상이었다.

전국진학지도협의회와 전국진로진학상담교사협의회, 대교협 대입상담교사단, 서울진학지도협의회 소속의 진로지도교사 및 진학담당부장교사 등 401명을 대상으로 대입전형에 대한 인식을 분석했다. 학종 및 학생부교과전형이 논술전형과 실기전형에 비해 사교육 기관 및 가정환경에 영향을 받는다고 인식한 비율은 낮았고, 고교교육 정상화에 기여한다고 인식하는 비율은 높았다.

대입전형별 바람직한 학생 선발 비율에 대해서는 학생부교과전형, 학생부종합전형, 수능전형은 '20~30% 이내'라고 응답한 비율이 가장 높았다. 논술전형 및 실기전형은 '10% 이내'라고 응답한 비율이 가장 높았다.[34]

서울 지역 교육특구의 학생들은 '정시', 기타 지역은 '학종'으로 입학하는 비율이 높다는 연구 결과도 있다. 고려대 교육학과 이기혜 박사 연구팀은 2017년 9월에 〈서울시 고교생의 대학입학전형 영향요인 분석: 정시전형과 학생부종합전형 비교를 중심으로〉라는 논문을 발표했다. 논문이 분석 대상으로 한 표본 436명 중 정시전형으로 대학에 입학한 학생은 316명으로 전체의 72.5%였고, 학생부종합전형을 통해 입학한 학생은 120명으로 27.5%를 차지했다. 가구소득과 부모의 교육수준별로도 살펴봤는데, 이에 따른 대학입학전형에는 유의미한 차이가 나타나지 않았다. 그러나 거주지를 기준으로 분석해보니 결과가 달랐다.

"상대적으로 교육열이 높은 것으로 알려진 지역(강남 · 서초 · 송파 · 양천구)에 거주하는 학생 가운데서 정시전형으로 입학한 학생은 81.9%, 학생부종합전형으로 입학한 학생은 18.1%로 나타났다. 반면, 그 외 지역에 거주하는 학생 중 정시전형으로 입학한 학생은 69.9%, 학생부종합전형으로 입학한 학생은 30.1%인 것으로 분석됐다."[35]

대학들은 학종이 특목고와 같이 특정 고등학교에 더욱 유리할 것이라는 문제 제기에 손사래를 친다. 앞서 소개한 〈학생부종합전형 101가지 이야기〉에서 이렇게 명확하게 밝히고 있다.

고교를 서열화하여 평가에 반영할 것이라는 염려는 하지 않으셔도 좋습니다. 고교를 서열화하는 것은 교육 내용의 질적인 판단 없이 특정 학교에 유리하도록 점수를 부여하는 방식이라 할 수 있습니다. 그러나 학생부종합전형은 지원자의 우수성을 진단하는 항목이 고교 교육과정과 동떨어진 내용으로 구성되지 않습니다. 개별 학생의 학교생활기록부를 평가하기 위해서는 해당 학교의 교육과정 편제와 학교 프로파일의 이해가 선행되어야 합니다. 아무 연관도 없는 인근 학교의 우수 프로그램과 비교하여 평가하는 것이 아니고 해당 고등학교에서 진행된 교육 프로그램 내에서 지원자가 얼마나 성공적이었는가를 판단하는 것이므로 고교 교육과정에 대한 맥락적인 평가가 필수적입니다.

고교 프로그램이 다양하게 개설되어 있는 특목고에서 별다른 의욕 없이 몇 개의 학교 활동에 참여한 것이 전부인 학생과, 학생 및 교사 수가 적으며 교육 여건이 상대적으로 열악한 지역의 일반계 고등학교에서 열정을 다해 학교 프로그램에 참여하여 분명한 성장을 보여준 학생이 있다면 후자의 학생이 더 우수하게 평가됩니다.

곧, 고교에 대한 평가가 아니라 해당 고교에서 성장을 이루어낸 학생에 대한 평가가 핵심인 것입니다. 내가 재학하고 있는 고교가 명성이 낮다고 걱정하고 계신가요? 우리 학교가 대학에서 제대로 인정받지 못할 것이라고 염려하고 계신가요? 걱정하지 않으셔도 좋습니다.

여러분의 고등학교가 마련해놓은 교육 활동에 적극적으로 참여하여 성취를 경험하시기 바랍니다. 학생부종합전형은 이 모든 상황을 포함하여 종합적으로 평가하므로 고교 간의 상대적인 유불리를 걱정하지 않으셔도 좋습니다.

- 건국대 외, 〈학생부종합전형 101가지 이야기〉, p.15

과거 급제자도
'금수저·인(in)서울'이 다수였다

첫 번째 북이 울리면 의장대는 근정전의 안팎에 도열하고 시위하며 왕은 원유관(遠遊冠)과 강사포(絳紗袍)로 거둥, 준비된 좌석에 정좌한다. 집사관의 구령에 따라 사배의 예를 올리고 악대는 음악을 연주, 분위기를 고조시킨다. 음악이 그치면 호위하는 관원들이 왕의 주위로 가서 지정된 장소에 부복하고 전의의 구령에 따라 사배한다. 그 뒤 문과방방관은 동계(東階)로부터 올라오고 무과방방관은 서계(西階)로부터 올라와서 지정된 장소로 간 뒤, 승지 두 사람이 왕 앞에 나아가 방방의 준비가 완료됐음을 보고한다. 방방관은 장원부터 성적순대로 창명(唱名)한다. 창방된 사람들이 들어와서 지정된 장소에 부복하면 방방관들은 제자리로 돌아가고 찬의의 구령에 따라 사배한다. 이어서 홍패가 하사되고 어사화와 주과(酒果)가 지급된다. 또한 갑과로 합격한 사람에게는 일산이 하사된다.

-《한국민족문화대백과》, '창방의(唱榜儀)' 중

조선 시대의 과거 급제자 발표 행사인 '창방의'를 묘사한 글이다. 지금으로 치면 판검사 임용이나 5급 이상 중앙공무원 임관 행사인 셈인데 지금보다는 꽤 장엄하게 치러졌던 것 같다. 국왕이 직접 참석함으로써 행사의 권위를 높였으니 말이다. 최고 권력자가 임명한 인재인 만큼 곧바로 국정의 중심에 서게 되리라는 보증수표였던 셈이다. 중앙 정치 무대의 샛별 신고식으로 볼 수 있다. 창방의 풍경은 입소문을 탔을 것이고, 그해의 장원급제자는 자연스레 백성들 사이에 회자됐을 것이다.

장원급제는 조선 정치의 중심부로 직행하는 티켓이었다. 관품이 없는 사람은 종6품직을 제수받고 관품이 있는 사람은 4품계를 더해서 관직을 제수받을 수 있었다.

"종6품은 중앙은 주부, 지방은 현감에 해당하는 관품으로 급제하자마자 현감직을 준다는 것은 엄청나게 파격적인 대우였다. 9품에서 6품까지 승진하는 데 대략 8~10년이 걸린다는 것을 감안하면 장원은 동기생들보다 그만큼 앞서나간 것이다."[36]

장원을 포함한 급제자들은 1군 개막전 마운드에 선발로 등장하는 신인 투수의 심정과 견줄 만하리라.

국왕 입장에서도 정치적으로 매력적인 행사였다. 능력 있는 인물을 '발탁'하는 과거제의 개혁성을 널리 알림으로써 민심을 얻고 왕권을 강화할 수 있었다. 시험을 통해 정치 무대에 진입하는 것인 만큼 가문을 등에 업고 관직에 나가는 '음서'에 비해 개혁성이 뚜렷했다. 더욱이 양인 이상이면 누구나 응시할 수 있었으므로(서자 출신 등 일부는 제외되었음) 개방성 측면에서 조선 사회에 활력을 불어넣었다. 이렇게 과거로 발탁된 급제자들은 전문 관료인 동시에 인사권자인 국왕의 핵심 측근으로 자리 잡는다. 양인 이상이면 과거를 통해 신분 상승을 노릴 수 있었으니 체제 전복 세력의 출현을 막는 부수 효과도 있었다.

과거제도는 고려와 조선 시대에 신분 상승의 사다리로 작동했다. 그랬기에 도전자들은 평균 25~30년을 공부해 최소 일곱 차례 이상의 관문을 넘어야 하는 고행을 기꺼이 감수했다. 당시 과거 급제는 현재 서울대 입학보다 훨씬 더 어려웠던 것으로 추정된다.

"조선 시대를 통틀어 문과시험이 대략 744회 실시되어 급제자는 모두 1만 4,620여 명이 나왔다. 이 가운데 정기 시험인 식년시 163회에서 6,063명, 각종 부정기 시험 581회에서 8,557명이 선발됐다. 조선 시대 전 시기에 걸쳐 문과시험이 740여 회 치러졌으므로 장원급제자도 740여 명이다. 문과 급제자 전체에 비하면 지극히 적은 숫자고, 1년에 장원급제자가 대략 1.4명 배출됐으니 정말 어려운 관문을 통과한 셈이다."[37]

학계 연구를 보면 과거제를 통해 대략 4만 7,000명의 생원과 진사가 배출됐다. 이들이 대과를 합격해 중앙 관료로 진출하는 비율은 15%에 불과했다고 한다. 그렇지만 소과만 통과한 생원과 진사라도 지역 사회에서 유지 노릇을 할 수 있었다. 이런 점도 그 어려운 과거에 너도나도 뛰어드는 원인으로 작용했다. 신분이나 가문이 아니라 '점수'로 순위를 매기는 만큼 과거제가 시행되면서 사회 전반에 공정성이라는 프레임이 작동하게 됐다. 조선은 실제로 과거의 공정성을 매우 중시해 제도적 장치를 다양하게 만들었다. 문과나 생원진사시는 글을 짓는 제술시험이기 때문에 공정한 평가가 관건이었다. 응시자의 익명성을 보증하기 위해서 봉미·할봉·역서 등을 도입했다.

봉미는 답안지 오른쪽 끝에 응시자의 인적 사항(이름, 나이, 거주지, 본관, 아버지·할아버지·증조할아버지·외할아버지의 이름과 관직)을 적은 피봉을 접어서 풀로 붙이는 것이다. 채점 담당관이 피봉을 몰래 열어볼 수 있기 때문에, 봉미된 피봉 부분을 잘라내 채점이 끝날 때까지 따로 보관했다. 이를 할봉이라고 한다. 채점하는 시관이 필체나 답안지의 질 또는 답안지 내의 표식 등으로 응시자를 알아보지 못하게 답안을 서리들에게 모두 베껴 쓰게 했는데 이를 역서라 했다.

그러나 과거제는 조선과 고려의 금수저에게 절대적으로 유리했다. 과거 급제를 위해서는 현재 '고시'처럼 일정한 양의 공부 시간이 절대적으로 필요했다. 그 시간에 생계 걱정이 없어야 함은 물론이다. 과거 급제 중에도 가장 영광스럽고 핵심 보직이 보장되던 '장원'이 가문 중심으로 배출된 것은 우연이 아니다.

이재옥 박사의 책《조선시대 과거 합격자의 디지털 아카이브와 인적 관계망》에 따르면 문과 급제자 중 장원을 가장 많이 배출한 가문은 전주 이씨로 무려 66명이었다. 고려 시대부터 조선 시대까지 11대 연속으로 문과 급제자를 배출한 가문으로 순흥 안씨와 고령 신씨가 있고, 10대 연속은 광주 이씨와 여흥 민씨가 있다. 그 밖에 9대 연속으로 문과 급제자를 배출한 나주 정씨, 7대 연속 배출한 대구 서씨가 있다.[38]

가문을 중심으로 인재를 밀어주고 그가 급제를 해서 가문을 살리는, 그들만의 선순환을 이룬 것이다. 장원급제자의 평균 연령 추이를 살펴봐도 금수저 출신이 유리한 구조로 점차 바뀌었음을 알 수 있다. 조선 전기 문과 장원급제자의 평균 연령은 29.2세였다. 조선 후기가 되면 장원급제 연령이 높아져 평균 36.9세로 거의 마흔에 가까웠다. 이는 다양하게 해석될 수 있지만, '가문'별로 과거 시험에 특화해 배출한 인재들의 실력이 상향 평준화되면서 변별력이 떨어진 측면도 있어 보인다. 장원급제에 걸리는 시간이 길어진다는 것은 결국 합격할 때까지 지원할 수 있는 재력가에게 더 유리하다는 뜻이다.

무과도 재력이 없이는 급제하기가 어려웠다. 무과에 필요한 기초 장비는 물론 값비싼 말을 사서 훈련한 뒤, 경연장에도 직접 타고 가야 했으니 가난한 이들은 엄두를 낼 수 없었다.[39]

고려 때도 외교담판으로 거란족을 물리친 서희를 비롯해 내로라하는 명문가에서 주로 급제자를 배출했다. 고려도 과거제가 안착하면서 천하의 인재들이 과거를 준비하기 시작했다. 자연스레 '실질 경쟁률'이 치솟았고, 점점 과거의 문턱을 넘기가 어려워졌다. 고려 시대에 과거를 거쳐 재상까지 가는 데 걸리는 시간은 후대로 갈수록 점점 길어졌다.

'남산골 샌님'은 가난하면서도 자존심만 강한 선비를 빗댄 말이다. 서울의 남산골은 조선 시대 소과에 합격해 대과를 준비하거나, 보직을 얻지 못한 생원과 진사들이 많이 모여 살던 곳이다. '샌님'이 '생원님'의 줄임말이라는 설도 있다. 정치적으로는 몰락한 남인 계열 선비들이 주로 살았다고 한다. 도성 안 북촌(지금의 가회동, 재동, 계동, 삼청동, 사간동)이 주로 권력자와 주류의 공간이었다면, 남산골은 권력에서 소외되거나 차기 권력을 탐하는 비주류의 터전이었던 셈이다.

입시라는 관점에서 보면 이곳은 성균관에 들어가지 못한 가난한 대과 준비생(생원과 진사는 대과를 볼 자격이 있음)들이 모인 옛 고시촌이었다고 볼 수 있다. 지방에서 상경한 이들도 이곳에 머물렀을 것이다. 오늘날의 신림동이 그렇듯이, 고시촌은 예나 지금이나 각종 수험정보의 산실이다. 정기 시험인 식년시 외에 별시 등의 수험 정보를 실시간으로 얻을 수 있으니 너도나도 남산골로 향했으리라.

문과의 최종 시험은 모두 서울에서 치러졌다. 당시 통계를 봐도 10명 중 4명이 서울 출신이고, 경기도까지 합치면 2명 중 1명꼴이었다.

성결대 정구선 교수의 저서 《조선의 출셋길, 장원급제》에 따르면 조선 시대 전체 문과 급제자는 1만 4,620명인데, 이 중 거주지가 파악된 1만 2,792명 가운데 서울 거주자는 5,502명으로 43%를 차지했다. 서울 인근인 경기도 8.8%를 합하면 수도권 출신 급제자가 51.8%에 달했다.[40]

장원급제의 산실인 성균관이 한양의 중심에 자리 잡고 있었던 것과 무관하지 않다. 소과에 급제한 이들이 모인 성균관의 유생들은 전원 기숙사 생활을 원칙으로 했다. 그러면서 매일같이 경전을 읽고 제술을 하면서 꼬박꼬박 고난도의 시험을 쳐서 실력을 겨뤘으니, 합격하기가 수월했다.

그렇지만 과거제의 한계도 분명했다. 시험을 통한 엘리트 충원 구조가 지나치게 문과 중심이었다는 점이다. 조선 시대 재상을 지낸 사람 364명 중에 문과 출신이 323명으로, 89%에 달했다. 문과가 과거의 꽃이었고, 무과는 평가 절하됐다. 더욱이 잡과와 기술관은 제대로 대접받지 못했다. 결과적으로 기술력이 뒤처지고, 군사력이 약화됐다.

과거에 합격하지 못하면 능력이 있더라도 벼슬길에 오를 수 없었다. 퇴계 이황도 젊은 시절 과거에 여러 차례 낙방해 낙심했을 정도다. 그러다 보니 조선 후기로 가면 과거에만 매달린 채 평생을 보내는 '과거 N수생'들이 쏟아진다. 앞서 언급했듯이, 장원급제자들의 평균 연령은 조선 후기로 가면 30대 후반으로 늘어난다. 조선 후기에 60세 이상 고령의 응시자가 많아지자 이들을 위해 '기로과(耆老科)'라는 특별 과거까지 마련하기도 했다.

푸른 눈의 이방인인 헨드릭 하멜(Hendrick Hamel)은 《하멜 표류기》에서 조선의 교육제도를 이렇게 묘사했다. "아이들은 거의 밤낮을 가리지 않고 독서를 한다. 이런 어린애들이 자기가 배운 책을 이해하고 해석하는 것을 보면 정말 경탄할 만하다. 각 마을마다 그 마을을 빛낸 사람들에게 매년 제사 지내는 사당이 한 채 있다. 이곳에는 보존할 만한 가치가 있는 옛 문서들이 소장되어 있다. 양반들은 거기에서 독서를 하기도 한다. (…) 이 시험(과거)에 통과한 사람들에게 국왕은 승진 증서를 수여한다. 이것은 그들이 매우 탐을 내는 서류이다. 이 자격을 얻기 위해서 많은 젊은 양반들이 늙어서 거지 신세가 되는 수가 있는데 이를 위해서 값비싼 기부금과 연회 비용 등으로 재산을 다 날려버리기 때문이다. 자식들의 공부를 위해 거액의 돈을 투자하는 부모도 많이 있다."[41]

공부가 인격 수양을 목적으로 하는 것이 아니라 과거 합격을 위한 수단으로 전락했다. 그러면서 창의적인 학문 탐구보다는 정해진 교과서와 주석서 그리고 시험을 위한 암기식 공부가 횡행하게 된다. 조선 중·후반으로 가면서 과거제 개혁론이 쏟아진 이유다.

실학자 유형원은 《반계수록》에서 과거제에 대해 날 선 비판을 하며 개혁안을 내놓는다. 학문의 근본인 학덕을 중히 여기지 않고, 집안 대대로 이어지는 사회적 신분이나 지위인 문지(門地)를 숭상하는 세태를 일갈한다. 그러면서 수준 낮은 시문으로 시험해 당락을 결정하는 과거제를 폐지하고, '공거제'에 입각해 인재를 뽑자고 제안했다. 실학자 이익도 과거제를 대폭 개편하고 천거제를 보다 합리적으로 보강해 둘을 병용하자고 주장했다. 정약용도 공거제를 도입해 과거제를 정화하고 시험절차를 일원화하되 시험의 단계를 확대하자고 주장했다.[42]

키워드 둘,
깜깜이

생기부인가,
사기부인가

2019년 4월 4일 오후 1시, 경기도 성남시 코리아디자인센터에서 교육부가 마련한 '제1차 고교-대학 간 원탁토의'가 시작됐다. 경기 지역 고등학교 교사들과 대학 입학사정관들이 처음 한자리에 모였다. '금수저·깜깜이' 전형이라고 비판받는 학종의 개선 방안을 마련하기 위해 현장 의견을 수렴하는 자리였다.

원탁토의 시간에는 학생부 성토가 이어졌다. 14조 테이블에서는 "학생부 중심의 입시정책에는 동의하지만, 학교 교육과정과 평가 방법이 변화를 거듭하고 학생 선발 기준이 공개되지 않아 교사들로서는 수업 운영과 학생들 내신 관리에 위험 부담을 계속 져야 한다"라는 교사의 지적이 나왔다. 원탁의 다른 교사들도 한결같이 공감의 목소리를 냈다.

이어 마련된 토론 시간에 고교 교사들은 물론 대학 입학사정관과 교수, 교육 관료, 취재진이 모두 지켜보는 가운데 한 교사가 손을 들고 발언권을 청했다. 그는 "생기부가 입시를 위한 도구가 되면 안 된다지만 지금 교사들 스스로도 '생(生)기부'가 아닌 '사(死)기부'라고 부를 정도"라고 일갈했다. 그러면서 "지난해 정책 숙의 이후 지침도 너무 많아졌는데, 대학에서 교사들의 학생부 기록을 믿고 그대로 뽑으면 안 되는 것이냐"라고 따졌다.

이후 전국을 돌며 진행한 6차까지의 원탁토의에서도 일선 교사들은 부풀리거나 부실해 학생의 성장 과정을 제대로 드러내지 못하는 생기부의 실태를 지적했다. 원탁토의에서 나온 전체 발언록을 입수해 살펴봤다.

생기부 작성의 주체인 교사들은 서열화된 입시 지옥에서 아이들의 생기부가 과장되고 심지어 왜곡되고 있다며 속내를 털어놨다.

"생기부는 학생들 자체에 대한 기록이어야 하는데 그렇지 못하다. 교사 입장에서 보면 생기부가 아니고 사기부다. 불필요하고 사소한 지침이 너무 많다. 교육과정을 충분히 가르치는 교사들의 평가를 대학이 믿고 뽑으면 되는데 왜 그게 잘 안 되는지 모르겠다."(동원고 공기택 교사)

2차 원탁토의에 참가했던 원주 북원여고의 한 교사는 "훌륭한 연기자를 만들어 입시를 치른다는 느낌"이라며 "교사는 과장되게 쓰는 것 같은데, 입학사정관은 그 내용을 믿는다"라고 꼬집었다. 명륜고 황창호 교사도 "시도별로 많은 노력을 하고 있고, 고등학교 교육과정을 짜고 있지만 입시와 분리해서 할 수 있는 상황이 아니다"라면서 "무엇을 해도 결국엔 입시"라고 하소연했다.

대전 전민고의 김세창 수석교사는 6차 원탁토의에서 "200~300명에 달하는 학생을 대상으로 수업하고, 평가하고, 기록하기란 현실적으로 어렵다"라면서 "이를 위한 교육과정과 시스템이 있었는지 의문"이라고 지적했다.

생기부의 문제점을 적나라하게 털어놓는 일선 교사의 목소리는 어렵지 않게 찾을 수 있다. 학생부가 얼마나 부풀려지고, 부모와 사교육에 의해 얼마나 뒤틀리는지 전해 듣다 보면 얼굴이 화끈거린다.

일선 교사가 〈오마이뉴스〉에 기고 형식으로 연재하는 기사 일부를 보자.

> 근거 자료 하나 없이 오로지 머릿속의 기억에 의존해 작성하게 되면 생기부는 '소설책'이 되고 만다. 아무리 속을 썩인 아이들이라도 생기부에 곧이곧대로 기록하는 교사는 없다. 생기부에선 신중하다는 건 게으르다는 뜻이고, 쾌활하다는 건 산만하다는 지적이라고 보면 얼추 들어맞는다. (…) 하지만 허점투성이다. 경찰 열 명이 도둑 한 명을 못 잡는 법이다. 규정을 위반하지 않으면서도 부모의 '후광'과 사교육의 '혜택'을 생기부에 두루 반영시킬 수 있는 방법은 차고도 넘친다. (…) 소논문이 도움이 된다는 소문이 돌자 학교마다 소논문 쓰기가 유행처럼 번졌고, 1년짜리 자율동아리가 기존의 동아리 활동을 압도하기도 했다. 진로 희망과의 내러티브가 중요하다면서 맞춤형 자율활동과 봉사활동 컨설팅이 진학 담당 교사의 신규 업무로 등장했다.
>
> - 서부원, 〈오마이뉴스〉, 2018.12.30

서 교사의 지적처럼 요즘 대입에서 자율동아리 활동은 폭증하고 있다. 입시 업체 종로학원하늘교육이 학교알리미 공시 자료를 통해 2014년부터 2019년까지 고등학교 학생 자율동아리활동의 참여 비율을 비교한 결과, 2014년 25.2%에서 2017년 62.3%까지 급증했음을 발견했다. 대입에서 비교과활동까지 포함해 평가하는 수시 학종 선발 비율이 2015년 15.7%에서 2016년 18.5%, 2017년 20.3%, 2018년 23.6%로 꾸준하게 증가해서다. 특히 학생들이 선호하는 주요 상위권 대학에서는 '2019 대입전형 계획' 기준으로 서울대 79.1%, 고려대 64.0%, 서강대 52.9%, 경희대 51.6%, 성균관대 50.4% 등 학생부종합전형 선발 비율이 더 높다.

'깜깜이 · 사기부' 논란을 누구보다 잘 알지만 학생의 진로를 담당한 교사로서 입시 맞춤형 생기부를 외면할 수도 없는 처지다. 생기부 작성의 원칙만 역설하다간 당장 입시를 앞둔 학생과 학부모의 볼멘소리와 항의에 몸살을 앓는다.

사립학교는 명문대 입학 실적이 학교의 위상과 직결되기에 관리자들이 교사 평가의 중요한 잣대로 삼고 있다. 관리자들이 암암리에 가하는 압력 속에 교사들은 입시 스트레스에 시달린다.

요즘 입시전형이 너무 복잡한 것도 교사들에게는 큰 부담이다. 수업 준비 말고도 행정 잡무가 수두룩한데 대학별로 천차만별인 입학전형까지 꿰뚫어야 한다. 현실적으로 여의치 않은 일이다. 진로 담당 교사들은 대학마다, 전공마다, 전공 내에서도 몇 가지 전형을 나눠 선발하는 현재의 학종을 정확히 이해하기가 벅차다고 하소연한다. 게다가 학종 관련해서는 간소화를 명분으로 해마다 내용이 바뀌고 있어 이를 제대로 숙지하는 것도 버겁다.

EBS 다큐프라임팀이 제작한 교육 대기획 〈대학입시의 진실〉에서는 고3 교사들이 수시전형에서 겪는 어려움을 설문조사한 결과가 나온다.

이대부고 박권우 교사가 전국 고교 3학년 교사 1,268명을 대상으로 설문조사를 한 결과, 고3 교사들은 대학별 전형이 너무 많고 복잡하다는 응답이 53.6%로 절반을 넘었다. 그리고 대학이 제공하는 평가기준에 대해 정보가 부족하다는 점이 31.4%로 뒤를 이었다.

설문조사에서 교사들은 다음과 같은 문제점을 지적했다. 관리자들의 명문대 진학률 요구가 과도함, 관리자들이 생활기록부 내용에 간섭하고 스펙 쌓기용 교내 업무가 늘어남, 수시전형의 다양화는 대학에는 좋겠지만 고등학교 현장에서는 매우 힘듦, 대입전형이 복잡해 학생들이 부담과 스트레스를 겪음, 용어가 다 다름, 입학전형이 너무나 다양하고 복잡함, 학교 및 지역별 차별이 존재함, 예측 가능성이 부족함, 사교육 기관의 간섭이 심해짐 등이다.[43]

교사들도 이렇게 버거워할 정도이니 수시 원서 접수를 할 때쯤 생기부를 접하는 '입알못' 학부모는 그야말로 '멘붕'에 빠질 수밖에 없다. 그즈음 주위를 둘러보면 참담한 심정이 된다. 초등학교 때부터 고입과 대입에 맞춰 선행 학원에 다닌 남의 집 아이들은 수능 다음으로 중요하다는 '고1 중간고사' 때부터 내신 관리를 해왔다. 생기부도 그에 맞춰 빼곡히 채웠다. 입시 컨설턴트가 정교하게 설계한 생기부도 적지 않다. 시쳇말로 게임이 안 된다. 그제야 각종 입시설명회를 돌고, 1시간 30만 원이라는 생기부 컨설턴트를 쫓아다니지만 '약발'이 있는지 알 길이 없다. 지방에서 대치동으로 컨설팅을 받으러 올라오는 건 이젠 뉴스거리도 아니다. 그래 봐야 이미 저 멀리 달아난 토끼를 하릴없이 바라보는 거북이 신세다. 이들은 그나마 사정이 낫다. 그럴 돈도 시간도 없는 학부모들은 답답한 속을 부여잡고 한숨만 쉰다.

"생기부가 그렇게 중요해?" 이런 한가한 질문을 하는 학부모는 '입알못'임에 틀림없다. 자신이 학창 시절 받아보던 성적 통지표 정도로 생각하다간 큰코다친다.

'학생부'로도 불리는 생기부는 말 그대로 학생의 학교생활에 관해 교사가 기록한 장부다. 나이스 대국민서비스(neis.go.kr)를 통해 온라인으로 발급받을 수도 있다. 재학생이라면 담임 교사에게 요청해 받을 수 있다.

생기부는 교육부령으로 그 서식과 기록 요령을 규정하고 있다. 1954년도 이후에 사용된 생활기록부는 종전 학적부의 교과평가 방식인 100점제에서 '수 · 우 · 미 · 양 · 가'로 평가하도록 했다.

1976년에 개정된 생기부는 교과평가 방식을 개선해 학교 교육이 지식 교육 중심에서 벗어나 덕육 · 체육도 강조하는 균형적인 교육 활동이 되게 했다.

1996년 생활기록부의 명칭을 종합생활기록부로, 1997년에 다시 학교생활기록부로 변경했다. 1999년에는 비교과 교육의 다양한 교육 활동을 입력할 수 있도록 했으며, 교과 성적에 수행평가 성적을 반영할 수 있도록 개정했다. 2000년 이후에는 수준별 교육과정의 도입, 특별활동의 영역 구별, 재량활동의 신설 등을 반영했다. 2007년에는 고등학교 학생을 대상으로 '독서활동상황'란을 신설해 2007학년도부터 2009학년도까지 단계적으로 적용할 수 있게 했다. 2010년에는 중학생도 '독서활동상황'란을 기록하도록 했고, 초 · 중 · 고등학교 학생의 '수상경력'란과 초 · 중학생의 '자격증 및 인증취득상황'란 기록방식을 변경했다.

구멍 숭숭 뚫린
생기부

"생기부는 학생이 쓰나요?"(중3 학부모)

"누가 그런 얘기를 하나요? 당연히 선생님들이 쓰죠."(지방의 한 고등학교 교감)

"생기부를 학생들에게 써 오라고 하는 곳도 많다고 들었어요."(학부모)

"아닙니다. 학생이 쓰는 것은 절대 안 됩니다."(교감)

지방의 한 고등학교 입학설명회에서 있었던 대화다. 생기부가 중요하다는 얘기는 어렴풋이 알고 있는데 어떻게 작성되는지조차 몰라 불안해하는 학부모들이 적잖다.

생기부는 교사가 쓰는 거다. 하지만 잊을 만하면 '셀프 생기부' 의혹이 터진다. 학종 컨설팅 업계에서는 요즘 생기부의 설계에서부터 담을 내용과 작성 요령, 자기소개서 첨삭 등을 총체적으로 디자인해주는 '생기부 컨설팅'이 활황이다. 포털사이트에는 'ㅇㅇ지역 생기부 컨설팅'이라는 이름의 사이트가 셀 수 없이 많다. 수시모집 시즌이 되면 각종 입시 카페에 생기부 컨설팅 과외나 사교육이 기승을 부린다.

생기부 한 줄에 인생이 달라지다 보니 그 안에 담기는 내신과 관련해서는 몰아주기와 시험지 유출 사건이 끊이지 않는다. 2019년에도 광주시 교육청 특별감사 결과 광주의 한 사립고등학교에서 시험지 사전 유출과 최상위권 특별관리 등이 적발되기도 했다.

"지난달 치러진 3학년 지필고사 2차 '기하와 벡터'는 특정 수학동아리에서 한 달여 전 미리 배부된 유인물 중 5문항이 그대로 출제돼 재시험을 치렀다. 또 지난해 1학년 지필고사 수학의 경우 절대등급 상·하에서 8문항, 토요 논술교실 유인물에서 1문항이 출제된 사실도 확인됐다. 이 문항들은 방과후 학교 '수학 최고급반'에서 교재로 사용됐다는 의혹이 불거져 수사를 의뢰키로 했다. 특히 수학의 경우 2017~2019년 시험문제 중 고난도 197개 문항을 조사한 결과 150개(76.2%) 문항이 특정 문제집이나 기출문제와 일치했다. 국어 교과도 2018~2019년 16개 문항이 100% 일치하거나 부분 일치해 평가 공정성이 훼손된 것으로 파악됐다. 다만 해당 문제들이 특정 학생에게 사전에 제공됐는지는 확인되지 않았다."[44]

공부 잘하는 일부 학생에게 '비교과 몰아주기'가 벌어져 평범한 대다수 학생이 학교에서 들러리 신세가 되고 있다.

요즘 입시에서 수능 다음으로 중요한 시험은? 정답은 '고등학교 1학년 1학기 중간고사'다. 여기서 1·2등급 안에 들어야 '특별'한 관리를 받으면서 각종 교내 상과 우수동아리 등의 비교과활동에서 몰아주기를 받을 수 있다는 실전 무용담이 쏟아진다. 거꾸로, 자칫 성적이 삐끗하면 공부 못하는 학생으로 낙인찍히는데 이후에 역전하기란 하늘의 별 따기다. 실제로 종로학원하늘교육의 2017년 조사 내용에 따르면 고1 내신 성적 3등급을 받은 학생이 3학년 1학기까지 평균등급이 한 단계라도 오른 경우는 100명 중 8명 밖에 안 됐다. 명문대 입시 실적에 목을 매는 사립고를 중심으로 이런 '작전'이 이뤄진다는 사실은 공공연한 비밀이다.

내신 경쟁이 치열해지면서 시험지 유출 사건도 늘어난다. 국회 교육위원회 소속 더불어민주당 박찬대 의원이 교육부로부터 제출받은 자료에 따르면, 2014년부터 2018년도 1학기까지 고등학교 시험지 유출 사건이 13건에 달했다. 설립 형태별로는 사립고가 7개교, 공립고가 6개교였다. 연도별로는 2014년 1건, 2015년 2건, 2016년 3건, 2017년 4건, 2018년 1학기에만 3건이 발생해 확연히 증가하는 모습을 보였다. 유출 과목을 보면 수학, 영어, 과학, 국어 등 주요 과목에 집중되고 있는 것으로 나타났다.

그런데 '재시험 실시 여부'와 '관련자 징계 수준'이 학교마다 모두 달랐다. 시험지 유출 사건 중 재시험을 실시하지 않은 경우도 2건이 있었다. 관련자 징계 수준을 보면 시험지 유출 관련자가 학생인 총 5건의 사례 중 4건은 퇴학 조치가 됐으나, 1건은 출석을 정지하고 특별교육을 실시하는 것에 그쳤다.

박 의원은 "시험지 관리부실 문제는 일선 학교만의 문제가 아니라 대입 과정에서 내신 자료로 활용될 학생부종합전형의 신뢰성도 흔들리는 결과로 이어질 수 있다"라며 "상급 학교 진학 과정의 공정성을 확보하기 위해서라도 전국이 공통된 보안 유지 시스템과 징계 기준을 확립할 필요가 있다"라고 주장했다.[45]

수상경력도 도마에 오르는 단골 메뉴다. 2019학년도 서울대 수시 합격생들이 받은 교내 상은 평균 30개에 달했다. 국회 정무위원회 소속 더불어민주당 김병욱 의원이 서울대로부터 받은 '2019학년도 서울대 수시 합격생 현황'에 따르면 교내 상의 경우 평균 30개를 받은 것으로 나타났고, 가장 많이 받은 합격생은 108개나 되는 것으로 파악됐다. 일선 고등학교의 최상위권 학생 몰아주기와 무관하지 않다는 분석이다.

2019학년도 서울대 수시 합격생 중 봉사활동 시간이 가장 많은 합격생은 489시간이었고 400시간이 넘는 학생도 6명으로 나타났다. 이들이 하루 평균 4시간씩 봉사활동을 했다면 100일 이상 봉사활동을 한 것으로 볼 수 있다. 한편 동아리활동 시간이 가장 많은 학생은 374시간이었다.

김 의원은 자료를 공개한 배경을 이렇게 설명했다.

"학종은 학생들의 재능과 잠재력을 종합적으로 평가한다는 장점도 있지만 여전히 깜깜이 전형, 금수저 전형이라는 오명과 공정성에 대한 국민의 불신이 높기에 최대한 구체적인 정보들이 일부 입시학원이 아닌 일반 학생들과 국민들에게 제공되어야 한다."[46]

교육부의 〈학교생활기록부 신뢰도 제고 방안 연구〉 자료에 따르면 2017년 국민 17만 명을 대상으로 실시한 설문조사에서 교원과 학생, 학부모, 입학사정관 등 응답자 모두 사교육을 유발하는 항목으로 수상경력을 1순위로 꼽았다. 사겨세는 "수상경력이 대입에 반영되면서 이를 기재하기 위해 고교에서 개최되는 교내 대회 수가 과다해 이를 기획하고 시행하는 데 투여되는 교사의 업무가 정규 수업 준비보다 비대해지는 주객전도 현상이 벌어지고 있다"라고 지적했다.

학교별 교내 대회 개최 횟수도 편차가 크다. 사겨세가 학교알리미를 통해 전국 9개 지역 91개교의 교내 대회 운영 상황(2016년 기준)을 조사한 결과 서울 강남구 일반고는 교내 대회 개최 수가 평균 21.8개인 반면, 전북 임실군의 일반고는 평균 2.5개에 불과했다.[47] 수상경력은 전국 학교별로 양과 질의 차이가 날 수밖에 없는 대표적인 항목이다.

생기부가 어떤 고등학교를 선택하느냐에 좌우된다는 '복불복' 의혹도 깜깜이 전형과 맞닿아 있다. 전공 적합성을 중요 요소로 반영하는 학종에서는 특목고·자사고나 전문교과를 운영하는 극소수의 일반고를 제외한 전국의 모든 일반고 학생들이 불이익을 받는 구조다. 교과 담당 교사가 기록하는 세부능력 및 특기사항(세특)이나 담임이 1년간의 학교생활 평가를 기록하는 '종합평가'에서 교사의 개인적인 성향에 따라 같은 학생이라도 완전히 다른 해석이 나올 수도 있다. 대학들이 교과 정성평가 기준을 명쾌하게 밝히지 않고 있어 심화과목과 전문과목이 다양하게 개설된 전국단위 자사고와 영재고, 과학고, 외고, 국제고가 일반고에 비해 유리하다는 인식이 팽배하다.

서울시 교육청 감사에서는 학생이 실제로 참여하지 않은 봉사활동이 생기부에 기재됐다는 사실이 적발되기도 했다. 서울시 교육청은 2019년 9월 17일 서울 A고와 B고에 대해 '학생 봉사활동 누가기록 기재 관리 부적정'으로 기관주의 처분과 시정요구를 내렸다.

'꼼수' 생기부 문제도 학교에 대한 불신을 키운다. 생기부 기재 요령에 모호한 예외사항을 둬서 사실상 사각지대를 방치하는 일도 심심찮게 있다. 이러다 보니 학생들은 학종의 성패를 좌우하는 생기부 기록의 공정성을 크게 우려하고 있다.

2018년 겨울에 발표된 전국 시·도 교육청의 감사 결과를 보면 생기부의 부실한 관리 체계 민낯이 적나라하게 드러난다. 교사들의 지적대로 생기부를 허위로 기재하거나 부풀리고, 제대로 담지 않거나 같은 내용을 '복붙(복사해 붙여넣기)'하는 등 부실 기재로 감사에 걸린 사례가 수두룩하다.

교육부는 2018년 12월 '학생평가 · 학생부 신뢰도 및 투명성 제고를 위한 관리강화 방안'을 발표했다. 전체 1만 1,591개 초 · 중 · 고교 중 1만 392개(89.7%) 학교를 대상으로 2015년도 이후 전반을 감사한 내용도 있었다. 생기부 관련 2,348건, 학생평가 관련 1,703건이 적발됐다.

생기부와 관련한 적발 사례는 창의적 체험활동과 출결의 불일치(782건, 33%), 관리 소홀 · 입력 착오 · 미기재(772건, 33%), 학교폭력 조치사항 기재관리 부적정(424건, 18%), 학생부 정정 절차 부적정(160건, 7%), 봉사활동 및 시수 입력 부적정(149건, 6%) 등이었다.

학생평가에 대해서는 시험문제 출제 단계 부적정(515건, 30%), 학업성적관리위원회 운영 부적정(422건, 25%), 수행평가 운영 부적정(35건, 21%), 평가 결과 처리 부적정(326건, 19%) 등이었다. 그렇지만 99% 이상이 지침 미숙지와 주의 소홀 등으로 주의 · 경고 처분을 받았을 뿐, 경징계(10건)를 포함해 징계 처분을 받은 경우는 12건으로 0.9%에 불과했다.[48]

대학입시에 영향을 미치는 생기부를 정해진 결재 체계를 건너뛰거나 증빙자료 없이 제멋대로 수정하는 일도 적지 않다.

2015년 경기도의 한 고등학교에서는 교사가 자녀의 학생부 자료를 임의로 조작해 파면 처분을 받았다. 같은 해 서울의 한 고등학교에서는 교사 2명이 3년간 무단결석한 학생을 정상 출석으로 처리하고 결석생의 수행평가를 만점 처리해 해임됐다.

국회 교육위원회 소속 더불어민주당 서영교 의원이 2019년 국정감사를 앞두고 작성한 '최근 5년간 학생부 정정 현황'에 따르면 2016년부터 2019년 상반기까지 학생부 정정 건수는 61만 9,514건에 달했다. 연도별로는 2015년 8만 6,071건에서 2016년 18만 3,490건으로 급증한 후, 2017년(14만 2,362)과 2018년(12만 8,721건)에도 매년 10만 건 이상의 학생부 정정이 이뤄졌다. 2019년 상반기에도 7만 8,870건을 기록했다. 영역별로는 '창의적 체험활동'이 37만 6,480건으로 절반이 넘는 60%를 차지했다. 이어 '세부능력 및 특기사항'이 13만 7,525건, '행동특성 및 종합의견'이 10만 5,509건으로 나타났다. 2013년부터 2019년 상반기까지 학생부를 허위로 기재하는 방식으로 조작하거나 부당하게 정정해 징계를 받은 교원은 29명인 것으로 나타났다.[49]

이런 생기부의 폐해는 당사자인 고등학생들이 누구보다 뼈저리게 느끼고 있다. 청와대 국민청원에서 생기부 작성과 관련한 편법과 부정, 비위 행위를 고발하는 청원 글을 찾는 것은 어렵지 않다. 지방의 한 고교 졸업생은 모교 교사들의 생기부 비위 행위가 부정인지조차 인지하지 못했을 정도라고 폭로했다.

또 다른 청원자도 교사가 수업 시간에 학생들을 관찰하고 그 내용을 기록하는 '세부 특기사항'을 학생에게 써 오라고 하고, 그것을 그대로 복사해 붙여넣는 경우가 파다하다고 고발하고 있다. 그는 "세부 특기사항이 학생의 글쓰기 실력에 따라, 부모의 학원 섭외 능력에 따라 기록되고 있다"라면서 교육 당국에 대책 마련을 촉구했다.

전북대 행정대학원 임충열의 논문 〈학생부종합전형에 대한 학생들의 인식 분석〉을 보면 고등학생에게 학종 개선 방안을 물었는데 '생기부 작성 과정에서 학교나 교사의 차이가 입시 결과에 미치는 영향이 없도록 해야 한다'라는 문항이 5점 만점에 평균 4.06점으로 가장 높게 나타났다. 다음으로 '학생부를 공정하게 작성할 수 있는 장치가 필요하다(3.93점)', '대학은 학종 입시 결과(평가 방법)를 공개해야 한다(3.78점)', '모든 대학의 학종 평가기준을 통일해야 한다(3.70점)', '학종의 비율을 늘려야 한다(3.16점)' 순으로 나타났다.[50]

학생들은 전반적으로 생기부의 작성 과정에서 교사에 따른 격차, 이른바 '복불복' 현상이 가장 큰 문제라고 인식하고 있다는 해석이 가능하다. 복불복 문제는 공정성을 훼손하는 만큼 대책을 마련해야 한다고 보는 것이다. 마찬가지로 대학은 평가 방법의 불투명성을 개선하고, 평가기준을 시급히 일원화해야 한다고 보는 것이다.

한발 더 들어가 보면 학종으로 인해 학생들의 대입 부담은 더 커졌다. 2명 중 1명꼴로 부담을 호소했는데 자신에게는 불리할 것 같고, 사교육 없이는 준비하기가 힘들고, 불공정한 평가 방법이라고 인식하고 있었다.[51]

땜질식
학종 간소화 대책

　교육 당국은 문제가 불거지면 학종을 간소화하는 땜질식 개선책을 내놓곤 했다. 교육부는 2020년부터 생기부를 더 간소화하는 방식으로 학생의 부담을 줄이기로 했다. 논란이 많았던 소논문(R&E) 기재금지가 가장 눈에 띈다. R&E 활동은 생기부의 모든 항목에 기재할 수 없도록 했다. 수상경력을 제한한 것도 큰 변화다.

　2018년 발표한 일부 개정안에서는 학기당 1개만 작성하도록 했는데, 최종 확정안에서는 수상경력을 모두 기재하되 상급 학교에 제공하는 수상경력 개수를 학기당 1개로 제한하는 것으로 일부 수정했다. 진로희망사항은 삭제된다. 봉사활동은 교사가 관찰하기 어려운 만큼, 교내외 봉사활동 특기사항은 기재하지 않고 봉사활동 실적만 현행대로 기재한다. 방과후 학교 활동도 기재할 수 없다. 기존 대입 자료로 제공되던 자격증·인증취득상황은 대입 자료로 제공되지 않는다.

　글자 수도 대폭 줄어든다. 창의적 체험활동 상황의 특기사항에서 자율활동은 1,000자에서 500자로, 진로활동은 1,000자에서 700자로 줄었다. 기존 500자로 작성하던 봉사활동은 기재하지 않고, 동아리활동은 기존대로 500자로 작성한다. 총 3,000자에서 1,700자가 됐으니, 1,300자가 줄어든 셈이다. 행동특성 및 종합의견은 기존 1,000자에서 500자로 줄었다. 이런 변화로 학교 및 교사 성향에 따른 기재 격차가 다소 줄어들 것이라는 게 교육 당국의 기대다.

'셀프 학생부' 기재 행위와 학부모들의 기재 간섭 행위, 허위 사실 기재 행위 등을 막는 장치도 마련했다. 단위학교 차원에서는 학생부 점검 전담반을 구성해 교차 점검 등 자체 점검을 실시한다. 학교장은 생기부 자체 점검 계획을 수립해 학사일정에 반영해 운영한다. 교육청은 매년 소속 학교에 대한 생기부 기재 및 관리 실태 점검 계획을 수립하고, 위반 사례가 적발된 학교와 생기부 관련 민원이 빈번한 학교를 대상으로 집중 컨설팅을 지원한다. 교육부는 대학입시제도 평가 지표에 학종 공정성 관련 배점도 확대하고 있다. 당근과 채찍 전략이다. 교육부가 2019년 3월 5일 발표한 2019년 고교교육 기여대학 지원사업 기본계획에는 정책 당국의 이런 고민이 담겨 있다. 이 사업은 교육부가 각 대학의 입시전형을 평가해 고교교육 내실화에 기여하고 학생 부담을 낮춘 대학에 지원금을 주는 사업이다. 2019년에는 559억 원이 지원된다. 재정난을 겪는 대다수 대학으로서는 대입전형 운영비와 입학사정관 인건비 등을 충당하기 위해 반드시 따내야 하는 사업이다.

교육부는 2019년 평가지표에서 '학종 공정성'을 재차 강조했다. 학종 공정성과 관련된 4개 지표가 새롭게 포함됐다. 우선 자기소개서를 대필하거나 허위 작성한 경우 의무적으로 탈락 또는 입학을 취소하는 규정이 있는지 살펴볼 계획이다. 또 학종 평가기준 공개를 확대하는지, 다수 입학사정관 평가를 의무화하는지, 공정성 관련 위원회에 외부 위원이 참여하는지도 평가 대상이다. 학종 공정성에 관한 지표 배점은 29점에서 36점으로 높인다. 교육부의 조치는 학종 공정성을 둘러싼 논란을 반영한 것이다. 지금까지 고교교육 기여대학 지원사업에서는 학종을 포함하여 학생부전형 비율을 높인 대학을 집중적으로 지원해왔다. 사실상 학종 확대를 촉진하는 장치로 활용해온 셈이다. 그러나 학종에 대한 반대 여론이 확산되자 비율은 고려하지 않고 공정성 위주로 지표를 바꿨다.

대학 역시 '깜깜이 전형'으로 바라보는 교사와 학부모, 학생의 불안한 시선을 잘 안다. 대학들은 2022학년도 입시부터는 입학 후에라도 자기소개서 등 관련 서류의 대필, 허위 작성 등이 드러날 시 입학을 취소하기로 했다. 학종의 경우 2명 이상의 평가위원이 평가에 참여해야 한다. 한국대학교육협의회(대교협)는 2019년 8월 이 같은 내용의 '2022학년도 대학입학전형 기본 사항'을 발표했다. 핵심은 대입 공정성 제고다. 우선 전형 관련 자기소개서 등 서류의 위조, 허위 작성, 대필 등이 확인될 경우 입학 전 불합격 처리를 의무화했다. 입학 후에라도 서류 검증을 통해 주요 사항 누락 등 서류상 미비점이 발견되거나 허위 작성 등 부정입학이 확인되면 대학 학칙 및 모집요강에 따라 입학 취소 등 적정 조처를 해야 한다.

대교협은 평가의 공정성을 확보하기 위해 학종 평가 시 '복수 위원 참여'를 의무화했다. 이제까지는 평가위원 수에 대한 명확한 규정이 없어 공정성 우려가 제기됐다는 점을 반영한 조치다. 대학별로 설치된 공정성 관련 위원회에는 외부 위원이 참가하도록 권고했다.

학종의 본산으로 불리는 서울대는 학종전형의 투명성 개선에 공을 들이고 있다. 서울대는 2019년 5월 21일 '2020 입학전형 설명회 동영상'을 입학 웹진 〈아로리〉 홈페이지를 통해 공개했다. 이 동영상은 입학전형 주요 사항, 학생부종합전형 평가의 이해, 질문과 답변으로 구성됐다.

연세대와 고려대, 성균관대 등도 학종 평가 방식을 점점 더 세세하게 공개하는 추세다. 입학설명회에서 평가자료를 보여주거나 합격자의 자기소개서 등을 공개하기도 한다.

한양대는 연간 3회 대규모 입학상담을 실시한다. 학생과 학부모들은 자신들이 가져온 서류와 학교 측 입학사정관들의 경험을 토대로 한결 정확한 입시정보를 얻을 수 있다.

서울의 6개 사립대는 아예 연합해 학종의 공정성 확보를 위한 표준화 작업에도 나섰다. 2018년 3월 건국대와 경희대, 서울여대, 연세대, 중앙대, 한국외대 등 6개 사립대학은 학종 공통 평가요소 및 평가항목을 제시했다. 2017년 고교교육 기여대학 지원사업에서 공동으로 수행한 〈대입전형 표준화 방안 연구〉(2018)를 통해 나온 결과물이다.

연구 내용을 보면 대학들은 학종의 평가요소를 '학업역량', '전공 적합성', '인성', '발전 가능성'으로 표준화했다. 여기서 한발 더 나아가, 각각의 개념과 세부 평가항목도 새롭게 정의했다. 스카우터가 만든 스카우트 내부 지침 같은 것인데 학종을 준비하는 수험생이 궁금해할 만한 101가지 사항을 문답으로 정리했다. 경희대 임진택 수석입학사정관을 필두로 건국대 이정림·김유겸 입학사정관, 경희대 박소연 입학사정관, 연세대 문서진·이혜린 입학사정관, 이화여대 안정희 입학사정관실 실장, 중앙대 차정민 책임 입학사정관과 채송화 입학사정관, 한국외대 이석록 입학사정관실 실장, 한국외대 김민경 입학사정관이 함께 연구해 답변의 초안을 만들었다. 연구에 참여한 6개 대학 홈페이지와 대교협 대입정보포털 '어디가(www.adiga.kr)' 등을 통해 무료로 다운로드 받을 수 있다.

지방자치단체와 시·도 교육청 등은 입시 업체나 대학과 손잡고 주요 대학 입학사정관이 참석하는 설명회를 경쟁적으로 개최하고 있다. 학부모, 학생, 교사 등을 대상으로 학종의 전반적인 이해를 돕고 관련 정보도 제공하는 자리다. 강사로 참여하는 주요 대학 입학사정관이나 입시 전문가들은 연중 상시 대기 모드에 들어갈 정도로 바쁘다.

진학사 입시전략연구소 우연철 평가팀장은 "동일한 학생부종합전형이라고 하더라도 대학별로 중점적으로 평가하는 요소가 다를 수 있고, 같은 요소에서도 세부 평가항목이 다르기 때문에 합격 가능성을 높이기 위해서는 대학별 중점 평가요소를 정확하게 분석하는 것이 필수"라며, "최근에는 대학에서 시행계획과 모집요강에 평가요소와 평가항목을 자세하게 안내하거나 학생부종합전형 가이드 등을 발간하는 등 많은 정보를 제공하고 있으므로, 관심 있는 대학의 정보를 꼼꼼히 분석할 필요가 있다"라고 조언했다.

수험생과 학부모들은 너도나도 입학설명회를 찾는다. 학력고사, 수능 세대인 지금의 학부모들이 가장 힘겨워하며 '분노'하는 대목이다. 점수로 줄을 서 대학에 들어가던 시절에는 입시정보라고 해봐야 학원에서 나눠주는 '배치표' 정도였다. 교사와 학부모의 입시 상담이라는 것도 점수에 맞춰 지원 대학과 학과를 결정하는 정도였다. 그런데 이제는 전혀 다른 세상이다. 고3 학부모라면 대학별 입시설명회 일정을 꿰고, 자녀에게 꼭 맞는 입시 상담에 공을 들여야 한다. 비용이 적게 드는 공교육 상담이 못 미더우면 대치동의 입시 컨설턴트를 찾아야 한다. 가정 형편이 어렵거나 맞벌이로 시간이 부족하다면 낭패다. 학원가에서는 입시 피라미드의 맨 아랫단에 저소득층과 맞벌이 부부가 자리한다는 게 정설처럼 퍼져 있다. 조국 전 장관 자녀의 입시 관련 의혹을 두고 "아빠·엄마가 못나서 미안해"라는 자책감이 학부모를 휩쓴 것도 이런 입시 현실과 맞닿아 있다.

하지만 대학들의 투명성 강화 노력은 아직 갈 길이 멀기만 하다. 대학이 스스로 학종 부정 근절을 위한 노력을 해야 하지만 부실하다는 비판을 받고 있다. 4년간 학종으로 입학한 36만여 명에 대해 부정을 적발한 것은 9건뿐이었고, 이마저도 대학 자체에서 발견한 것은 3건에 불과했다. 국회 교육위원회 소속 자유한국당 김현아 의원이 교육부로부터 제출받은 '대학별 학종 부정 적발 현황' 자료에 따르면 2014~2018년 전국 198개 대학에서 적발된 학종 부정은 6개 대학의 9건이었다. 적발된 내용을 살펴보면 9건 중 6건은 외부 기관의 조사 및 제보로 문제가 드러났다. 대학이 입시 과정에서 자체 적발한 것은 3건뿐이다.

전문가들은 학종 공정성 논란을 해소하기 위해 대학 공통의 학생부 평가기준과 고교 유형별·지역별 평가 결과를 공개하자고 주문한다. 학종에 대한 채점기준과 결과를 공개하자는 것으로, 대학이 학종 결과를 오픈하면 수험생과 학부모의 신뢰를 얻을 수 있다는 논리다.

그러나 대학들은 난색을 표하고 있다. 정성평가의 기준을 공개하면 그것이 사교육 시장의 타깃이 되리라는 주장이다. 또 수험생 개인정보를 공개하는 것은 법적으로도 문제가 있다는 것이다.

애타는 학부모
나 홀로 정보전

'사교육 1번지'로 불리는 대치동에는 추석 연휴가 없다. 수능 대비 추석 특강은 기본이고, 수시전형에 필요한 자기소개서 원포인트 특강, 의대·교대 면접 특강, 논술·구술 단기 특강이 쏟아진다. 아예 4박 5일 동안 숙식을 해결하며 캠프처럼 운영하기도 하고, 지방 학생을 위해 서울에 숙소를 연계해주는 학원까지 있다. 추석 대목이라는 말을 이제는 학원가에서 만날 수 있다.

수능 준비에 수시 관련 특강까지 챙겨야 하는 고3 수험생과 학부모는 애가 탄다. 수시전형, 특히 학종에서 정보력에 따라 당락이 갈릴 수 있다는 불안감에 손 놓고 있을 수도 없다. 학생의 성적과 교육 환경, 학습 과정, 잠재력 및 소질, 적성, 인성, 창의성 등의 다양한 요소를 종합적으로 고려해 선발하는 학종은 안타깝게도 현실에서는 사교육의 문어발식 확장으로 이어지고 있다. 학생은 물론 발 빠른 엄마의 '정보력'과 아빠·할아버지의 재력을 바탕으로 하는 게임이라는 인식이 확산되자,

적응력이 빠른 사교육이 수요자 구미에 맞는 프로그램을 내놓으며 영토를 넓힌 것이다.

수요가 넘치는 대치동은 언제나 신종 사교육의 테스트베드 역할을 해왔다. 테스트 과정에서 쌓인 정보가 또 다른 신종 노하우를 만들며 대치동을 업그레이드하는 식이다. 대치동에 없는 학원은 전국 어디에도 없다고 보면 된다. 단순한 학과 보충에서 특목고 입시, 논술, 미국의 대학 입학시험인 SAT, 대학 학점 선이수제(AP), 수학올림피아드(KMO), 리터니(일시 귀국생) 학원까지 다양하다.

학종은 제도의 도입 배경과 취지만 놓고 보면 흠잡을 게 별로 없다. 고교교육 정상화와 대학의 창의인재 확보, 교육 당국의 4차 산업혁명 시대 미래인재 육성 등 삼박자를 두루 갖춘 제도다. 문제는 '기승전 대입'의 한국 사회에 적용되는 과정에서 맹점을 드러낸다는 것이다.

준비하는 수험생과 교사, 학부모, 심지어 입학사정관까지 누구도 합격 기준을 정확히 알지 못한다. 학종의 선발권을 가진 대학에 따라 기준이 다르기 때문에 평가요소를 한눈에 파악할 수 있도록 정리하기도 쉽지 않다. 굳이 정답을 만든다면 성적과 인성은 기본으로 좋고, 미리 전공을 정해서 준비한, 앞으로 발전 가능성이 무궁무진한 '슈퍼 울트라 고교생' 정도의 스펙이 돼야 안심할 수 있을 것이다. 아니, 이것도 불안하기는 마찬가지다. 정성평가이니 입학사정관이 '너무 작위적'이라고 여긴다면 합격을 장담할 수 없다. 대치동을 중심으로 훌쩍 커진 학종 관련 사교육은 이런 불안감을 먹고 자란다.

요즘 인터넷에는 학종을 다룬 뉴스, 블로그나 카페의 게시글, 학종 정보를 알려주는 유튜브 동영상 등이 쏟아진다. 학종이라는 제도의 등장 배경과 취지, 그 제도를 통해서 선발하고자 하는 인재상을 분석한 책과 유튜브 영상 등이 인기를 얻는 것도 '깜깜이 전형'이라는 데 기인한다.

인터넷 교보문고에서 '학생부종합전형'을 검색어로 넣으면 무려 154건(2019년 9월 14일 기준)의 책이 나온다. 대부분이 학종 가이드북이다. 학종으로 대학 가는 지름길을 알려준다고 홍보한다. 이 중에서 가장 많이 팔린 '톱10'의 제목과 홍보 문구만 슬쩍 봐도 요즘 입시 트렌드가 한눈에 들어온다.

유튜브에서도 학종을 검색어로 치면 수만에서 수십만 조회수를 기록한 유튜브 크리에이터가 수두룩하게 나온다. 이들은 자신의 경험과 취재한 내용 등을 바탕으로 '학종을 해도 되는 학교 vs 안 되는 학교'라거나 '학종의 비밀', '학종으로 ○○대 합격하기 노하우', '○○대 학종 생활기록부' 등의 영상을 쏟아내고 있다. 이들 영상 대부분이 비슷비슷한 내용이지만 학종과 관련된 정확한 정보가 적다 보니 큰 인기를 끌고 있다. 그런 한편 학생과 학부모는 쓸모없는 정보가 너무 많다 보니 되레 혼란스럽다.

학력고사 시절에는 '입시정보'라고 할 것도 없었다. 학원에서 배포하는 전국 대학 배치표 한 장에 경쟁률 정도면 족했다. 점수로 줄을 서 가는 마당에 입시 컨설팅이라고 해봐야 학습 컨설팅 수준이고, 정보라고 해봐야 강남 일대에서 암암리에 돌던 족집게 강사 리스트 정도였다.

이제는 누구도 부인할 수 없는 정보전이다. '학종맘'이 자녀의 대학을 결정하는 시대다. 미로 게임처럼 복잡한 학종을 준비하려면 부모의 도움이 필수다. 부모가 수많은 입시설명회를 다니며 발품을 팔아 정보를 모으고 분석하거나, '쓰앵님'을 쓸 재력이 있어야 한다. '아이가 시험공

부만 잘하면 되는 것 아냐?'라고 생각하는 학부모가 혹시 있다면 '입알
못'이다. 맞벌이 고위 공무원으로 두 자녀를 학종으로 서울대와 연세대
에 보낸 지인은 "아이들 대학입시 준비하는 게 행정고시 준비할 때보다
몇 배 힘들었다"라고 털어놨다.

"이 시대 초등학생, 중학생 자녀를 둔 엄마는 고민이 많다. 본인 때는
학창 시절에 학력고사나 수능만 잘 보면 명문대에 합격했다. 그러나 오
늘날 대학입시는 너무나 복잡하다. (…) 대다수 학생은 내신, 수능, 논술
을 적당히 공부하다 재수하기 십상이다. 아빠는 현행 대입 시스템을 이
해하지 못하고, 엄마는 마음이 급하다."[52]

합격 비법 난무하는
학종 가이드북

　학종 가이드북에서 공통으로 발견할 수 있는 키워드는 학종 비법, 노하우다. 스토리라인은 대체로 이렇게 짜인다. 자기소개서의 진로희망에 '이야기'를 담으라고 코칭하고, 봉사활동에는 메시지를 담아야 한다고 조언하는 식이다. 동아리활동에는 사소한 일화라도 자기만의 의미를 뽑아내라고 한결같이 주문한다.

　'SKY'에 합격한 재학생들이 자신의 합격기를 바탕으로 작성한 책들도 많다. 어찌 보면 '학종 족집게 답안지'로 봐도 손색이 없을 법한 책들이다. 그런데 이런 책들을 읽다 보면 《수학의 정석》이나 《성문종합영어》를 보는 듯한 착각에 빠진다. 불안하고 혼란스러운 수험생과 학부모의 심리를 파고들기 위해서 대체로 매뉴얼화하는 경향을 보이기 때문이다. 비판적 사회의식과 자신만의 생각 등을 담아야 한다는 그럴듯한 공식은, 맞는 말이지만 추상적이다. 구체성을 띠려면 진정성 있는 활동이 전제돼야 하는데, 현실에서 그것이 가능한 경우가 얼마나 되겠는가.

학종 가이드북에서는 독서활동을 생기부에 넣기 위해서 학생이 어떻게 해야 하는지 알려주는 '팁'도 자주 등장한다. 바쁜 선생님을 대신해 생활기록부는 학생 스스로 챙겨야 하고, 선생님에게 한 줄이라도 더 구체적으로 써달라고 부탁하는 데 도움이 되도록 사제 관계의 요령까지 짚어준다. 이런 책이 쏟아지다 보니 자소서(자기소개서)를 '자소설'이라고 하는 비아냥거림까지 생겼다. 자기소개서 작성법은 글쓰기에 대한 일반의 막연한 두려움과 맞물리면서 사교육 시장을 한층 더 파고든다.

얼마 전 공공기관 최종 면접 심사위원으로 참여한 적이 있다. 최종 면접에 올라온 이들은 신의 직장 지원자들답게 면면이 화려했다. 해외 유학 경험이나 어학연수, 각종 국내외 대회 출전과 수상경력, 자격증 등 화려한 스펙이었다. 토익 고득점만으로도 신세대 소리를 듣던 'X세대' 입장에서는 주눅이 들 정도였다. '밀레니얼 세대'가 스펙 세대라는 게 실감이 났다.

그런데 자기소개서를 보니 한결같이 화려하면서도 어딘지 비슷했다. 어려운 역경이 있었고, 이를 극복하면서 얻은 깨달음이 자신을 성장시켰다는 비슷비슷한 서사 구조였다. 인턴을 하면서 실무 경험을 쌓았으며, 해외연수를 통해 국제감각을 갖췄다는 점까지 마찬가지였다.

의문은 이번에 책을 쓰면서 풀렸는데, 스펙으로 무장한 밀레니얼 세대의 등장 배경을 논리적으로 유추해볼 수 있었다. 밀레니얼 세대가 학창 시절 학종을 통해 스펙형 인간으로 진화한 것이다. 학종은 본질적으로 자기소개서, 수상경력, 진로희망서 등으로 화려한 스펙을 만드는 데 탁월한 학생이 성공하는 구조이기 때문이다.

고교 입시 가이드 시장에서도 이미 학종 대비책은 필수 코스다. 입시는 이미 중3 겨울방학 때부터 시작된다. 자유학기제를 통해 중학교 때 희망진로를 결정하고 고등학교 1학년 1학기 때부터 대학입시 준비가 본격적으로 시작되는데, 학생과 학부모들은 실감을 잘 못 하고 있다.

고3 수능시험이 입시의 시작이라고 여기는 학부모와 학생이 정말 많은데, 학종 관련 서류 준비는 중3 때부터 시작된다고 봐야 한다. 그러므로 중학교를 졸업할 때까지 진로가 결정돼 있어야 유리하다. 지방의 일반고 3학년 진로 담당 교사는 "고교 입학 전에 미리 진로를 정해서 들어오는 게 학종 체제에서는 현명하다"라면서 "고등학교에 입학하자마자 그에 맞춰 동아리와 봉사활동, 관련 교내 대회에 참가해 수상 실적을 올리는 게 좋다"라고 귀뜀했다.

실제로 학종에서는 비교과활동 내용과 학생이 지원하는 학과의 연결성, 즉 전공 적합성을 중요하게 살핀다. 그런데 고3이 되면 1학기 내신과 수능 그리고 수시 원서 접수만으로도 바빠 각종 대회와 비교과활동을 할 시간이 없다. 따라서 고2 겨울방학 때까지 양질의 스펙을 채워놓아야 하는데, 그러려면 그 이전에 진로가 확고하게 결정되어 있어야 한다.[53]

'기는 공교육 위에 나는 사교육'은 학종 입시 체제에 딱 들어맞는 명제다. 학종 가이드북에서는 아이를 '교과형', '학종형', '수능형'으로 명쾌하게 구분해준다. 불안하고 어수룩한 학부모에게 명확한 나침반을 제공해준다. 학생의 유형을 찾아내고, 그에 맞는 대학입시 지원전략을 짜준다. 낯선 학종에 답답하고 초조한 학부모에게 얼마나 고마운(?) 일인가.

사교육 정글에서 살아남은 학종 컨설턴트의 분석은 귀를 솔깃하게 한다.

"'활동 특기형' 학생은 자기주도성을 갖고 학교 교육과정을 활용하는 적극적인 학생이다. 교과 성적 관리를 기본으로 하며 동아리활동, 자율활동, 진로활동 등 창의적 체험활동에 적극적이다. 과목별 담당 교사와 유대감이 좋고 수행평가 및 교과 보고서를 통해 일반 과목 세부능력 및 특기사항에 다양한 활동이 기술될 수 있게 노력하는 학생이다. 활동형 학생은 수능 준비를 기본으로 하며 학교 내신과 비교과활동에 많은 노력을 기울여야 한다. 학생부전형 모집 인원이 증가하면서 합격 확률도 덩달아 상승하고 있다. 특기형 학생은 활동형 학생과 유사하며, 전공 분야에 대한 학업역량과 전문성을 갖춘 학생이다. 향후 특기자전형이 학생부종합전형에 흡수될 가능성이 크므로 활동형 학생과 같이 분류하면 될 것이다."[54]

입시 코디의 등장은 대입에서 수시전형이 확대되는 흐름과 맞물려 있다. 요새는 수능 위주의 정시전형보다는 학생부 중심의 수시전형이 늘어가는 추세다. 문재인 정부 들어 공론화위를 거치면서 2022학년도까지 '정시 수능 위주 전형 비율 30% 확대'로 방향을 틀어 이런 흐름이 한풀 꺾이기는 했다. 그렇지만 수시 확대 기조는 그대로다. 2020학년도만 봐도 4년제 대학입시에서 수시모집 비율은 역대 최고치인 77.3%다.

수시 확대와 정시 축소 기조는 좌우 또는 보수와 진보를 가리지 않고 일관되게 유지되는 정책적 흐름이다. 왜 그럴까?

정권의 성향과 상관없이 정부가 수시 확대 기조를 유지하는 것은 사교육비와 관련이 있다. 사교육비는 서민 경제와 직결된다. 살림이 팍팍해지면 의식주에 드는 돈을 먼저 줄이고, 마지막에 사교육을 위한 지갑을 닫는 게 한국 사회다. 사교육비를 잡는다는 건 민심을 잡는다는 얘기다. 그러니 보수든 진보든 표를 향해 달려가는 정치권은 사교육비 줄이기 정책에 열을 올릴 수밖에 없다.

그런데 역설적으로 사교육 부담이 갈수록 커진 이유는, 정권마다 입시정책에 개혁이라는 명분을 입힌 탓이 크다. 잦은 입시제도 개편은 학생과 학부모의 혼란을 부추기고, 불안감을 파고드는 다양한 형태의 사교육이 만들어졌다. 입시 코디 역시 입학사정관제가 도입되면서 전성기를 맞은 직업이다.

입학사정관제는 참여정부 후반기인 2007년 시범 운영(10개 대학 254명)된 이후, 이명박 정부 들어 크게 늘려 2011년에는 122개 대학 4만 1,250명으로 확대됐다. 덩달아 수시모집 인원까지 대폭 늘었다. 국영수 수능 과외와 논술 중심의 사교육 시장은 입학사정관제의 특기적성 전형 숫자만큼이나 다양해졌다. 소논문과 특허, 어학 능력 관련 사교육과 자기소개서·면접 컨설팅, 내신 관리 컨설팅 등의 직종이 속속 생겨났다. 수능 과외를 전문으로 하는 대형 업체들도 대형화를 무기로 전장에 합류하면서 판이 더욱 커졌다. 입시 코디 활황은 결국 현대 입시가 정보전으로 변질됐다는 방증이다. 이제 입시 코디의 지침에 따라 온 가족이 뛰어야 대입 성공신화를 쓸 수 있는 시대가 됐다.

키워드 셋,
쓰앵님

대치동에서
학벌 자랑 하지 마라

"지금 대한민국에서 공부에 올인하는 사람들이 가장 많이 모인 곳은 대치동이다. 변호사를 꿈꾸는 아이를 데리고 직접 재판 방청을 하고, 집회 현장에 나가 아이와 함께 토론하는 부모가 있다. 학생의 공부를 돕기 위해 엄마는 휴직도 한다. 아이 공부를 위해 아빠는 서둘러 퇴근하고, 공부하러 간 아이를 데리러 가거나 학원에 가서 선생님과 공부 상담도 한다."[55]

MBC〈공부가 머니?〉라는 프로그램이 2019년 8월 22일과 29일 두 차례 방송됐다. 대치동에서 세 아이를 키우는 탤런트 임호 부부가 삼 남매를 위해 34개의 사교육을 시키는 내용이 방송됐다. 맞벌이에 '입알못'들은 방송을 보면서 입을 다물지 못했을 것이다.

나에겐 1년에 한두 차례 만나 술잔을 기울이는 모임이 하나 있다. 그 이름이 '대책이 없는 놈(?)들 모임'이다. 아이 셋을 둔 샐러리맨 아빠 4명이 만든 친목계로, '다둥이 아빠' 클럽쯤 되는 셈이다. 모르는 이들은 "애국자 모임이네"라고 치켜세우지만 우리가 그들의 속내를 모를까. '요즘 같은 세상에 겁 없이 아이 셋을 키우는 철없는 놈들'이라는 비아냥이 담겼음을. 맞다. 오죽하면 고교 동창들이 "네가 흥부냐"라고 했을까. 아이들이 어릴 때는 농담으로 웃어 넘겼지만 입시가 다가오면서 우리가 정말 대책 없는 인간들이었다는 걸 절감하고 있다. 학종의 민낯을 취재하는 동안 수시로 한숨이 나왔다.

안타깝게도 최근 입시 관련 통계들은 '대치동 키즈'의 길을 따라가는 게 이른바 명문대로 가는 지름길이라는 것을 보여준다. 법조계 판검사 스펙이 'KS(경기고-서울 법대)'에서 '○○외고-서울 법대'로 바뀐 게 벌써 10년 전쯤부터다. 요즘 취재하면서 만나는 정부 부처의 20~30대 5급 사무관들의 스펙도 예전처럼 대전고·경북고·전주고 같은 지역 명문고보다는 서울 강남 출신 특목고·자사고가 많다. 더 묻지는 않았지만 아마도 대치동 언저리에 살았던 이들이리라고 미루어 짐작하고 있다.

〈SKY 캐슬〉도 아마 대치동에서 영감을 얻었으리라. 캐슬은 우리 입시의 노하우를 총체적으로 이해하고 승화해 만든 상상 같은 현실의 공간인 만큼 대치동이 적격이다. 치맛바람과 돼지엄마, 쓰앵님을 거쳐 이들이 찾아낸 그들만의 '소도(삼한 시대에 천신에게 제사를 지내던 성지)'. 대치동은 현대판 교육 소도다.

〈SKY 캐슬〉의 유현미 작가도 인터뷰에서 "입시 컨설턴트들이 짜주는 계획에 따라 이미 몇 년 전부터 대학입시를 준비해온 학부모들이 많다는 사실에 충격을 받았었다. 정보력 없는 엄마 때문에 아이가 대학입시에 실패한 것만 같아 괴로웠다"라고 고백했다.[56]

좋은 학군과 최고의 사교육 인프라를 자랑하는 대치동에는 초등학생 전학이 쇄도한다. 2019년 3월 기준 서울 대현초등학교는 1학년은 70명에 불과한데 6학년은 무려 177명이다. 인근의 대곡초도 1학년(142명)에 비해 6학년(254명)이 월등하게 많다. 대도초 역시 1학년은 340명인데 6학년은 418명이고, 대치초도 1학년(202명)에 비해 6학년(335명)이 더 많다.

국회 교육위원회 소속 자유한국당 곽상도 의원이 서울시로부터 제출받은 '2019년 1, 2월 2012년생 전입·전출 현황'에 따르면, 2019년 초등학교 입학 전에 전학 간 아이들 10명 중 3명이 강남 3구로 전입한 것으로 나타났다. 고학년으로 올라갈수록 강남, 그중에서도 대치동으로 전학하는 아이들이 많다는 뜻이다.

입시 전문가들은 대치동 초등학교의 학생 수가 역피라미드 분포를 이루는 것은 대치동의 좋은 중학교에 들어가기 위한 것이라고 분석한다. 입시에서 유리한 고지를 차지하기 위해 '한 살이라도 어릴 때 강남으로 들어가자'라는 맹모 심리가 발동한 셈이다.

왜 대치동일까. 학업성취도평가에서 강남은 서울 지역에서 최고 수준인데, 대치동은 그중에서도 더 낫다. 전국적으로도 손가락을 꼽는 곳이다.

"대치동의 핵심에 대청중학교가 있다. 대치동 비밀의 핵심은 대청중학교에서 찾을 수 있다. 대청중 학생들의 학업역량은 전반적으로 뛰어나고 공부 의지도 강하다. 대청중학교 학부모들은 남다르다. 학생과 학부모들의 자발적인 노력, 선생님들을 비롯한 구성원들의 헌신이 더해져서 더욱 강력한 '대청중학교의 힘'을 만들어가고 있다. 대청중학교 학생들은 고3 수험생보다 더 치열하게 공부한다. 공부로 그들을 이기는 건 결코 쉽지 않다. 대청중학교 학생들이 주로 거주하는 우성

(1983.12), 선경(1983.12), 미도(1983.12) 아파트는 30년이 훨씬 더 된 아파트다. 편의시설이 좋지도 않고, 주차 환경도 열악하다. 그럼에도 매매가는 물론 전세가도 아주 비싸다. 그 이유는 바로 학교 배정이다. 이 세 군데 아파트에 사는 아이들은 대치초등학교, 대청중학교로 배정받는다. 공부 환경이 좋으니 이 학교에 입학하기를 원하고, 낡은 아파트라도 가격이 높다."[57]

롯데백화점 강남점은 최근 '대치맘'을 겨냥해 '학부형 클럽'을 운영 중이다. 초·중·고등학교 자녀를 둔 학부형을 대상으로 한 회원제 클럽이다. 강남점의 주변 상권인 대치동 고객의 특성에 맞춘 차별화 마케팅 전략이다. '시크릿 무료 주차' 혜택을 제공해 자녀들의 학원이 끝나는 오후 10시에 맞춰 평일 오후 4시부터 10시까지, 주말 오후 5시부터 10시까지 무료 주차가 가능하다. 강남점 주변에는 자녀를 픽업하기 위해 시간을 보내는 학부형이 많다. 또 '교육 할인 쿠폰'도 제공한다. 교육 관련 서비스 무료 이용권도 제공하고 입시설명회, 종로학원과 연계한 진로·진학 컨설팅 서비스도 진행할 계획이다.

학군과 사교육은 대치동 집값을 올려주는 효과로 이어진다. 대치동은 집값의 바로미터인 전세가율(매매가 대비 전세가 비율)이 80%에 육박해 다른 지역보다 매우 높다. 서울시 교육청이 자사고 8개의 지정을 취소한 뒤, 대치동 등 우수 학군 지역의 집값이 뛰기도 했다. 자사고 지정 취소로 '강남 8학군' 쏠림 현상이 심화할 것이라는 관측에서다.

대치동은 고공행진하는 사교육비와 '강남 엄마', '대치동 아빠', '할카(할아버지 카드)' 등 완전 다른 세상이다. 일단 사교육비가 평범한 직장인 연봉을 훌쩍 뛰어넘는다. 또한 현대판 맹모인 '강남 엄마'들의 주된 활동 무대다. 아이들 픽업에서 정보 수집, 모임 참석까지 〈SKY 캐슬〉여주인공의 일상이 드라마처럼 펼쳐진다.

학종을 주축으로 한 요즘 입시에서 정보가 당락을 가를 수도 있는데, 강남 엄마는 실제로 위력을 발휘한다. 강남 엄마의 정보력 원천은 조직력이다. 전문직 종사자들이 많은 대치동에서 강남 엄마들은 학부모회와 같은 각종 모임을 만들어 정보를 교환한다. 전업주부가 아니면 감당할 수 없다.

비교과 활동이 주목받을 때면 주말에도 강남 엄마는 쉴 틈이 없다. 되레 더 바쁘다.

"토요일 아침이면 오전 10시 수업이 있는 작은아이를 데려다주고, 나도 수업이 끝날 때까지 기다린다. 수업이 1시에 마치면 2시에 농구 수업이 있다. 농구장까지 가려면 30분 이상 걸리기에 점심을 빨리 먹이고 가까운 전철 7호선 역까지 바래다줘야 밥도 먹고 농구도 할 수 있기 때문이다. 아이가 수업을 마치기 전에 얼른 점심 요기용 샌드위치를 포장해두어야 한다. 아이의 아침과 나머지 식구들의 점심을 준비하느라 막상 내 점심은 준비할 여력이 없다."[58]

대치동에서는 아빠와 할머니·할아버지도 아이들 교육의 주인공이다. '아빠의 무관심'은 호랑이 담배 피우던 시절 얘기다. '바짓바람'이라는 말도 낯설지 않다. 자녀 사교육을 열정적으로 챙기는 아빠들이 적지 않다. 대치동 학원가에서는 낮에는 엄마가, 밤에는 아빠가 퇴근길에 학원에서 입시 상담을 받는 일이 흔하다. 경제적인 지원은 기본이고, 입시정보를 구하기 위해 온갖 인맥을 동원한다. 〈SKY 캐슬〉에서 로스쿨 교수로 나오는 차민혁의 현실판인 셈이다.

대치동이라는 동네의 학부모 교육열이 유독 높은 이유는 두 가지다. 우선 이들 스스로 입시를 통해 전문직으로 성공한 경험이 있기에 학력을 통해 학벌을 상속하려는 경향이 강하다는 점이다.

"이 동네 학부모들은 학벌이 특별히 좋다. 예전부터 '선경아파트에서 관직 높음을 자랑하지 말고, 우성아파트에서 학벌 자랑 말라'는 말이 있을 정도로 대치동 학부모는 학벌이 높다. 그들은 학벌을 매개로 성공했기 때문에 학벌을 통해 성공할 수 있다는 경험적 확신이 있고, 자녀에게 학벌을 유산으로 물려주고 싶어 한다."[59]

의사와 변호사, 대기업 임원처럼 고소득 전문직이긴 하지만 이들이 자녀들에게 거대한 부를 상속할 만큼 재벌급이 아니라는 점이 과도한 교육열로 나타나고 있다는 분석도 있다. 재벌급 부유층은 자녀가 공부를 못 하면 해외 유학이나 상속 등을 통해 우회할 수 있는 길이 많아 입시에 애면글면하지 않는다.

돼지맘,
쓰앵님으로 갈아탔나

"과거 국어와 영어, 수학 등 교과목을 중심으로 유명 학원이나 과외 교사 등으로 팀을 꾸려주던 '돼지엄마'들이 이제는 방학 기간에 '학종 멘토'로 영역을 넓히고 있다. 특히 연세대가 2020학년도 입시 수시전 형에서 대학수학능력시험 최저학력 기준을 제외하기로 한 가운데 최근 '다른 유명 대학도 수시 최저학력 기준을 없앨 가능성이 있다'는 풍문이 돌면서 발명, 코딩, 독서, 봉사, 스피치 등 비교과 영역을 학습하는 '학종 준비팀'을 만들어주고 관리까지 해주는 새로운 형태의 돼지맘이 속속 나타나고 있다."[60]

사교육 1번지 서울 강남 대치동 일대에서 한때는 '돼지맘'이 크게 유행했다. 돼지맘은 국영수 중심의 수능 시절 유명 학원이나 과외 교사 등으로 팀을 꾸려주는 이들을 뜻하는 속어였다. 이들은 입시정보나 공부법에서 탁월한 실력을 발휘했다. 유명 강사 리스트를 줄줄이 꿰고 있었고, 돼지맘의 한마디는 그 일대 학부모와 학원가에 절대적이었다. 강사들의 몸값도 좌지우지했다고 한다. 이들의 주무대는 서울 대치동과 삼성동 등지였다.

이들 중 일부가 요즘엔 '학종 멘트'로 업그레이드되고 있다는 게 입시에 밝은 이들의 전언이다. 학종으로 자녀를 명문대에 보낸 노하우를 갖고 있는 '대치동 엄마'가 이 지역 전문직 맞벌이 부부의 멘토로 고용돼 학종 관리에 나선다는 것이다.

김미영 자유기고가는 "'돼지맘' 밀어낸 '학종'의 위력"이란 제목의 기고 글에서 이렇게 분석했다.

"조부모의 경제력, 엄마의 정보력, 아빠의 무관심이 '좋은 대학 가는 키워드'인 때가 있었다. 그러나 이는 이제 옛말이 됐다. 바야흐로 '학종(학생부종합전형) 시대'이기 때문이다. 특히 '학교생활기록부로 대학 간다'는 인식이 강해지면서 학부모와 학생은 물론, 교사들 또한 학생부 작성에 혈안이 돼 있다. 오죽하면 '생기부스터'란 말까지 탄생했을까. '학교생활기록부'와 로켓을 의미하는 '부스터'를 합친 말로 학생이건 학부모건 학생부에 기록된다면 앞뒤 안 가리고 달려드는 경우를 일컫는다."[61]

드라마 〈SKY 캐슬〉로 뜬 직업이 있다. '입시 코디'로 불리는 입시 컨설턴트다. 진로·진학 컨설팅 사교육인 셈이다.

그럼 학종으로 이들이 진짜 호황을 누리고 있을까? 전체적인 흐름을 살펴보려면 학종과 연관이 있는 진로·진학 컨설팅 시장 추이를 살펴볼 필요가 있다. 공식적인 통계는 교육부가 매년 발표하는 초·중·고 사교육비 통계다.

2018년 초·중·고교생들이 사교육 기관에서 받은 이른바 진로·진학 컨설팅 비용 총액은 616억 원으로 파악됐다. 고등학생 100명 중 4명이 이런 컨설팅을 받았다.

학교 급별로 보면 진로·진학 학습상담 연간 총액은 고등학생이 324억 원으로 절반 이상을 차지했다. 초등학생 166억 원, 중학생 127억 원 순이다. 진로·진학 학습상담 참여율 평균은 3.6%로 나타났다. 고등학생이 4.7%, 중학생이 3.7%, 초등학생 2.9% 순이었다. 진로·진학 학습상담 사교육에 참여한 학생들의 1인당 연간 평균 상담 횟수는 2.6회로 나타났다. 상담 1회당 연간 평균 비용은 11만 8,000원이다. 학교 급별로 보면 고등학생 1인당 연간 평균 상담 횟수와 1회당 평균 비용이 가장 많았다. 고등학생은 연간 2.9회 참여하고 평균 15만 2,000원을 썼다. 중학생은 연간 2.3회, 1회당 평균 10만 9,000원이다. 초등학생은 연간 2.5회, 회당 평균 8만 5,000원이다.[62]

전국적인 통계이기 때문에 〈SKY 캐슬〉에서 묘사한 교육특구 입시 코디와는 현격한 차이를 보인다. 그렇지만 고등학생이 진로·진학 학습상담 사교육 기관을 이용하고 있다는 사실은 나타난다. 주요 대학이 대입 수시 학생부종합전형을 확대하면서 이에 대비하려는 수요가 생긴 것으로 볼 수 있다.

이 통계에서 잡히는 사교육 비용은 대체로 법정 컨설팅비 정도로 보인다. 서울 강남에서는 1분당 5,000원, 1회 기준(1시간) 30만 원이 최대치다. 그러나 내로라하는 입시 전문가들은 스타급 입시 코디가 은밀하게 받는 금액은 이보다 훨씬 많을 것이라고 입을 모은다. 이범 교육평론가는 일부 언론과 인터뷰에서 "(한 달에) 800만 원, 1,000만 원 받았다는 얘기도 들은 적이 있다"라고 주장했다.

학종이 대세 전형으로 자리 잡으면서 쓰앵님의 주무대인 입시 컨설팅 업계가 호황이다. 학종에서 학생의 진로와 그에 맞는 학업역량을 중요하게 보는 것으로 알려지자 서울 강남 일대에서 이른바 '학종 사주'까지 뜨고 있다고 한다. 자녀의 진로와 관련된 운세를 봐주고 창의력과 수리력, 기억력 등 공부 역량을 운세에 맞춰 풀어준다는 것이다. 사업운, 연애운 등은 일절 보지 않고 중·고등학생만을 상대로 전문적인 컨설팅을 제공하는 업체로, 상담비가 회당 수십만 원에 달하는데도 예약을 잡기 어려울 지경이다. 태어난 연월일시 등 사주팔자(四柱八字)만 입력하면 타고난 재능과 적성, 운세에 가장 적합한 진로를 찾아준다는 게 업체 관계자의 설명이다.[63]

컨설팅 시장은 사실 국영수 중심의 학습 과외 시장이 주류인 사교육 업계에서 존재감이 극히 미미한 비주류였다. 없어도 그만이던 시장이 입학사정관제와 학종의 도입을 계기로 사교육 시장 판도에 균열을 냈다. 직접적으로 학종 컨설팅을 하는 학원은 물론 학종 관련 컨설턴트의 가이드북과 강연, 대학·교육청·지방자치단체 등의 입시설명회 등의 시장도 폭발적으로 성장하고 있다. 〈SKY 캐슬〉은 이런 변화의 흐름을 예리하게 간파한 드라마였다.

포털사이트에서 입시 컨설턴트라는 검색어를 입력해보면 입시 코디 시장의 활황세를 보다 선명하게 확인할 수 있다. 도메인 주소까지 올려서 대대적으로 광고하는 업체만 10여 개다. 이들의 주된 타깃은 수시 학생부종합전형 컨설팅이다. 이들은 '학교생활기록부, 내신, 수행평가, 탐구대회, 자율동아리, 경시대회'를 1:1 맞춤형으로 지도한다고 홍보한다.

홈페이지에 올려놓은 컨설턴트의 이력은 화려하다. 과학고–명문 의

대의 최강 스펙을 기본으로 하고, 수학올림피아드(KMO)와 물리올림피아드 수상 기록에 우수 소논문(R&E) 작성 경험까지 보유한 이들이 즐비하다. 현재 의대에 다니는 재학생들도 눈에 띈다. 회사 대표와 소장급들 역시 유명 입시 업체 출신들이다. 뭐가 아쉬워서 컨설턴트로 나섰을까 의아할 정도다. 바꾸어 말하면, 그만큼 돈이 된다는 얘기다. 이들은 대체로 '학생별 1:1 맞춤 컨설팅', '고득점 완성하는 성적 관리 교육 시스템', '학생부교과 · 종합 · 논술' 등을 수시지원 후 합격에 이르기까지 코디 역할을 해준다고 광고한다.

20여 명의 서울대 출신 컨설턴트와 함께 수시전형 입시 대비를 위한 맞춤형 컨설팅 회사를 설립한 이도 있다. 이 회사 대표는 언론 인터뷰에서 "학교생활기록부의 주요 항목이라고 볼 수 있는 자율동아리, 창의적 체험활동, 소논문 작성과 더불어 각종 수상 실적, 세부 특기사항과 학생이 참여하는 봉사활동에 이르기까지 모든 활동 하나하나를 밀착 관리하고 있다"라고 소개했다. 〈SKY 캐슬〉 주인공 예서의 '쓰앵님'인 김주영 코디네이터의 역할을 한다는 얘기다.

드라마 이후 입시 컨설턴트를 양성하기 위해 도제식 교육과정을 운영하는 업체도 생겨났다. 진학 상담과 학생부 분석, 컨설팅 보고서 작성에 이르기까지 모든 과정을 연습할 수 있는 실전 위주 수업을 한다며 수강생을 모집했다.

입시 코디는 주로 서울 강남과 같은 교육특구에 밀집해 있다. 서울시교육청 학원 · 교습소 현황에 따르면 2018년 4월 기준 개설된 진학상담 지도 강좌의 75%가 사교육 메카로 불리는 강남 · 서초 지역에 밀집돼 있다.

한 입시 컨설턴트는 현실판 '쓰앵님'은 단과학원을 직접 차리거나, 입시 컨설턴트로 나서거나, 책을 출간해 강사로 뛰는 등 크게 보면 세 부류라고 설명한다.

"가장 먼저 자신의 교육 전문성을 특화하는 그룹이 나타난다. 이 엄마들은 아이들을 교육하며 얻은 노하우를 기반으로 학원에서 상담실장을 맡거나 아예 몇몇 엄마들이 출자를 하여 단과학원을 열기도 한다. 스타 강사들의 연락처도 알고 있고, 웬만한 교육 상담은 할 수 있는 노하우를 가지고 있기 때문에 학원을 운영하는 일은 그리 어렵지 않다. 무엇보다 이들의 자녀가 명문대에 입학해 엄마들이 교육 정보를 신뢰하기 때문에 성공적인 비즈니스가 될 수 있다. 혹자는 교육 컨설팅 회사에 취업하거나 컨설턴트가 되어 자신의 인맥을 동원해 아이들의 교육 스케줄을 관리하고, 선생님들과 연결해서 아이들의 진로 계획까지 전담하는 풀코스 상담을 진행한다. 특정 엄마들의 모임을 주선해 설명회도 하고 상담도 권하면서 입지를 굳히고 있다. 이 외에도 자신의 교육 성공담을 기반으로 책을 출간하거나 각종 강연으로 바쁜 하루를 보내기도 하고, 지역 교육전문지의 리포터로도 활동하며 새로운 정보를 수집하면서 자신의 전문성을 더 개발하는 엄마들도 있다."[64]

뒷간에서 웃는
사교육 업계

　'깜깜이 전형'으로 학종의 실체가 모호해지고 입시제도가 자주 바뀔수록, 뒷간에서 웃는 건 늘 사교육 업계다. 대입제도의 변화 바람이 불면 언제든 한발 빨리 눕고 한 박자 먼저 일어날 수 있는 내공을 지닌 게 사교육 업계다. 본고사·학력고사·수능과 같은 지필시험의 변화이든, 학종과 같은 컨설팅의 영역이든, 논술의 도입이든 사교육은 카멜레온처럼 변신했고 적응에 성공했다.

　입학사정관제도 마찬가지다. 획일적인 입시 방식인 객관식 찍기 시험으로 줄 세우지 않고 학생의 가능성을 보고 뽑자는 취지로 도입됐지만, 얼마 지나지 않아 스펙 경쟁을 낳았다. 입학사정관제는 사교육계의 표적이 됐고, 토플·토익·텝스 등 공인어학 자격증, AP(대학 학점 선이수제) 준비 등이 그때 대박을 터트렸다. 봉사활동 스펙 경쟁에 붐이 일면서 이를 컨설팅해주는 학원들도 덩달아 인기였다.

　교육 당국은 뒤늦게 스펙 경쟁에 철퇴를 내렸고, 입학사정관전형을 학생부종합전형으로 이름을 바꿨다. 학생부도 간소화했다. 학생부에는 이제 교내 활동만 기재하고 외부 실적은 적지 못하게 했다. 토플 등 공인어학 성적, AP 등 학교 외 기관의 시험 결과를 기재하면 서류 점수를 0점 처리하거나 불합격시킨다는 규정도 만들었다. 그러자 이번엔 학교 간 격차가 드러나면서 새로운 문제가 양산됐다.

교육 당국은 이에 소논문의 대입 반영도 금지했다. 그렇다고 끝일까? 학생과 학부모는 이제 교내 활동에 초점을 맞췄고, 학생부 기록이 가능한 교내 경시대회 수상에 열을 올리기 시작했다. 교내 경시대회 대비 학원이나 수행평가 준비 컨설턴트가 등장하고, 학생부 기록을 총체적으로 설계해주는 사교육이 극성을 부렸다.

교육부는 이에 '2022 대입제도개편안'을 내놓으면서 학생부에 교내상 수상 내역을 한 학기당 1개로 제한했다. 그렇지만 입시 전문가들은 이것도 근본적인 해법은 아니라고 본다. '똑똑한 수상 하나'를 위한 사교육이 나올 것이고, 줄어든 자기소개서 글자 수에 맞는 맞춤형 컨설팅을 빼 든 사교육계에 학부모들의 관심이 쏠릴 것으로 본다.

실제로 입시 전문기관에서는 합격 자소서 비결 등의 자료를 끊임없이 생산하며 불안해하는 학부모들을 노리고 있다.

영악한 사교육은 얄밉게도 공교육보다 진단과 예측이 정확한 편이다. 2017년 한 컨설턴트가 책에서 지적한 내용을 읽다 보면 2년 뒤에 방영될 〈SKY 캐슬〉 대본을 보듯 정확한 예측에 혀를 내두르게 된다.

"학종의 보편화는 전방위적인 사교육의 확산으로 나타날 것이다. 이제 학생 한 명에 사교육 담당자가 일대일로 붙어서 코칭해주는 사교육이 더 기승을 부릴 것이다. 서울의 몇몇 학원가에서는 학종이 시행되면서 고등학교 선생님, 즉 진로 진학 담당 교사를 모셔가는 학원이 많아졌다는 이야기도 들린다."[65]

학종에서 '갑'은 서울 주요 대학과 교사이고, 학생과 학부모는 철저히 '을'이다. 학령인구가 줄어들면서 전체적으로 대학에 들어갈 학생은 줄고 있지만 가고 싶은 일부 대학에 들어가고자 하는 학생은 여전히 넘쳐나기 때문이다.

대학은 학종의 투명성을 높이겠다면서 이런저런 자료를 쏟아내고 있지만 학생과 학부모, 교사들의 눈높이를 맞추지 못하고 있다. 일단 대학이 내놓는 학종 정보가 피상적이라는 지적이 많다. 이를테면 학종의 공식처럼 돼버린 '성적의 꾸준한 우상향'이 유리하냐에 대한 답을 찾아보면 '하향해도 이유가 있다면 관계없다'라고 답변하곤 한다. 이래도 되고 저래도 된다는 식의 답변이어서 수험생 입장에서는 별 도움이 안 된다.

결국 초조한 수험생과 학부모들은 대학 입학설명회와 진로 · 진학 상담회를 돌며 정보전에 나서고, 사교육 업계는 이들의 불안 심리를 활용해 지갑을 열게 하는 '신공'을 발휘하는 악순환이 이어진다. 참교육연구소가 2016년에서 발간한 《대한민국 입시혁명》에 따르면 2014년 공교육비 규모가 31조 원인 데 비해 사교육 시장 규모는 33조 원에 육박했다. 학교 수는 1만 개인데 학원 수는 16만 개에 달했다.

통계청과 교육부가 공식 발표하는 사교육비 통계도 꺾이지 않는다. 정부의 숱한 사교육비 대책을 비웃듯 하늘 높은 줄 모르고 치솟는다. 교육부는 2019년 3월 '2018년 초 · 중 · 고 사교육비 조사' 결과를 발표했다. 통계청과 공동으로 전국 초 · 중 · 고 1,486개교 학부모 4만여 명을 2018년 기준으로 조사한 결과다.

2018년 사교육비 총액은 19조 4,852억 원으로 2017년 18조 6,703억 원보다 약 8,000억 원 늘었다. 학생 수는 전년보다 2.5% 줄었지만 사교육비 총액은 오히려 4.4% 늘어났다.

학생 1인당 월평균 사교육비는 29만 1,000원으로 최고치를 경신했다. 2017년 27만 2,000원보다 1만 9,000원 늘어 전년 대비 7.0% 증가했다. 실제 사교육을 받은 경험이 있는 학생을 대상으로 한 통계에서는 1인당 월평균 사교육비가 39만 9,000원이다. 이 역시 전년도보다 1만 7,000원 증가했다. 사교육 참여율은 전년도에 이어 70%를 넘겼다. 2018년 사교육에 참여한 학생 비율은 72.8%였다. 전년(71.2%) 대비 1.7%p 상승했다. 2016년 67.8%로 저점을 찍은 이후 2년 연속 증가했다.

참교육연구소에 따르면 사교육비 양극화도 심상치 않다. 2015년 통계청 결과를 보면 월평균 가구소득 700만 원 이상인 가구의 1인당 월평균 사교육비는 42만 원인 반면 월평균 소득 200만 원인 가구는 6만 6,000원으로 6.5배의 차이를 보인다.

2013~2015년 강남구청에서 실시한 조사에 따르면 강남구의 월평균 사교육비 지출은 다른 지역과 비교할 때 3.3배 높은 것으로 나타났다. 2013년에는 전국적으로 23만 9,000원인 데 비해 강남구는 79만 2,000원이었고, 2015년에는 전국적으로 24만 4,000원인 데 비해 강남구는 89만 원을 지출한 것으로 나타나 격차가 커지고 있다.

교육 당국이 사교육을 잡겠다고 벼르지만 대부분 헛방이고, 솜방망이 처벌에 그쳤다. 교육부와 보건복지부, 여성가족부, 시·도 교육청 등이 2019년 1월부터 3월까지 전국 입시·보습학원과 입시 컨설팅 업체의 불법 행위를 합동 점검해 총 76건을 적발해 처분했다.

교육부가 공개한 '학원 등에 대한 관계부처 합동점검 결과'에 따르면 거짓·과대광고, 교습비 초과 징수, 무등록 운영 등을 일삼은 보습학원 28곳과 컨설팅 업체 33곳이 적발됐다. 입시·보습학원 28곳에서 72건의 불법 행위가 적발됐다. 교육 당국은 37건의 벌점·시정명령을 내렸고, 32건에 대해서는 행정지도를 했으며, 10건에 대해서는 과태료 1,725만 원을 부과했다. 건당 평균 172만 5,000원을 부과한 셈이다. 특히 〈SKY 캐슬〉을 계기로 무등록 입시 컨설팅 업체를 중점 모니터링했으나 적발 건수는 총 5개소 4건에 그쳤다.

참교육연구소는 "사교육비를 경감하려면 근본적인 입시개혁을 통해 사교육 수요를 억제하는 것이 정답이지만 역대 정부의 정책은 오히려 정부 주도로 새로운 유형의 사교육을 만드는 데 기여해왔다"라고 일갈했다.[66]

제로섬의 입시 게임에서 '죄수의 딜레마'에 빠진 상황이라는 진단은 설득력이 있다. '아무리 달려도 주변 세계가 함께 달리기 때문에 자신은 결국 제자리일 수밖에 없다'라는 붉은 여왕(《이상한 나라의 앨리스》 등장인물)의 한탄도 한국 사교육을 정확히 빗대고 있다.

대학도 죄수의 딜레마를 부추기는 주범이다. 서울대를 비롯한 주요 대학의 논술시험 문항을 보면 사교육의 도움 없이 준비하기는 어려워 보인다. 서울대와 연세대, 고려대 등이 실시하는 대입 논술·구술고사가 대표적이다. 대학들은 고교 교육과정을 따르고 있다고 하지만 현실적으로 일반고 정규 교과과정으로는 소화하기 힘들다. 결국 사교육에 의존할 수밖에 없어 수험생의 학습 부담과 경제적 부담을 가중시킨다는 지적을 받는다.

사교육걱정없는세상은 2012년부터 주요 대학들의 논술·구술고사가 고교 교육과정을 넘어선 문제를 내 선행학습을 유발하는가 하는 점을 분석해왔다. 사격세가 고려대·서울대·연세대 등 3개 대학에서 시행한 2019학년도 대입 논술·구술고사 수학 문제를 중심으로 분석한 결과 서울대 19%, 연세대 28.6%의 문제가 고교 교육과정 성취 기준을 미준수해 선행교육 규제법을 위반한 것으로 판단됐다. 고려대는 위반 사항이 없었지만, 현재 고등학교의 과목 분리형 교육과정으로는 대비할 수 없어 관련 사교육 부담이 생길 우려가 큰 것으로 지적됐다.

등골 브레이커
학종 사교육

요즘 대입은 '중3'이 승부처다. 어떤 고등학교를 선택하느냐에 따라 사실상 대학이 결정되는 구조다. 고3 학부모 못지않게 바쁜 게 중3 학부모다. '영재고, 과학고, 특목고·자사고, 8학군 일반고, 진짜 일반고'로 서열화된 고등학교 중 어디로 보내는 게 나은지 꼼꼼히 챙겨야 한다. 수많은 입학설명회를 챙겨야 하고, 인터넷 카페와 학원 등에서 고입 정보를 찾아 헤매야 한다. 고교 평준화 세대로 대부분 '뺑뺑이'로 불리는 추첨으로 고교에 입학했던 학부모들은 이런 낯선 현실이 짜증스럽기만 하다. 고교 평준화 이전 세대가 무용담처럼 얘기하는 명문고와 비명문고 시대의 망령이 우리 자녀 세대에 되살아난 것이다.

왜 요즘 깬(?) 학부모들은 영재고와 과학고에 열광할까.

대입으로 가는 가장 정확하고 빠른 지름길이라는 확신 때문이다. 영재고의 서울대, 카이스트, 포항공대 등에 대한 입시 결과를 보면 답이 나온다. 다른 명문 특목고나 자사고의 서울대 합격률이 10~20%라면,

영재고는 40~50%에 육박한다.

영재고 입시 경쟁률은 서울대 입학 경쟁률보다 더 높다. 2018년도 기준 영재고 전체 선발 인원은 860명, 지원자는 1만 1,455명으로 13.32대 1을 기록했다. 2018년도 서울대 입시의 수시모집 평균 경쟁률이 7.2대 1, 정시모집 평균 경쟁률이 4.3대 1이었다.

2019년 자사고 재지정 평가 결과가 나온 이후 영재고와 과학고는 인기가 더 치솟았다. 종로학원하늘교육이 중학생 학부모 4,573명을 대상으로 2019년 8월 5일부터 17일까지 선호하는 고등학교를 묻는 온라인 설문조사를 했다. 영재고는 전년도 같은 조사에서 선호도가 11.0%였는데 2019년에는 15.3%로 4.3%p 늘었다. 고교 유형별로 볼 때 가장 높은 증가세다. 민사고ㆍ하나고ㆍ상산고 등 2019년에 재지정을 통과한 전국 단위 자사고는 19.7%에서 22.5%로 2.8%p 증가했다. 과학고도 11.5%에서 13.4%로 1.9%p 증가했다. 문재인 정부 들어 고교 입시정책의 무풍지대가 된 영재고의 인기가 치솟고 있다. 영재고 경쟁률은 2019학년도 14.43대 1, 2020학년도 15.32대 1로 상승세다.

전국 3대 자사고인 외대부고와 하나고, 민사고의 인기 비결도 결국 대입 실적이다. 이들 세 학교의 2018학년도 서울대 수시 합격률은 16.4%였다. 100명 중 20위권 안에 들면 서울대 수시 가능권이고, 40위권까지는 서울대에 원서를 써볼 수 있는 셈이다.

왜 이렇게 됐을까. 여러 가지 이유가 있지만 학종도 주요한 요인이다. 교육과정 전반을 두루 정성평가하는 학종 체제에서 영재고와 과학고, 전국형 자사고는 안전한 돌다리다. 중학교 최상위권 학생들이 입학한데다 교내에 과학 실험과 실습 기자재가 상대적으로 잘 구비되어 있고,

교사들의 스펙도 우수해 학종에 최적화돼 있다. 더욱이 자사고와 특목고 폐지 기조를 택한 문재인 정부에서조차 영재고와 과학고는 규제의 무풍지대였고, 전국형 자사고는 대부분 지정 취소를 피했다. 여건이 된다면 수험생과 학부모가 이 길을 마다할 이유가 없는 셈이다. 이들 학교 입학을 준비하면서 기른 수학과 과학 실력은 대한민국 0.1% 수준이니 어떤 입시에서도 최강자가 될 수 있다.

영재고와 과학고, 전국단위 자사고 등은 '상위 0.1%' 학생들이 가는 고교 서열화의 최상층에 자리하는 학교다. 합격하려면 초등학교 저학년 때부터 이른바 '속진'으로 불리는 선행학습이 필수적이다. 현실적으로 사교육 없이는 대비할 수가 없어 '사교육 끝판왕'으로 불린다. 최근 영재고와 과학고 대비 학원에서 진행하는 입학설명회 등에는 초등생 학부모들이 더 몰리고 있다. 영재고 입학 때까지 들어가는 사교육비가 1명당 1억 6,000만 원에서 2억 원까지 이른다는 게 업계 추정이다.[67]

고교 서열화를 없애겠다고 추진 중인 현 정부의 자사고 정책이 되레 사교육을 더 조장하는 역설이 빚어지고 있는 셈이다. '흙수저' 학부모들은 숨이 턱 막힌다.

자사고 역시 돈 먹는 하마다. 사교육걱정없는세상과 더불어민주당 오영훈 국회의원은 2017년 전국 17개 시·도 중3 학생 7,382명을 희망 고교 유형별로, 그리고 고1 학생 1만 881명을 재학 고교 유형별로 구분해 사교육비 실태, 사교육 시간, 사교육 참여율 등을 분석했다.

그 결과 중3의 희망고교 유형별 월평균 100만 원 이상 사교육비는 일반고 8.7%, 광역단위 자사고 43.0%, 전국단위 자사고 40.5%로 나타났다. 광역단위 자사고 진학을 희망하는 학생의 고액 사교육비는 일반고

희망 학생과 비교할 때 약 4.9배의 차이가 났다.

고1 학생의 재학고교 유형별 월평균 100만 원 이상 고액 사교육비는 일반고가 13.7%인 데 비해 광역단위 자사고가 35.8%, 전국단위 자사고가 22.9%로 일반고와 약 2.6배의 차이가 났다.[68]

학종 도입 이후 등장한 사교육은 선수들에게 전방위 압박축구를 요구한다. 야구로 치면 선수층이 두꺼운 두산의 '화수분 야구'다. 선수층이 얇은 한화 이글스 팬들로서는 어찌해볼 도리가 없는 '넘사벽'을 만든다.

학종 사교육을 둘러싼 수많은 논란이 있지만 내가 볼 때 세 가지가 가장 큰 문제다.

첫째, 학종은 선행 유발자다. 한발 일찍 선행 사교육에 뛰어드는 이들이 훨씬 유리한 게임이다. 영재고와 과학고는 영재학원에 다니지 않고는 현실적으로 입학하기가 쉽지 않다. 미리 공부해서 실력을 쌓은 아이들이 좋은 대학 가는 게 뭐가 나쁘냐고 할 수도 있다. 맞는 얘기다. 그런데 한발 더 들어가 보면 불공정하다는 게 드러난다. 영재고 사교육에 들어갈 수 있는 아이의 지적 능력보다는 수년간 이를 뒷받침할 재력, 아이와 함께 뛸 부모의 시간과 역량이 따라줘야 한다. '대치동 키즈, 강남 엄마, 바짓바람'의 3인4각 경기다.

입시 업계에 따르면 영유아기에는 영유아 영재교육센터와 놀이수학, 체험수학 등의 도구를 활용한 수학으로 시작한다. 학원 입학 전에 2시간가량의 테스트를 거쳐 합격과 불합격을 가른다. 테스트를 받고 1주일 정도 지나면 결과가 나오는데, 이 결과가 학원가의 상술이라는 것을 알면서도 학부모들은 예민해진다.

"초등학교 3학년 때부터는 '속진'으로 불리는 선행학습이 시작된다. 과목은 수학이다. 목표는 수학올림피아드(KMO)다. 초등학교 3학년부터 1년 동안 초등학교 나머지 3개년 과정을 속진한다. 이후 선행을 위한 가속페달을 밟기 시작한다. 초등학교 6학년까지 고등학교 1학년 과정 진도를 빼야 이듬해 KMO에 도전할 수 있다. 초등학교 4학년부터 6학년까지 속진이 본궤도에 오른다. 주 3회 학원에 다니고 숙제하는 정도로는 속진을 따라가기가 힘들다. '새끼 수학학원'에 다녀야 한다. 그런 구멍을 메우기 위해 새끼 학원에 다니거나 학원 숙제를 함께 감당해주는 개인 교사를 붙이기도 한다."[69]

실제로 대학 부설 영재교육원에 다니는 초등학생 97%가 사교육을 받고 있다는 설문조사 결과도 있다. 광주교대 김라경 박사의 〈초등영재학생의 사교육 실태 및 사교육이 학업 스트레스 및 학습 동기에 미치는 영향〉(2019)이라는 논문에 따르면 A교대 영재교육원에 다니는 영재학생의 96.9%가 사교육에 참여하는 것으로 파악됐다. 답변 학생의 90%가 '학원 수강'을 한다고 응답했고, 과반수가 학습지도를 받았으며, 26%는 과외를 받았다. 국어·수학 등의 주지 과목이 85.3%로 가장 많았으며, 영어 중심의 외국어 사교육을 받는 학생도 71.3%에 달했다. 학교 공부 외 하루 공부 시간은 '1시간 미만' 13.3%, '1시간 이상 2시간 미만' 30.5%, '2시간 이상 3시간 미만' 23.4%, '3시간 이상 4시간 미만' 19.5%, '4시간 이상' 13.2% 등이었다. 사교육 종류로는 두 가지 사교육을 받는다는 비율이 가장 높았고, 4개 이상의 사교육을 받는다는 학생도 24%가 넘었다.

한국교육개발원(KEDI)이 2018년 8월 6일부터 약 한 달 동안 전국의

만 19세 이상 75세 미만의 성인 남녀 2,000명을 대상으로 '2018 교육여론조사'를 했다. 유치원·초·중·고교생 자녀가 있는 학부모 724명의 88.4%가 자녀 사교육비가 부담된다고 답했다. 자녀에게 사교육을 시키는 이유로는 심리적으로 불안하기 때문(26.6%), 남들보다 앞서나가게 하기 위해(23.7%), 학교 수업을 잘 따라가지 못해서(14.8%), 학교 수업보다 더 높은 수준의 공부를 하도록 하기 위해(14.4%) 등을 꼽았다. 여론조사의 결론은 '사교육비가 부담되지만 불안해서 그만둘 수 없다'고 보는 이들이 10명 중 9명에 달했다는 것이다.

둘째, 학종 사교육은 정보전이다. '강남 엄마의 입시 동향 정보, 대치동 아빠·할아버지의 인맥, 쓰앵님의 고액 컨설팅'으로 그들만의 성을 쌓아야 한다. 조선의 과거 급제자가 가문 중심으로 배출되는 것처럼 학종은 온 가족이 정보를 모을수록 더 좋은 해답을 내놓을 수 있는 구조다. 조국 전 장관 인사청문회에서 드러났듯 교수 가문(?)이라면 금상첨화다.

학종 이후 입시 관련 컨설팅 사교육 시장은 커지고 있다. 국회 교육위원회 소속 자유한국당 전희경 의원이 교육부로부터 받은 '연도별 입시 컨설팅 학원 수'에 따르면, 2015년 67개에 불과했던 입시 컨설팅 학원은 2019년 현재 258개로 불어났다. 이 중 절반(126개)이 서울에 몰려 있다. 대부분 학원이 학생부관리, 비교과관리, 자기소개서, 면접, 대학 전략 등을 기본 구조로 운영 중이다.[70]

입시 컨설팅 비용은 수십만 원에서 수백만 원까지 다양하다. 국회 교육위원회 소속 더불어민주당 박경미 의원이 2019년 국정감사를 준비하면서 교육부가 제출한 '진학상담 지도교습과정 교습비 1분당 조정기준'

과 서울시교육청의 '학원 등록현황'을 분석해 내놓은 자료를 입수해 살펴봤다. 강남서초교육지원청 관내의 한 입시 컨설팅 학원은 월 630만 원의 교습비를 받았다. 다른 업체는 하루 교습비를 200만 원으로 등록했다. 남부교육지원청에서는 최고 교습비가 월 150만 원으로 조사됐다.

대학입시 컨설팅 시장은 수시 원서 모집 전후에 호황이다. 수시 원서 전략 컨설팅, 자기소개서 컨설팅, 의대와 교대 등 각종 면접 컨설팅으로 발 디딜 틈이 없다. 수시 원서 모집 전후에 있는 추석 연휴는 대부분 특강 찬스가 된다. 서울 강남 일대 입시 컨설팅은 보통 1시간당 30만 원이다. 자기소개서 컨설팅은 3시간 36만 원부터 9시간 108만 원까지 다양하다. 면접 컨설팅 비용도 비슷하다. 따라서 입시 컨설팅에서 자기소개서와 면접 컨설팅을 한 번만 받아도 최소 100만 원은 들어가는 셈이다. 적어도 두세 차례는 받는다고 보면 수백만 원이 효과를 알 수도 없는 컨설팅에 쓰이는 것이다.

셋째, 내신 사교육이 역대 최강으로 기승을 부리고 있다. 학생부 비중이 커지면서 내신의 중요성이 높아졌기 때문이다. 내신 성적 위주로 학생부를 몰아주는 학교들도 많다 보니 내신 경쟁은 그야말로 입시 지옥 수준이다. 1~2등급 학생들에게 고1부터 고3 1학기까지 치르는 아홉 번의 내신은 수능 못지않은 긴장감을 준다.

이로 인해 '특정 학교의 내신 전문'이란 타이틀로 홍보하는 학원을 찾는 것은 식은 죽 먹기다. 자사고나 외국어고, 국제고, 명문 일반고에서 이제는 대부분의 일반고로 확산했다. 학부모나 학생들이 되레 자기 학교 내신 전문 학원을 수소문할 정도다. 중간고사와 기말고사가 끝나면 '족집게'라면서 대대적으로 홍보하는 글이 인터넷 카페와 블로그에 쏟아진다.

2018년 통계청 조사에서 사교육을 받는 이유로 '학교 수업 보충·심화'라는 응답이 48.8%에 달했다. 2명 중 1명이 내신 대비 학원에 다녔다는 뜻이다.

치맛바람, 무즙 파동, 헬리콥터맘

　1960~1970년대 고도성장기는 이른바 '치맛바람'의 시대였다. 한국전쟁의 후유증에서 벗어나 본격적으로 성장하기 시작할 무렵, 입시 경쟁이 치열해지자 사회적으로 자녀의 명문학교 입학을 위해 물불을 가리지 않는 풍토가 만연했다. 학교 자모회를 중심으로 '엄마 부대'가 설치며 교육 현장을 저질화했다. 교권을 짓밟고 촌지로 교육자를 부패시키는 일이 횡행했다. 급기야 과열경쟁·과열과외 바람이 일어났다.

　"'일류 중학교' 입시를 위한 초등학생 과외와 재수가 성행했다. 1960년대 들어서면 초등학교 취학률은 90%를 넘어섰지만, 중학교 진학률은 54%밖에 안 됐고, '일류' 학교에 진학해야 한다는 강박증도 심했다. 초등학교 6학년생의 81%가 과외를 받았고, 75%가 심리적 불안감을 겪었다. 입시 부담은 열두세 살 어린이들에게 극단적인 선택을 하도록 내몰았다. 1966년 서울시의 경우, 10월 한 달 동안 초등학교 6학년생 13명 가출, 11월 25일 같은 반 학생 3명 집단 가출, 12월 2일 중학교 입시를 전후한 1주일 사이 10여 명 가출, 12월 5일 불합격 소식에 자살 기도 등 초등학생들이 극도의 입시 스트레스에 시달렸다."[71]

치맛바람의 상징적인 사건 중 하나가 '무즙 파동'이다.

1965학년도 서울 지역 전기 중학교 입시에 '엿기름 대신 넣어 엿을 만들 수 있는 것은?'이라는 문제가 나왔다. 공동출제위원회가 제시한 정답은 보기 1번 디아스타아제였다. 보기 2번 '무즙'을 고른 수험생의 학부모들은 거세게 반발했다. 초등학교 자연 교과서에 '침과 무즙에도 디아스타아제가 들어 있다'라고 나와 있다는 것이다. 교육 당국은 '문제 없다' → '이 문제를 무효로 한다' → '원래대로 디아스타아제만 답으로 인정한다'로 말을 바꿔 사태를 키웠다. 사건은 법정으로 번졌고 일부 학부모는 무즙으로 만든 엿을 증거물로 제출했다. 결국 서울고법이 '무즙도 정답으로 봐야 한다'라며 이 문제 때문에 낙방한 39명을 구제하라는 판결을 내림으로써 사태는 막을 내렸다. 학부모들이 한복을 입고 학교 교무실에 찾아가 문제에 항의하며 삿대질하는 장면이 신문에 실리면서 '치맛바람'이라는 단어가 본격 회자됐다.

'무즙 파동'은 중학교 평준화의 중요한 계기로 작용했다. 무즙 파동이 이른바 '뺑뺑이 세대'의 산파인 셈이다.

1967년 11월 서울시 내 130여 개 초등학교 교장들이 중학교 무시험 제 실시를 문교부에 건의했다. 정부는 1968년 7월 중학교 입시 폐지를 발표했고, 1969년 2월 5일 서울에서 처음으로 무시험 진학을 위한 추첨이 실시됐다. '뺑뺑이'라고 불리는 물레 모양의 추첨기를 돌리면 각 중학교의 고유번호가 적힌 은행알이 튀어나오는 방식이었다. 평준화 세대의 별명이 '뺑뺑이 세대'가 된 이유다. 무시험 추첨은 1970년 지방

대도시로 확대됐고, 1971년에는 전국의 중학교에서 입시가 사라졌다. 1974년에는 고등학교 입시도 폐지됐다.

무즙 파동 2년 후인 1967년 12월 1일에 치러진 1968학년도 중학교 입학시험에서 복수 정답 사건이 터졌다. 발단이 된 것은 미술 13번 '목판화를 새길 때 창칼을 바르게 쓴 그림은?'이라는 문제였다. 여기서 2번 '앞으로 당기는 것'이 출제자인 서울특별시 교육위원회가 정한 정답이었으나, 경기중학교는 3번 '뒤로 당기는 것'도 복수 정답으로 인정했다. 시험에서 낙방한 학생의 부모들은 학교 측이 채점기준을 따르지 않았다며 시위를 벌이고 교장과 교감을 연금했다. 경기도 지역과 서울특별시 지역 중학교 낙방생 학부모 549명이 소송을 제기하여 대법원까지 상고했으나, 패소해 끝내 불합격 처리됐다. 이 사건은 '창칼 파동'으로 불린다.

치맛바람은 1990년대 들어 세계화 바람을 타고 진화했다. 국내 입시 지옥을 벗어날 길의 하나로 조기 유학이 등장했다. 유학비가 과외비보다 적게 든다는 인식이 공감을 얻어 중산층으로까지 번졌다. 1997년 IMF 사태로 한때 주춤했던 조기 유학은 1999년 이후 다시 증가세로 돌아섰다. 유학 연령층은 갈수록 낮아져 초등학생으로까지 빠르게 확대됐다. 영어 열풍과 조기 유학, 기러기 아빠 신드롬 등 새로운 사회 현상을 낳았다.

요즘에는 '헬리콥터맘'이 등장했다. 평생 자녀 주위를 맴돌면서 자녀 일이라면 무엇이든지 발 벗고 나서며 과잉보호하는 엄마를 뜻한다. 자녀들의 수강신청 및 정정 등 시간표를 대신 짜주고, 취업과 관련한 상담을 대신 받는 등 이들의 행태가 뉴스가 되기도 했다. 자녀가 취직을 하면 자녀의 인사에도 개입하는 웃지 못할 일이 벌어졌다.

2장

학종을 바라보는
세 시선

2018년 대입제도개편공론화위원회에서는 학종 찬반론자의 하늘과 땅만큼 벌어진 견해차가 확연하게 드러났다.

학종 반대론자는 학종이 '금수저 전형', '학부모 전형'이라고 목소리를 높였다. 자녀의 학생부 기록에 부모의 경제력이나 권력이 직간접적으로 영향을 미칠 수 있는 전형이라는 주장이다. 미로 게임처럼 복잡한 학종을 제대로 준비하려면 고액의 컨설팅을 받거나, 부모가 숱한 입시설명회를 쫓아다닐 수 있는 여건이 돼야 한다는 논거를 댔다.

학종의 먹이사슬에서는 돈·권력·정보를 가진 부모를 둔 포식자가 맨 위에 있고, 그중 어느 것도 없는 이들이 맨 아랫단에 있다. 시간도 돈도 그리 넉넉지 않은 맞벌이 부부 역시 먹이사슬의 하단에 자리 잡고 있다. 결과적으로 재력과 시간이 '있는' 부모와 '없는' 부모 사이에 눈에 보이지 않는 벽이 만들어졌다. 제도가 안착될수록 그 벽은 사다리가 없으면 넘을 수 없는 장벽이 됐고, 이제는 그 사다리마저 사라져가고 있다.

'찍기'와 '점수로 줄 세우기'의 폐해를 누구보다 절절하게 겪었던 세대인 학부모가 역설적으로 학종에 더 분노하는 이유다. 교육 당국은 정량평가에 익숙한 학부모에게 정성평가를 설득하는 것이 얼마나 어려운지 절감하고 있다.

학종이 뭇매를 맞고 있지만 교육 현장에서는 학종이 추구하는 교육적 가치를 옹호하는 목소리도 적지 않다. 세계 최장의 '입시 노동'에 시달리는 아이들의 행복 추구권을 외면한 채 다시 획일적 입시 체제로 돌아가는 잘못을 범해서는 안 된다는 것이다. 과정을 평가하는 학종으로 그나마 고교교육 정상화에 숨통이 트이고 학교 활동의 다양성도 살아나고 있는데, 학종을 없애거나 줄이는 방향은 잘못된 처방전이라는 것이다. 더욱이 수능 중심 정시전형을 늘려가는 것은 시대착오적이라고 목소리를 높인다. 정시를 늘리는 것은 획일적인 입시 교육으로 돌아가자는 포퓰리즘적 선동과 다르지 않다는 주장이다.

한국언론진흥재단의 '빅카인즈'에서 '학생부종합전형(학종)'을 검색어로 넣고 1년간(2018년 8월~2019년 8월)의 기사 추이를 분석해봤다. 빅카인즈 관계도 분석 결과 키워드로 가장 큰 비중을 차지한 단어는 '수험생'과 '학부모'였고, '선생님', '재학생', '입학처장'이 거의 비슷한 비중을 나타냈다. 기관별로는 '교육부'와 '대학교육협의회', '고려대' 등이었다. 연관어 분석으로는 '수시모집, 자기소개서, 수시 최저학력 기준, 학생부, 입학사정관, 추천서, 학교생활기록부' 등이 나타났다.

빅카인즈 분석이 보여주듯 학종의 주요 당사자는 학생과 학부모, 교사, 입학사정관 등이다. 그런데 이들이 학종을 바라보는 시선은 사뭇 다르다.

수험생과 학부모들은 입시를 치르는 당사자로서의 경험을 토대로 학종의 불공정 · 불투명성에 대한 분노지수가 매우 높다. 입시정책을 다룬 기사의 댓글을 보면 비난 일색의 악플과는 다른 경향을 보인다. 각자가 처한 위치에서 바라본 현 입시제도의 문제점을 꽤 진지한 논조로 길게 써 내려간 글이 많다. 대부분 40대 학부모들인데 이들은 대체로 학종의 불공정성을 문제 삼는다.

최순실 씨의 딸 정유라 씨의 이대 부정입학 의혹에 촛불을 들고, 숙명여고 쌍둥이 자매 내신 조작 파문에 분노하고, 조국 전 장관 자녀의 입학 관련 논란에 민감하게 반응한 것도 공정성의 문제로 바라보기 때문이다. 이들이 누구인가. '기회는 평등하고, 과정은 공정하며, 결과는 정의로울 것'이라는 문재인 대통령의 대선 캐치프레이즈에 응답했던 유권자들이 아닌가.

일선 교사들은 학교 교육 정상화의 관점에서 학종을 본다. 획일적 입시 체제에서 흔히 볼 수 있었던 '잠자는 교실'에서 벗어나 살아 숨 쉬는 교실을 만들어야 한다는 소명 의식이 깔려 있다. 이들은 대입전형에서 가장 우선적으로 고려해야 하는 기준도 학생들의 '배움의 질'이라고 주장한다. 국어 과목이라면 객관식 시험에서 정답을 찾아내는 능력보다 읽고, 쓰고, 말하는 능력을 키우는 게 국어 교육의 본질에 더 가깝다는 것이다. 이런 맥락에서 고교 수업에 충실한 학생에게 유리한 학종이 배움의 질 향상이라는 교육의 목적에 더 충실한 전형일 수 있다고 본다. 학종이 일부 문제가 있기는 하지만, 원천적으로 극복 불가능한 것이 아닌 만큼 그것대로 개선 방안을 마련하면 된다고 본다. 4차 산업혁명 시대를 맞아 패러다임도 생각하는 힘을 길러주는 교육으로 바뀌고 있으니 더 말해 무엇하겠는가.

현장 교사들은 학종이 가져온 변화에 가장 긍정적인 평가를 내놓고 있다. 교사 10명 중 8명이 학종 도입 후 교실에 긍정적인 변화가 나타났다고 답했다. 좋은교사운동의 설문조사 결과인데, 전국의 유·초·중·고 교사들을 대상으로 2018년 6월 27일부터 30일까지 인터넷 설문조사 방식으로 실시됐다. 응답자 수는 총 475명이며, 표본오차는 95% 신뢰 수준에서 ±4.5%p다.

상황이 이런데도 교사들이 공개적으로 '학종 옹호론'을 펼치기는 쉽지 않다. 불공정한 학종이라는 낙인이 워낙 강해서 소신을 피력하면 괜한 오해를 사기 십상이라 입 열기를 꺼린다. 입시 관련 논란이 불거질 때마다 '금수저·깜깜이 전형'이라는 부정적 여론이 우세했던 터라 두둔하기가 여의치 않다. 학종에 대한 부정적인 여론이 확산되면서 그런 흐름에 편승하는 일종의 '밴드왜건(band wagon)' 효과가 나타나는 셈이다. 전교조나 일선 학교의 교사들이 교육 현장에서 학종의 긍정적인 기능을 뒷받침하는 자료나 논평 등을 내면 관련 기사에는 비난 댓글이 수백, 수천 개씩 달린다.

그렇지만 고교 교사들 자신도 대입전형 중 학종을 가장 신뢰하는 것은 아니다. 교사들은 학종의 가장 큰 문제점으로 학교나 교사에 따라 내용이 달라지는 학생부 기록을 꼽고 있다. 11년 차 한 교사는 학종의 핵심 근거 자료인 학생부가 부모의 경제력과 능력에 좌우돼 불공정하다는 문제의식을 다음과 같이 드러냈다.

"저도 수능시험을 보고 대학에 들어왔지만 저희 때에도 갑자기 수능 대박이 터져서 좋은 대학을 간 친구들이 주변에 있었어요. 하지만 그냥 운이 좋았겠거니, 그날 컨디션이 좋았겠거니, 수능시험 직전까지 피 터지게 공부하다가 수능 때 그게 터진 거겠지, 그렇게 생각하고 넘어갔지 그렇다고 해서 수능이 불공정하다, 불평등하다고는 생각하지 않았거든요. 그런데 요즘 학생부종합전형을 보면서 부모의 경제력과 능력에 따라서 학생부가 만들어지고 대학이 결정될 가능성이 존재한다는 것만으로도 이것은 너무 불공정하다는 생각이 들어요. 제도 자체에 공정이란 잣대를 들이밀게 되죠."[1]

한국교육개발원이 계간으로 발간하는 등재학술지 《한국교육》 제46권 1호에 〈교육적 관점에서 대입전형 공정성의 의미에 대한 논의〉라는 논문이 실렸다. 서강대 김재웅 교수와 중앙대 강태중 교수, 부산교대 박상완 교수 연구팀이 고교 교사 178명과 입학사정관 62명을 대상으로 현행 대입전형에 관한 공정성 인식을 조사한 결과가 담겨 있다.

조사 대상자 중 고교 교사들은 학종의 공정성에 의문을 가지고 있었다. 수능·학종·학생부교과·실기·논술 등 대표적인 다섯 가지 대입전형 중 가장 공정하지 않다고 생각하는 전형을 묻는 항목에 이들 중 38.2%가 학종을 꼽았다. 실기전형을 공정하지 않다고 본 교사도 23.6%였다. 논술전형을 꼽은 교사는 19.7%였고 수능은 10명 중 1명꼴인 11.2%만이 공정하지 않다고 응답했다. 학생부교과를 공정하지 않다고 꼽은 교사는 7.3%로 가장 적었다.

공정성 측면에서 학종의 문제점에 대한 질문에 교사들은 학생부 기록의 차이를 지적했다.

응답자 35.7%가 학교나 교사에 따른 학생부 기록의 내용 차이를 꼽았다. 학생부를 적는 과정에서 학교나 교사에 따라 내실에 차이가 있어 평가에 편차가 생긴다는 뜻이다. 이어 전형 과정의 불투명성(22.8%)이 꼽혀 여전히 입학사정 기준에 불신이 존재하고 있었다. 이른바 '스펙'을 만들어내기 위해 사교육이 작용할 가능성을 문제로 꼽은 이들도 21.1%였다. 학생부 기록의 신뢰도를 공정성에 문제를 주는 요소로 꼽은 교사는 20.5%였다.

교사들은 응답자 절반이 넘는 56.2%가 수능 위주 전형을 가장 공정한 전형이라고 답했다. 학종을 공정하다고 한 교사는 25.8%였고, 학생부교과전형은 16.3%였다. 논술전형은 단 1.7%만이 공정하다고 봤다. 실기전형을 공

정하다고 답한 교사는 없었다.[2]

선발하는 대학 입장에서 봐도 학종은 지필 위주 정량평가식 선발보다는 한 단계 업그레이드된 것이다. 게다가 학종으로 입학한 학생들이 대학에서 더 높은 성취도를 나타낸다.

학종의 가장 큰 장점은 대학 입장에서 적격자 선발이라는 목적에 부합할 수 있기 때문이다. 의사가 되고자 하는 학생이 수능 점수만 높다고 적합할까? 적성이나 자질도 중시되어야 한다. 학종에서는 학생의 희망이나 특성도 반영할 여지가 있다는 점에서 옛날보다 한 단계 진전된 평가 방식이라고 할 수 있다. 이 점에서 정성평가를 포함한 학종으로 선발된 학생의 중도 탈락률이 수능전형에 비해 낮게 나온다는 장점이 설명된다. 또한 학종전형 출신의 학점이 가장 높게 나온다는 점도 비슷한 맥락에서 설명된다.[3]

학생을 뽑아야 하는 입학사정관들은 곤혹스럽다. 입학사정관들은 학종이 고교교육 정상화는 물론 수능에 견줘서도 공정하고 신뢰할 만하다고 보는 경향이 있다. 입학사정관들은 '학생의 성장'에 대해 "씨앗이 과일이 되는 과정"이자 "힘든 시기를 헤쳐나가 자신만의 보물을 찾는 과정"이라고 긍정적으로 바라본다. 이들은 학종의 공정성과 신뢰도를 높이려면 입학사정관의 전문성을 강화하는 게 핵심이라고 보고 있다. 인력 양성과 재교육을 대학에만 맡길 게 아니라 국가 차원의 자격을 부여하고, 연수가 이뤄질 수 있도록 공공사정관제를 도입하는 등의 조치가 필요하다고 주문한다.

이들은 학생의 성장을 지원하기 위해 고교와 대학이 유기적으로 협력할 것도 주문했다. 대학은 고교의 진로 수업에 대한 지원에 나서고 투명한 입학 정보를 제공해야 한다는 입장이다. 대학 스스로 평가 역량을 높여야 한다는 주문이며, 아울러 고교에서도 학생의 모습을 있는 그대로 작성할 수 있도록 역량을 강화해야 한다는 지적이다. 고교·대학 간 소통과 연계를 통해 기록자와 평가자가 눈높이를 맞춰나가는 것이 중요하다는 것이다. 학생의 성장을 위해 다양한 고교·대학 연계 프로그램을 운영하는 방식 등을 대안으로 제시했다.

뿔난 학생과
학부모

가장 불공정한 대입전형, 학종

"저는 지금 입시 현장과 가장 연관되어 있으며 무엇이 가장 잘못됐는지 느끼고 있는 고등학교 3학년 학생입니다. 현재 학생들이 느끼는 학생부종합이라는 전형은 막막함을 안고 지원을 해야 하는 전형 중 하나입니다. 학생부종합전형의 비중이 큰 평가가 정성평가인데 평가를 받는 학생은 어떤 점이 부족해서 또는 다른 학생의 어떤 점이 나보다 더 우수해서 뽑혔는지 객관적인 지표를 제공해주지 못합니다. 또 학생부종합전형은 학교생활기록부의 내용이 중요한데 이 또한 학교별로 차이가 큽니다. 아무리 교외 활동은 생기부에 기록이 안 된다고 하더라도, 특목고와 일반고의 학교 자체 내의 활동 내용, 양의 차이가 큽니다. 학생부종합전형은 결국 특목고 학생들, 사교육을 통해 '만들어진' 생기부를 가진 학생들을 위한 전형밖에 되지 않습니다. (…) 저희 고등학교 3학년 학생은 공정한 경쟁을 원합니다. 12년의 노력이 객관적인 지표 없이 평가된다는 것은 곧 학생들의 노력을 짓밟는 것입니다. 저희는 같은 시간에, 같은 시험지와 같은 문제로 평가받는 가장 공정한 방법을 원합니다."[4]

청와대 국민청원 게시판에 '수능최저폐지 반대 및 학생부종합전형 축소를 원합니다'라는 제목으로 올라온 글이다. 10만 명 이상의 추천을 받은 이 글의 작성자는 고등학생이다.

당사자 입장에서 '깜깜이' 학종을 준비하며 겪은 막막함, 서열화된 고교 체제에서 일반고 학생으로서 겪는 설움, 교사의 능력에 따라 달라지는 학생부의 질적인 격차에서 오는 열패감 등이 묻어난다. '학종 시대'의 어두운 그림자가 그대로 녹아 있다. 이 청원은 불공정한 학종의 시대를 끝내자는 격문(檄文)으로 읽힌다.

입시 업체인 진학사가 2018년 5월 고3 수험생 697명을 대상으로 설문조사를 진행했다. 정시와 수시 가운데 어떤 것이 더 공정한가를 묻는 항목에 응답자 474명(68%)이 정시를 택했다. 수시를 선택한 응답자(139명, 19.9%)의 3배를 웃돌았다.

대학가에는 요즘 '정시귀족', '학종충', '교과충' 같은 몹쓸 단어가 유행병처럼 번지고 있다. 대학을 들어온 방법이 다르다는 이유로 편을 가르고 깎아내리는 이 '혐오 문화'의 저변에는 학종을 비롯한 수시전형에 대한 불신이 흐른다. '90년대생'들은 꼼수나 무임승차로 자신의 기회가 박탈당하는 순간의 불공정함에 격하게 분노한다.

학종을 바라보는 학생들의 시선은 이렇게 싸늘하지만, 역설적으로 학종은 요즘 입시에서 고3 수험생들이 피해 갈 수 없는 대세 전형이다. 미워도 피해 갈 수 없고, 넘어야 할 산이다.

고3 수험생 절반은 입시에서 학종에 주력하겠다고 답하고 있다. 진학사가 2018년에 고3 학생 715명을 대상으로 온라인 설문조사를 한 결과, 응답자 50.3%(360명)가 가장 주력해서 준비하는 수시모집 전형이 학종이라고 답했다. 수능 모의평가 등급이 1등급대와 2등급대라는 응답자 가운데에는 논술전형에 가장 주력한다는 학생이 각각 31.8%와 28.4%로 학종 다음으로 많았다. 3등급대 이하 응답자들은 학종 다음이 학생부교과전형이었다. 가장 불공정하다고 여기는 학종에 울며 겨자 먹듯 매달려야 하는 그들의 처지가 딱하기만 하다.

학생들 눈에도 학종은 돈 먹는 하마처럼 여겨지는 모양이다. 형지엘리트가 2019년 2월 10대 청소년 1,941명을 대상으로 입시 코디에 관한 설문조사를 한 결과 입시 코디의 지도 등 '고가의 맞춤형 교육' 경험이 있는 학생은 전체 응답자 중 11%에 불과했다. 이 설문조사에서 눈길을 끈 것은 10대 청소년 62%가 입시 코디의 도움을 원하지 않는다고 답했는데, 그중 30%가 부모가 느낄 금전적인 부담 때문이라고 밝혔다. 이에 반해 고액 교육 경험이 있는 학생의 절반 수준인 49%는 '입시 코디를 원한다'라고 답했다. 그 이유로 학습 노하우를 익혀 학습에만 전념할 수 있다(54.5%), 성적이 향상된다(28%), 학습 태도에 자극을 받는다(14%) 등의 순기능을 들었다.

학종은 내신 성적이 좋은 학생이 더 관심을 보인다. 공주대학교 교육대학원 이현도의 〈학생부종합전형에 대한 고등학생들의 인식 연구: 충청남도 C시를 중심으로〉라는 논문에 따르면 공부 잘하는 학생들, 즉 내신 성적이 좋은 학생들이 대체로 학종을 긍정적으로 봤다. 또 내신 점수가 높을수록 학교에서 지원이 충분하다고 여기는 것으로 파악됐다.[5]

당연한 결과다. 내신 점수가 좋은 학생은 학종으로 명문대를 갈 확률이 높고, 학종으로 지원할 수 있는 대학의 폭도 넓기 때문이다. 자연스레 학교에서도 이 학생들을 위주로 은밀하게 '특별반'을 꾸려 지도하려는 유혹에 빠지기 쉽다. 실제로 특별반을 운영하고, 시험문제를 유출하는 방식으로 일부 학생의 내신 등급을 관리해오다 교육청 감사 등에 적발되기도 했다. 논문은 공공연한 비밀인 '몰아주기'가 횡행하고 있음을 간접적으로 보여주는 정황증거다.

논문에서는 학종으로 입시 부담이 줄었다고 보느냐는 질문에 고등학생들은 부정적 답변이 우세했다고 밝혔다. 논문에서는 "학생들이 학생부종합전형에 대해 관심 자체는 있으나 학교의 지원 정도나 학종의 원래 취지인 고교교육 정상화 기여 정도, 공정성 등에 대해서는 조금은 부정적"이라고 진단했다. 그러면서 "이는 현재의 입시 비리 같은 학생부종합전형에 대한 부정적인 측면이 학생들에게도 어느 정도 부각되고 있으며, 학교의 지원이 충분하지 않기 때문에 학종을 준비하기 위해 학생들이 사교육 및 고액 컨설팅을 받는다고 해석할 여지가 있다"라고 분석했다.[6]

학부모들의 학종 불신은 하늘을 찌른다. 2017년 11월 1일, 자유한국당 염동열 의원과 공정사회를위한국민모임이 대입전형에 대한 학부모 설문조사 결과를 공개했다. 설문은 2017년 9월 15일부터 10월 28일까지 학부모 3,044명을 대상으로 진행됐다. 학부모 10명 중 9명이 수능이 가장 공정하다고 봤고, 10명 중 8명은 학종이 가장 불공정하다고 생각하고 있었다.

조사에 따르면 응답자의 94%가 가장 공정한 대입전형으로 수능 위주의 정시전형을 꼽았다. 이어 수시 학생부교과전형(2.2%), 수시 학생부종합전형(1.9%) 순으로 나타났다. 정시 비율이 지금보다 확대돼야 한다는 응답자가 96%에 달했다. 구체적으로 이들이 원하는 정시 비율은 '50% 이상'이었다. 전체 응답자의 90%가 이를 꼽았다.

이상적인 수능평가 방식으로는 전 과목 상대평가를 꼽은 응답자가 절반(50.1%)을 차지했다. 한국사와 영어만 절대평가로 보는 현행 수능 체제를 유지하길 바란다는 응답자도 40.2%로 비율이 높았다. 수시전형의 최저학력 기준 여부에 대해서는 78.1%가 '필요하다'고 답했다. 현재 서울 주요 대학을 비롯한 4년제 대학들은 수시에서 최저학력 기준을 폐지하는 추세다. 가장 불공정한 전형으로는 학부모 상당수가 학생부종합전형을 꼽았다. 응답자의 83.5%가 택했다. 이어 수시특기자전형(6.3%), 학생부교과전형(5.7%), 수시논술전형(3.3%) 등의 순이었다.[7]

시민단체 사교육걱정없는세상이 2016년 2만 5,000명의 학생·학부모·교사를 대상으로 실시한 학종에 대한 설문조사에서도 학생들의 준비 부담이 크다는 응답이 약 70%에 달했고, 전형 자체가 불공정하다는 응답 비율도 40%에 육박했다.

2019년 8월 조국 법무부 장관 후보자 자녀의 고려대 수시 입학을 둘러싼 논란이 확산됐을 때 학종으로 입학한 사람을 전수 조사하자는 청원이 등장한 것도 같은 맥락이었다. 학생과 학부모들은 중·고등학교에 만연한 학교생활기록부 부정과 편법을 뿌리 뽑으려면 주요 명문대의 학종 입학생 전수 조사를 통해 금수저와 흙수저 간 입학 실적 차이를 있는 그대로 드러내 제도 개선의 계기로 삼아야 한다고 주장했다.

김은혜 입시 컨설턴트는 책《대학입학전형 사용설명서》에서 "입학사정관들이 평가 전반에 참여하는 학생부 위주 종합전형에서 학부모는 종종 불만을 제기한다"라면서 "여러 스펙을 비교했을 때 분명히 우리 아이 성적이 더 우수한데도 어째서 더 성적이 부족한 아이가 선발됐느냐는 것이다. 대학의 평가를 믿을 수 없다며 울분을 토한다"라고 분위기를 전했다.[8]

새치기는
못 참아!

　성수기에 롯데월드나 에버랜드 같은 놀이시설에 가보면 가장 많이 볼 수 있는 풍경은? 정답은 '줄'이다. 적게는 30~40분, 많게는 2~3시간 남녀노소 가리지 않고 길게 줄을 선다. 그렇다면 대기선에 늘어선 이들이 가장 혐오하는 건 뭘까? 새치기다. 선착순이라는 룰을 깨고 한발이라도 늦게 도착한 이가 앞서려 하는 순간 분노가 폭발하고 만다. 아이 손을 잡고 들뜬 마음으로 놀이공원을 찾던 설렘은 오간 데 없이 사라진다.

　몇 분짜리 놀이기구 한 번 타는 줄 서기에도 이리 민감한데 '인생'이 걸린 시험은 오죽하겠는가. 정시 확대파는 줄 섰다가 새치기당한 이들의 성난 심정을 대변하듯 입시 이슈에 맹렬하게 반응한다.

　2018년 대입제도 관련 입시제도의 방향을 결정하기 위해 대입제도개편공론화위원회 시민참여단이 꾸려졌다. 이들이 생각하는 입시제도의 방향성을 설문조사로 살펴봤는데 '공정하고 투명한 입시제도가 중요하다'라는 의견이 95.7%로 가장 높게 나타났다. 그다음으로 중요한 방향은 학교 교육 정상화에 기여하는 입시제도(92.8%), 다양한 적성 개발에 부합하는 입시제도(86.7%), 교육 기회의 형평성을 제고하는 입시제도(85.5%) 순이었다. 대학 특성을 반영하는 입시제도의 중요성은 51.2%로 가장 낮았다.[9]

시민참여단은 중장기 교육 방향 외에 반드시 고려해야 할 사항을 묻는 개방형 질문에서도 비슷한 답변을 내놨다. 학생부종합전형을 보완하고 개선해야 한다는 의견이 15.6%로 가장 많았으며, 대입의 공정성을 강화하고 중장기적 대입제도개편이 필요하다는 의견은 11.9%, 수능을 보완 개선할 필요가 있다는 의견은 9.3%를 나타냈다. 더불어민주당의 싱크탱크인 민주정책연구원 부원장을 지낸 이범 교육평론가는 학종 평가요소 중 하나인 비교과활동을 기회의 불평등을 이끄는 주범으로 보고 있다.

이 평론가는 2019년 3월 25일 더불어민주당 신경민 의원이 주최한 학종 토론회에 참석해 "공정함을 '기회의 평등'이라고 본다면 학생부종합전형은 대학수학능력시험(수능)보다도 불공정하다"라며, "예를 들어 교내 수학 경시대회 준비를 혼자 힘으로 하고 있는 학생과 부모와 사교육의 도움으로 대비하는 학생을 비교해보면 그 기회가 평등하지 않다는 것을 알 수 있다"라고 주장했다. 이어 "학생들에게 학생부종합전형과 수능 가운데 어떤 게 더 공정하냐고 물으면 십중팔구 수능이라고 답한다"라며 "학생들이 학종이 더 불공정하다고 느끼게 된 것은 '기회의 불평등'을 체험했기 때문"이라고 덧붙였다.

조 전 장관 파문을 계기로 진행 중인 대입제도 개편의 핵심도 공정성 강화다. 대입제도 개편이 고교 서열화 해소와 대학 입시 공정성 강화 등 기회 균등 쪽에 무게가 실리고 있다. 성난 여론을 달래기 위해 여당이 만든 기구의이름도 '교육공정성강화특별위원회'다. 김태년 특위 위원장은 "투명하고 공정한 교육제도가 정착될 수 있도록 개선책을 강구하는 데 최선을 다하겠다"라고 밝혔다.

대통령직속 국가교육회의 주최로 '청년세대와 함께하는 2030 릴레이 교육포럼'이 9월 25일 국회에서 열렸다. 주제는 '청년세대가 생각하는 교육의 공정성은 무엇인가?'였다. 국가교육회의 청년특별위원회 추진 자문단과 서울 · 수도권 지역의 대학생과 청년 100여 명이 참석했다.

사회적협동조합 페토 신택연 이사장은 "지금 우리는 정시냐 수시냐의 문제로 공정성에 시시비비를 다툴 것이 아니라, 진정한 교육의 공정성이 무엇인지, 깊이 있는 토론과 사회적 합의를 위한 노력을 해야 할 때"라고 강조했다. 이경현 학생은 "청소년 활동이 교육의 공정성을 해치는 방향으로 연계되어서는 안 된다"며 "평가의 척도가 되기 위한 활동이 아닌 전인적인 성장과 실질적 체험이 바탕이 되어 살아 숨 쉬는 교육을 추구할 수 있는 방향으로의 연계가 되어야 한다"고 말했다. 김진경 국가교육회의 의장은 "교육의 공정성은 자기가 살아갈 미래를 준비하게 하면 공정하고, 과거에 매여 엉뚱한 시간을 보내게 하면 불공정한 것이다. 이러한 원칙 아래 중장기 교육계획을 준비하고 있다"고 밝혔다.

입시개혁은
왜 늘 겉도나

돌고 돌아 제자리. 대입 개혁이 핵심인 교육개혁은 돌아보면 결국은 도돌이표다. 선거 때마다, 새 정부가 출범할 때마다 입시제도 개혁의 청사진이 제시됐다. 그러나 여전히 우리는 입시 문제로 신음하고 있다.

정권을 잡은 이들은 누구나 백년지대계인 교육개혁을 공언했고, 교육 당국은 정권의 이데올로기에 맞춰 메스를 들이댔다. 정권의 논리와 맞는 명분을 만들고, 그에 맞는 입시정책을 선보였다. 지금 시점에서 돌아보면, 어떤 개혁안도 전폭적인 지지를 받지 못했다. 군사정부는 논외로 하고, 민주화 이후 정부만 봐도 마찬가지다. 보수든 진보든 뾰족한 해법을 찾지 못했다.

노무현 정부에서는 수능 9등급제를, 이명박 정부에서는 선택형 수능제도와 입학사정관제 확대를 추진했다. 박근혜 정부에서는 대입제도 간소화와 국사 수능 필수화를 진행했다. 그리고 문재인 정부 들어서는 대입 공론화 과정을 거쳐 '정시 30% 확대'와 학종 간소화 정책을 추진하고 있다. 크게 보면 '학생부, 수능, 대학별 고사'를 버무린 것이다. 하지만 결국 학생부 중심은 신뢰성 부족과 수험생 부담 가중의 문제, 수능 중심은 고교교육의 비정상화 문제, 대학별 고사는 고교 진학지도 혼란 등의 문제가 불거지며 한계를 드러냈다. 정책 일관성 부족으로 우리 사회에 교육개혁 피로감만 키웠다.

"한국 교육의 문제를 해결하기 위해 역대 정권에서는 교육개혁 방안을 발표했지만 근본적으로 개선했다는 평가를 받지 못하고 있음. 정권의 교체에 따라서 정책의 일관성이 부족했고, 근본적인 대책을 마련하기보다는 눈에 드러난 문제를 해소하는 단기적 방안이 발표되면서 '개혁 피로'가 누적된 상태로 볼 수 있음."[12]

결국 뚝심 있고 일관성 있게 정책을 밀어붙일 정권 차원의 철학이 부재했기 때문이라는 게 내 판단이다. 고교교육 정상화, 대입제도 단순화, 대입 공정성 확보, 4차 산업혁명 시대에 걸맞은 인재 양성과 같은 서로 다르거나 엇갈리는 가치를 모두 품에 안으려는 과욕이 부른 참사다. 모두에게 인정받고 싶어 하는 '착한 사람 콤플렉스' 때문이기도 하다. '모두를 만족시킬 수 있는 교육정책은 없다'라는 한계를 인정했다면 벌어지지 않았을 절충과 타협이 난무했다.

지금 문제가 되는 학종만 해도 비슷한 양상으로 진행된 개혁이 가져온 타협의 산물이다. 김영삼 정부 이후 김대중·노무현 정부, 이명박·박근혜 정부는 보수와 진보로 성향은 갈렸지만 수시모집에서 학생부를 중심으로 선발해 공교육을 정상화한다는 흐름에는 뜻을 같이했다. 이런 분위기 속에서 입학사정관제가 등장했다.

입학사정관제는 2008학년도부터 서울대를 비롯한 국립대에서 시험적으로 운영되고, 이명박 정부 들어 2009년부터 급속히 확산됐다. 그렇지만 다른 대입정책처럼 얼마 지나지 않아 사교육의 포로가 되고 말았다. 철저한 준비 없이 시행하다 보니 입학사정관제 초기에 서울 주요 대학들이 우수 학생 발굴을 명분으로 토익 성적이나 경시대회 수상경력, 인턴경력, 논문 등을 선발의 잣대로 활용했기 때문이다. 스펙을 쌓기 위한 사교육이 출현했고, 영어 인증 시험이나 수학·과학 경시대회를 위한 선행학습 열풍이 불었다.

당시 보도를 보면 수상경력과 외국어 실력의 중요성이 선명하게 보인다.

"경희대는 입학사정관제로 치른 네오르네상스 전형에서 우수선발을 실시했다. 토익 성적 950점 이상, 전공과 관련된 학업 분야의 전국 규모 경시대회에서 수상한 경력 등의 조건을 충족하는 학생들을 대상으로 모집정원의 절반을 먼저 뽑는 방식이었다. 지난해 중앙대의 다빈치 전형 지원 자격에는 '외국어 또는 수학·과학 교과목 58단위 이상을 이수한 자'라는 조건을 뒀다. 58단위는 특목고에서나 가능한 이수 시간이다."[13]

그러자 정부는 입학사정관제를 수술대에 올렸다. 외부 스펙을 반영하지 않는 한국형 입학사정관제인 '학생부종합전형'이다. 학종도 "사교육에 찌든 공교육을 정상화하고, 수능의 난이도를 높일 필요가 없고, 논술전형을 줄일 수 있는 명분이 있는 정책"[14]으로 평가받았다. 그렇지만 학종 역시 '깜깜이', '로또' 전형이라는 비판에서 벗어나지 못하고 있다.

민주화 이전 군사정권도 입시를 놓고 여러 방식으로 교육개혁을 실험했다. 《한국민족문화대백과》에 따르면 제4공화국에서는 '장기종합교육계획'과 1980년의 '7·30 교육개혁'을 내놨고 제5공화국에서는 '교육개혁심의회', 제6공화국에서는 '교육정책자문회의'를 구성했다. 1993년 문민정부가 수립되면서 김영삼 전 대통령은 선거공약을 실천하기 위해 1994년 2월 '교육개혁위원회'를 구성했다.

장기종합교육계획은 교육 발전의 전기를 마련하기 위해 1970년 말에 완성된 15년간(1973~1986)의 장기교육발전계획이다. 계획에는 입시와 관련해서 고교 입시 개선 방안, 중학교 한문 교육 실시, 체력장 활용, 고등학교 평준화 개선 방안 등이 담겼다.

과외망국론이 대두되자, 전두환 정권의 국가보위비상대책회의는 단기간에 과열과외를 해소하는 성과를 보고자 특단의 조치로 7·30 교육개혁을 발표한다. 과외 전면금지, 대학 정원 확대, 졸업정원제도가 골자다.

이처럼 수많은 개혁에도 입시 과잉 사회의 고질병은 왜 다시 도지는 걸까. 대입제도 개편이 정치적 상황에 따라 미봉책으로 진행돼 근본적인 수술이 이뤄지지 못했다는 게 일반적인 해석이다. 당연한 얘기지만 대입 변천사는 곧 정권 교체사다. 새 정권이 들어설 때마다 어김없이 새로운 대입제도가 나왔다. 그러나 대체로 '뿌리는 놔둔 채 꽃만 수정 이식했다'는 비판을 받는 개선책이 많았다.

"정치적 이해당사자들은 사회적 관심을 끌기 위해 뿌리 깊은 교육 문제를 대학입시제도 개선을 통해 일시에 해결하려는 단순한 접근을 거듭했다. 이는 빠른 시일 내에 국민의 관심을 얻고자 하는 정치적 조급성과 밀접한 관련이 있었다. 대학입시제도가 교육 자체의 목적보다는 정치적 이해관계의 수단으로 이용됐기 때문이다. 대학입시제도는 국민적 합의에 따른 근원적 해결책을 모색한 것이 아니라 정권이 바뀔 때마다 일시적인 외형적 변화만 추구하는 미봉책에 불과했다. 정치적 이해 관계자들은 대학입시제도의 근원적 문제인 뿌리는 도외시한 채, 문제 해결과 무관한 화려한 꽃만 수정 이식하는 외형적 변화만 추구했다는 것이다."[15]

사교육비
줄인다더니…

보수와 진보, 어느 쪽이 정권을 잡더라도 가장 신경을 많이 쓰는 교육정책이 '사교육비 줄이기'다. 돌아보면 사교육을 육성하자는 주장을 편 정권은 해방 이후에 단 한 번도 없었다. 학부모의 등골을 빼먹는 사교육을 지지하는 정책으로 표를 받을 수 없을 터이니 어찌 보면 당연한 일이다.

대학입시제도는 대학에서 보면 학교에서 공부할 신입생을 선발하는 절차에 불과하다. 학생에게는 희망 대학에 들어가기 위한 시험일 뿐이다. 그렇지만 한국에서는 다르다. 학벌사회인 한국에서 대학은 촘촘하게 서열화돼 있다. 어느 대학에 가느냐에 따라 사회적 지위가 달라질 개연성이 아주 높다.

학벌사회 한국에서 대입의 가장 중요한 요소는 공정성이다. 같은 출발선에서 뛰는 것이 게임의 기본적인 규칙으로 자리 잡았다. 한국대학교육협의회가 매년 발표하는 대학입학전형 기본 사항에 '학교 교육의 정상화와 사교육비 절감 추진'을 첫 번째로 넣는 이유다.

운동선수에게 근육강화 스테로이드를 주입하는 것처럼 사교육은 입시에 어느 정도 약발이 있다. 서울 강남과 목동 등 사교육특구의 대학 입학 실적을 다른 지역과 비교해보면 금방 결론이 난다. 부인할 수 없는 현실이다. 지필시험의 시대에는 '돼지엄마'가 찾아주는 족집게 고액 강사를 통해 대학에 들어갔고, 수시전형에서는 '쓰앵님'이 대학으로 가는 로드맵을 설계해준다. 그러니 사교육의 가장 큰 죄목을 꼽으려면 가진 자와 못 가진 자를 가른다는 점일 것이다.

사교육은 언제나 대입제도와 불가분의 관계다. 정부의 대입정책은 획일적이고 암기 위주인 교육을 창의적인 방향으로 개선하는 것, 그리고 과열된 과외를 막아 사교육비를 줄이는 것이라는 두 축으로 이뤄졌다. 사교육비 줄이기 대책 가운데 일반인의 뇌리에 가장 많이 각인된 '과외금지'는 전두환 정권에서 나왔다. 쿠데타로 정권을 잡아 정치적 정당성이 취약했던 전두환 정권은 '과외금지'와 '본고사 폐지'라는 극약처방을 통해 사교육비를 줄여 민심을 얻고자 했던 것으로 풀이된다.

전두환 정권의 국가보위비상대책위원회(국보위)는 1980년 7월 30일 재학생의 과외 교습 및 입시 목적의 재학생 학원 수강을 금지하는 이른바 '7·30 교육개혁 조치'를 단행했다. 이 시기에 대학 본고사가 전격 폐지됐고, 예비고사 성적만으로 선발하는 '학력고사'의 서막이 열렸다. 당시 국보위 위원장이 전두환이었고, 과외금지의 타깃은 공직자와 사회지도층 인사 자녀였다는 점에서 사정(査定)의 성격도 강했다. 국보위는 당시 이 모든 조치를 '교육혁신'이라고 불렀다.

당시 〈동아일보〉는 1면 머리기사로 국보위의 교육 대책 발표를 이렇게 전했다.

"국가보위비상대책위원회(위원장 전두환)는 30일 1981학년도 대학입시부터 대학별 본고사를 폐지, 출신 고교의 내신 성적과 예비고사 성적만으로 대학 입학자를 선발하고 역시 내년 대학 신입생부터 졸업정원제를 실시하며 1981학년도 대학 입학 인원을 올해보다 10만 5,000명 증원하는 것을 골자로 한 일대 교육혁신안을 발표했다."[16]

신문은 국보위가 교육혁신안의 배경을 학교 교육 정상화와 고질적인 사회 병폐인 과외 과열 근절에 두고 있음을 설명한다.

"교육혁신안을 발표한 국보위 오자복 문공위원장은 '국보위는 학교 교육의 정상 발전을 저해하고 고질적인 사회 병폐가 되어온 과외 수업의 과열 현상을 근본적으로 뿌리 뽑으려는 정부의 강력한 의지에 따라 이 같은 교육혁신의 결단을 내리게 됐다'라고 밝히고, 이 같은 교육혁신의 성공적인 추진을 위해 범국민적 과외추방운동을 전개, 우선 공직자 사회지도층 인사 자녀부터 과외를 금지하고, 과외 교사의 형사입건 등 단호한 조치를 취하겠다고 밝혔다."[17]

전두환 정권만이 아니라, 1987년 6월 민주화항쟁을 거친 후 등장한 보수와 진보 정권도 수많은 사교육비 줄이기 대책을 쏟아냈다. 문제는 정권이 바뀔 때마다 교육정책이 바뀌면서 되레 학생과 학부모들의 불안감이 커졌다는 것이다.

잦은 입시제도 개편은 새로운 사교육을 낳으며 사교육 시장을 폭발적으로 성장시켰다. 더욱이 경제 성장으로 자본을 축적한 중산층은 신분 상승의 사다리에 오를 가장 안전한 장치로 자신이 경험한 교육을 택함으로써 너도나도 사교육 열차에 올라타기 시작했다. 그리고 입시가 수시모집 중심으로 바뀌면서 이른바 '입시 코디' 등이 새롭게 등장해 사교육은 바야흐로 춘추전국 시대다.

2019년 3월 25일 더불어민주당 신경민 의원이 주최한 학종 토론회가 서울 여의도 국회의원회관에서 열렸다. '학생부종합전형의 현실과 개선방향 토론회'라는 이름으로 개최했는데, 이 자리에서는 학종이 사교육비 상승을 부채질하고 기회 불평등을 유발한다는 측면이 부각됐다.

이범 교육평론가는 학종이 사교육을 유발하는 핵심 원인이라는 주장을 펼쳤다. 주요 대학들이 교과(내신)·비교과, 대학수학능력시험 최저학력 기준 등까지 요구하는 학종을 늘리면서 학생·학부모들이 이에 대비하기 위해 사교육에 기댈 수밖에 없다는 것이다.

이범 평론가는 "2010년대 초반 주춤했던 사교육비가 (학생부종합전형이 확대된) 2016~2018년 3년간 가파르게 늘었다"라며 "이는 학생부종합전형이 가지는 전형요소의 복합성이 그 배경으로 작용한 것"이라고 주장했다. 그러면서 "학생들이 그동안 '철인 5종 경기'를 준비했다면 학종 확대 후에는 '철인 10종 경기'를 준비하는 꼴이 됐다"라며 "학생들은 챙겨야 할 게 늘었으니 일부 대비를 사교육에 맡기는 이른바 '외주화'를 하게 되고, 당연히 그에 따른 컨설팅도 늘어나게 되는 것"이라고 덧붙였다.[18]

보수와 진보 정권 모두가 그렇게 공을 들였지만 뚜렷한 성과를 낸 적은 없었다. 오죽하면 '사교육걱정없는세상'이라는 이름의 시민단체까지 생겼을까.

공교육을 정상화하겠다고 단단히 벼르던 문재인 정부의 성적표도 신통치 않기는 마찬가지다. 문재인 정부의 외고·국제고·자사고의 일반고 전환 정책은 2019년 기준 반쪽짜리로 평가된다. 서열의 맨 상단에 있는 전국형 자사고는 2019년 재지정 평가에서 다 살아남았다. 영재고와 과학고는 원래부터 4차 산업혁명 인재 양성이라는 명분이 있었기에 '사교육 끝판왕'이라는 비판에도 무풍지대였다.

사교육비 통계는 문재인 정부 사교육 대책의 민낯을 그대로 보여준다. 교육부와 통계청이 2019년 3월에 발표한 자료를 보면, 2018년 초·중·고교생 사교육비 규모가 19조 5,000억 원에 달했다. 전년(18조 7,000억 원)보다 4.4% 증가한 것으로 2011년 이후 7년 만에 최고치였다. 1인당 월평균 사교육비는 29만 1,000원으로 전년보다 7.0%(1만 9,000원) 증가했다. 1인당 사교육비는 6년 연속 증가하며 2007년 조사 시작 이후 최고치를 기록했다.

사교육비 줄이기 대책은 왜 이렇게 약발이 듣지 않는 것일까. 여러 원인이 있지만, 뿌리 깊은 '학벌주의'가 가장 큰 원인이다.

사격세가 국회의원회관에서 더불어민주당 이상민·도종환 의원, 교육을바꾸는새힘과 함께 '교육고통 해소를 위한 출신학교 차별금지법 제정 토론회'를 열었다. '출신학교 차별금지법' 시안을 제시하고 입학·취업·승진 과정에서 일어나는 학력·학벌 차별금지를 논의하는 자리였다. 박백범 교육부 차관은 축사에서 "교육과 관련된 다양한 문제의 원인에는 뿌리 깊은 학벌주의가 있다"라고 진단했다. 학벌 열차에 탑승하지 못하면 낙오된다는 불안감이 학부모들로 하여금 너도나도 자식을 사교육 시장으로 떠밀게 한다.

미시적으로 보면 사교육비를 줄이기 위한 정책 운용 과정의 실패도 원인이다. 한국경제연구원(한경연)의 〈지방교육재정과 교육지표 추이 분석 및 시사점〉보고서는 정책 실패의 한 원인을 재정 운용의 관점에서 분석해 눈길을 끌었다. 지방교육재정이 늘고 있지만 정작 학부모 '등골 브레이커'로 불리는 사교육비는 줄어들지 않는 역설의 원인을 진단했다.

한경연이 '지방교육재정알리미(www.eduinfo.go.kr)'에 올라온 2013~2017년 자료를 사용해 지방교육재정을 분석한 결과, 2013년 약 53조 3,000억 원을 기록했던 지방교육재정 지출액이 2017년 65조 6,000억 원을 기록하면서 연평균 5.3%의 증가율을 보였다. 같은 기간 학생 1인당 월평균 사교육비 역시 지속적으로 증가했다. 고등학생의 학생 1인당 사교육비는 2013년 22만 3,000원에서 2017년 28만 4,000원으로 연평균 증가율이 6.2%에 달했다. 중학생과 초등학생의 1인당 사교육비 연평균 증가율도 2.2%를 기록했다.

교육재정 투입액이 늘어나면 교육 여건이 좋아져 사교육비 지출이 감소될 것으로 예상하는데, 결과는 그렇지 않다. 지방교육재정이 학생 1인당 사교육비 완화에 미치는 효과가 없다는 얘기다.

한경연은 지방교육재정 세출 결산액의 증가율과 초ㆍ중ㆍ고등학생의 1인당 사교육비 증가율 간의 상관관계, 고정 효과 모형(fixed effect model)에 기반을 둔 회귀분석 등을 사용해 지방교육재정 확대에 따른 학생 1인당 사교육비 완화 효과를 분석했다.

한경연은 보고서에서 지방교육재정 중 가장 큰 지출을 차지하는 유아 및 초ㆍ중등교육의 하위 항목에서는 최근 몇 년간 노후 학교설비에 대한 우려가 반영된 학교 교육 여건 개선시설 항목이 연평균 11.0%로 가장 큰 성장세를 나타냈다고 분석했다. 그다음으로는 교육복지지원이 연평균 8.3%의 증가율을 기록했다고 설명했다. 이에 반해 교과 운영 및 학습 활동을 지원하는 교수 · 학습 활동 지원에 대한 지출은 연평균 3.0%에 불과했다. 교육복지지원은 누리과정, 급식비 등 무상복지가 크게 확대되면서 높은 증가세를 나타낸 것으로 분석됐으나, 저소득층에 대한 지원은 오히려 감소해 교육 격차를 줄이기 위한 노력이 더 필요한 것으로 나타났다.

증가율이 낮은 교수 · 학습 활동에서는 하위 59개 항목 가운데 학교 평가관리, 수준별 교육과정 운영, 창의 · 인성 교육 운영, 외국어 교육 활동 지원 등을 포함하여 25개 항목이 마이너스 성장을 기록했다. 한경연은 보고서에서 "교수 · 학습 활동 지원에 대한 예산은 전체 지출액 대비 5.9%에 불과하고, 실제 학생들의 학력 향상을 위해 필요한 사업이지만 이에 대한 지출은 감소하고 있어 공교육 강화와 사교육비 부담 완화라는 측면에서도 이를 개선할 필요가 있다"라고 강조했다.[19]

착잡한 교사

입시 앞에만 서면
왜 작아지는가

 학종을 바라보는 일선 교사의 시선은 복잡하고 착잡하다. 교육적 관점에서 점수로 서열화된 입시 체제는 바람직하지 않다. 학생의 성장 과정을 통해 다양성과 잠재력을 살려주는 게 교육이다. 4차 산업혁명 시대를 맞아 '생각하는 힘'이 더 중요해졌다. 세계적으로도 교육의 패러다임이 그렇게 변하고 있다. 교사가 앞에서 지식을 전달하고 이를 학생이 달달 외우는 산업화 시대의 수업 방식은 소명을 다했다.

 "미래의 인재상을 실현하기 위해서는 학교 수업과 교육 방법 역시 이에 발맞춘 변화가 필요하다. 더 이상 기존의 교사 중심 수업, 암기 위주의 수업, 지식 전달 중심의 수업은 환영받기 힘든 시대가 됐다. 이제 기존의 수업 방식에서 벗어나, 학생의 발화 시간이 많아지고, 자유롭게 토의하고 생각을 모아 스스로 깨닫게 하는 수업 방법을 고려해야 한다."[20]

 수업의 혁신은 결국 평가 제도의 혁명적 변화가 전제돼야 한다. 평가를 바꿔야 교실이 변하기 때문이다. 평가는 결국 입시와 연결된다. 입시제도 개혁이 중요한 이유다.

"평가가 바뀌지 않고는 수업혁신도 금세 한계에 부딪힌다. 중등의 경우 대학입시와 고교입시가 학교의 평가를 근본적으로 규정한다. 학교가 평가 체제를 바꾸고 싶어도 뜻대로 할 수 없거나 한계에 부딪히는 이유가 여기에 있다."[21]

학교 수업 과정 전반을 기록하고 평가하는 학종을 교사들이 우호적으로 보는 건 그런 면에서 보면 너무 당연한 일이다. 2018년 대입제도 개편공론화위원회위원회의 4개 의제 가운데 '의제 2', '의제 3'이 바라보는 비전이 교사들의 이런 인식을 반영하고 있다.

"의제 2: 더 이상 성적으로 줄 세우는 방식에 얽매여 다수 학생을 좌절하게 만들어서는 안 된다. 상대적 서열보다 학습자의 학업성취가 더 의미 있게 반영되는 대입제도가 마련되어야 한다. 이를 통해 치열한 경쟁과 줄 세우는 학교 수업보다 다양한 소질과 적성, 배움이 실현되는 학교 수업이 가능해진다."[22]

"의제 3: 초·중등교육에서는 창의·융합형 인재 양성을 위한 역량 중심 수업 및 과정 중심 평가가 전개될 것이다. 대학은 초·중등 공교육 정상화에 기여함과 동시에 학교 교육을 통해 함양한 역량과 다양한 특성을 가진 학생들을 공정하게 선발하기 위해 획일적이지 않고 투명한 대입제도를 운영하며, 선발된 학습자에게 적합한 교육을 실행할 책무를 지닌다."[23]

교육계, 특히 진보 교육계는 정시 확대에 매우 비판적이다. 조국 법무부 장관 후보자의 인사청문회에서 불거진 자녀의 입시 의혹 논란을 두고 대입제도개편론이 나오자 전교조는 발끈했다. 전교조는 논평에서

"수능을 위한 문제풀이식 수업의 폐단이 꾸준히 제기됐다. 이는 미래 사회가 추구하는 창의력, 협업 능력, 다양한 관점에 기반을 둔 자기주도적 사고력 증진에 적합하지 않다"라고 비판했다. 그러면서 "정시전형은 부모의 사회 경제적 지위가 미치는 영향력이 다른 전형보다 크다는 조사 결과가 이미 나와 있다. 각종 통계는 수능 정시 확대가 지역·계층 격차를 심화시키고, 특정 지역 및 학교에 유리한 결과를 가져온 것을 보여준다"라고 지적했다.

실제로 2017학년도 수능에서 국어, 수학, 영어 1·2등급의 비율이 높은 학교 상위 10위 목록을 보면 민사고(74.1%), 외대부고(73.5%), 인천국제고(73.0%), 현대청운고(72.6%), 한일고(공주·71.7%), 상산고(전주·70.8%), 대원외고(68.0%), 경기외고(66.9%), 대구외고(66.3%), 서울과고(65.6%) 등으로 일반고는 한 군데도 없었다. 전교조가 조국 사태 이후 조합원 2,476명을 대상으로 실시한 온라인 설문조사는 진보 진영 교사들의 심정을 잘 보여준다. 이 조사결과 '대입제도 개편 시 가장 중시해야 할 방향'으로 응답자 49.3%가 '공교육 정상화'를 꼽았다. 대부분의 설문조사에서 공정성을 최우선으로 보는 학생·학부모들의 시선과는 확연한 차이가 드러나는 대목이다. 이어 18.5%가 '교육차별 해소와 교육기회 균등화'를 골랐고, 17.4%가 '입시결과의 공정성과 투명성 확보'를 선택했다. 공교육 정상화를 위해 확대해야 할 전형으로 전체 응답자 37.6%가 수시모집 학생부교과전형, 32.3%가 학종을 골랐다.

대학수학능력시험 위주 전형, 즉 정시모집을 꼽은 응답자는 23.1%, 대학별 고사를 고른 응답자는 2.3%였다. 학종 개선방안으로 응답자 51.2%는 '수상경력·자율동아리·자기소개서 등 전형요소 폐지·축소'를 골랐다. 19.2%는 '대학의 평가 신뢰도 제고', 15.1%는 선발결과 정보공개, 12.1%는 고교 서열화 해소를 꼽았다.

보수적인 한국교총은 앞서 2017년 3월에 발표한 〈19대 대선 교육공약 요구 과제: 미래형 인재를 육성하는 교육〉이라는 자료에서 학교 교육 정상화를 위한 대입제도 개선으로 학생부 위주 전형의 내실화를 요구했다. 학생의 성장과 발달을 질적으로 기재할 수 있고, 교사의 수업 전문성과 평가권을 강화하는 방향으로 학생부의 신뢰도 제고가 이뤄져야 한다는 것이었다.[24]

교사들 스스로도 현재의 학종이 학부모와 사교육에 영향을 받는다는 점에는 공감한다. 2016년에 한국교총이 고교 교사 747명을 대상으로 실시한 모바일 설문조사에서는 10명 중 6명이 학종을 두고 '학부모와 사교육 도움 없이는 경쟁이 불가능한 입시 체제'라고 답했다. 또 '학종이 특목고·자사고와 비교해 일반고 학생들에게 불리하다고 생각하는가'라는 질문에는 61.3%(458명)가 '예'라고 답변했다. 응답한 교원들은 '상위대학에서 요구하는 스펙을 일반고 교육과정으로 충족시키기 어려움', '대학에서 고교 서열을 적용함', '학교 프로그램이 부족함' 등을 이유로 들었다.

'학생의 성적에 따라 학교(교사)가 학생부 작성에 기울이는 시간과 노력에 차이가 있다고 생각하는가'라는 질문에는 81.9%가 '예'라고 응답했다. 그 이유로는 '대체로 공부 잘하는 학생은 저학년부터 학생부종합전형을 준비해 기록할 내용이 많다', '상위권 대학의 학종 비중이 높아 학생(성적)에 따라 신경 쓰는 정도가 달라진다' 등을 지적했다.

'학종이 고교교육 정상화에 기여하고 있다고 생각하는가'라는 질문에 교사 47.8%(357명)는 '아니요'라고 응답해, '예'라고 답한 41.1%보다 많았다. 응답자들은 학종이 또 다른 사교육을 유발하고 스펙 만들기 활동을 초래해 학교 분위기를 변질시킨다고 진단했다. '대입에서 학생부종합전형이 더욱 확대돼야 한다고 생각하는가'라는 질문에는 57.0%(426)가 '아니요'라고 답했다.

한국인 상당수가 입시와 그 성적에 따른 줄 세우기식 서열화에 익숙한 경향을 보인다. 공론화위 시민참여단 550명을 대상으로 학생부 위주 전형 확대, 현행 유지 및 판단 유보, 수능 위주 전형 확대 등의 항목에 대한 대입제도 확대 의견을 물었다. 그 결과 42.3%가 수능 위주 전형 확대에 손을 들었다. 학생부 위주 전형은 31.5%, 현행 유지는 26.2%였다.[25]

교육부가 2019년 4~5월 두 달간 전국을 돌며 6차에 걸쳐 고교-대학 간 원탁토의를 연 것도 이런 고민을 담아 학종의 신뢰도를 높일 수 있는 아이디어를 구하겠다는 취지였다.

학종의 장단점을 잘 아는 교사가 사실 학종에 가장 민감하다. 현실과 이상의 괴리도 누구보다 잘 안다. 교사의 눈으로 보는 학종은 어떤 모습일까. 원탁토의에 참석한 이들이 발언한 녹취록을 입수해 분석해봤다. 일선 교사들이 '학생의 성장'에 대해 언급할 때 가장 많이 등장하는 단어는 '잠재력', '가능성', '다양성', '존재감', '미래', '가치' 등이었다.

2019년 4월 경기도 성남시 성남 코리아디자인센터에서 제1차 원탁토의가 열렸다. 이 자리에 참석한 교사들은 '학생의 성장'을 무엇으로 생각하느냐는 질문에 육체적·정신적·전인적 성장, 꽃을 피우듯이 비상하는 것, 잠재 가능성을 키워 자기 모습을 찾아가는 과정, 배움과 소통을 통해 저마다의 잠재력을 발현시켜나가는 과정, 존중에서 출발해 다양성을 인정하는 것, 한 권의 책을 읽듯 자신의 색과 모양을 완성해가는 과정, 간절함을 담아 작은 변화에서 자신의 방향을 찾고 즐겁게 함께 가는 것 등을 적었다.

경기도 군포시 수리고 김종표 교장은 "성장이란 학생 스스로 주인이 되어 도전하고 성공하는 다양한 경험의 과정"이라고 말했다. 성장의 기록을 제대로 담은 학생부가 선사하는 울림을 전한 목소리도 있었다. 제2차 원탁토의에 참가한 강원도 홍천여고의 한 교사는 4~5년 전 책을 좋아하고 공부를 잘하던 제자의 사례를 소개했다. 그는 "건축학과를 가고 싶어 하던 학생이 구제역 때문에 키우던 동물을 살처분하는 것을 보고, 동물과 인간이 공존할 수 있는 건축을 하고 싶어 했고, 결국 서울대에 입학했다"라고 전했다.

제4차 원탁토의에 참가한 박창일 교사는 "1~2학년 때 일진 학생으로 성적이 엉망이었는데 3학년 때 지금 시작해도 될지 물어본 학생이 있었다"라면서 "그 학생의 지도 방법을 고민하면서 상담을 통해 이끌어주고 학생도 피나는 노력을 해서 4년제 전자공학과에 보냈다"라고 회상했다. 그러면서 "이 학생은 대학에서도 잘 지내고 대기업에 취업도 돼서 학교에 와 후배들에게 경험담을 들려주고 있다"라고 덧붙였다.

제5차 원탁토의에 참가한 김순남 교사는 대학을 가지 않겠다고 A4용지 가득히 이유를 써 왔던 학생을 떠올렸다. 김 교사는 "이 학생은 대학이 자신에게 필요가 없다고 하며 나중에 필요하면 갈 테니 지금 대학에 가지 않는 것을 허락해달라고 했다"라면서 "처음에 당황하던 담임은 이 정도 주장을 할 정도면 굳이 대학을 보내지 않아도 된다고 보고 학생과 함께 부모님을 설득했고, 그 학생은 지금 인디 밴드를 하며 행복하게 살고 있다"라고 전했다. 그러면서 "정답이 사라지면 오답도 사라진다는 것을 알게 해준 학생에게 감동을 받았다"라고 했다.

이런 목소리는 교육부가 주최한 공식 행사에서 나왔다는 점에서 학종을 바라보는 교사들의 진정한 속내는 드러나지 않았다고 봐야 한다. 교사들을 심층 인터뷰하는 방식으로 학생부의 문제점을 분석한 논문은 그런 면에서 유용하다. 김한솔 박사의 〈학생부종합전형 공정성에 대한 교사의 인식과 개선 방안: 비평준화 지역 일반계 고등학교에 관한 질적 사례 연구〉라는 논문을 보자.

비평준화 지역 일반고 교사들이 학종과 학생부를 어떻게 바라보는지가 선명하게 드러난다. 수능 성적은 형편없고 지식은 유치한 수준인데, 이런 학생이 내신을 바탕으로 '인 서울'을 하는 게 과연 공정한 것인지 의구심을 갖는 교사의 시선에서 학종에 대한 반감이 읽힌다. 비평준화 지역의 일반고라는 점에 주목하면서 논문 속으로 들어가 보자.

경력 7년 차의 30대 영어 교사는 학종은 납득할 만한 명확한 기준이 없어 '깜깜이 전형'이라고 주장한다.

"학생부종합전형 같은 경우 '깜깜이 전형'으로 알 수가 없어요. 누가 합격되고 누가 불합격되는 게 맞는 건지 입시를 지도하고 있는 저조차도 명확히 잘 모르겠는데, 그냥 학교 활동 내용이 많고 충실하면 되지 않을까 정도의 선에서 아이들을 지도하는 거지. 누구에게나 납득할 만한 명확한 기준이 없기 때문에 공정성이 떨어진다고 생각하는 게 아닐까요?"[26]

경력 11년 차 30대 과학 교사도 비슷한 고민을 들려줬다.

"누가 서울대에 갔다 하면 교사들조차 그 아이의 생활기록부를 너무 궁금해해요. 서울대에 가려면 이렇게 해야 한다. 기준에 맞추어 이 정도의 노력을 해야 한다고 학생에게 먼저 제시하고 지도하는 것이 아니라 그 반대로 왜 저 아이가 서울대에 갔을까를 분석을 하죠. 입시지도에서 반대의 경우가 나타나는 거죠. 기준이 잘 보이지 않으니까요."[27]

학종이 등장하면서 입시에서 학생부가 차지하는 비중이 커졌지만, 정작 교사들은 어떤 학생부가 입시에 유리한지 기준을 찾지 못해 안달복달하고 있는 셈이다.

경력 1년 차의 20대 한문 교사의 말이다.

"얼마 전 고3 수업을 들어갔는데 수시 1차 붙어서 면접 보러 간다고 엄청 좋아하더라고요. '너 이제 해박해져야겠구나' 했더니 그 아이가 '선생님, 그런데, 해박이 뭐예요?'라고 묻더군요. 말문이 턱 막히더라고요. 제 생각에는 실력에 걸맞지 않은 대학에 붙은 것을 보고, 조금은 그랬어요. 씁쓸하다고 할까. 이 학교에 근무하고 있는 교사여서 이 아이들 편을 들어주고 이 아이들을 지지해주는 게 맞는 것 같지만, 그래도 어느 정도여야죠. 어느 정도 수준이 넘어갈 때는 화가 나기도 해요. 그 아이의 실력을 뻔히 아는데…."[28]

교사들은 입시 앞에만 서면 작아진다. 한국은 입시 전쟁터다. 전쟁에서는 이기면 모든 것을 얻고, 지면 다 잃는다. 지독한 학벌사회 속에서 살아온 기성세대는 누구보다 절감하고 있다. 이들이 학벌 구조를 해체하고 입시제도를 뜯어고쳤더라면 아이들을 전쟁터로 내몰 이유가 없었건만, 실패했다. 스크럼을 풀고 돌아와 각자도생에 나선 이들은 윗세대를 답습했다. "피라미드 꼭대기에 오르라"는 월요 조회 시간 교장 선생님의 훈화를 되새기는 이들도 있었다. 본고사와 학력고사, 수능의 전쟁터에서 살아남은 베테랑의 수첩을 다시 빼 들고, 자신의 아이에게 전수했다. 그간 축적한 자본과 인맥, 정보, 권력을 버무린 싸움의 기술은 그렇게 대물림됐다.

사육된 아이들을 가르치는 교사는 운신의 폭이 좁다. 고지를 향해 달리는 분위기 속에서 아이들의 성장 과정과 다양성을 논하는 교사는 탈영병 취급을 받기 일쑤다. 입시 경쟁에 사활을 건 이 음습한 기운을 거역할 뱃심 있는 교사가 간혹 있어도 '반짝'하다 사라진다.

"입시 성적이 좋은 학교가 최고의 학교이며, 사교육 기관과 입시 경쟁력에서 비교를 당하면서 학교와 교사는 계속 비난을 받는다. 일반 기업들의 존재 근거가 시장에서의 상품 경쟁력이듯 한국 사회에서 학교와 교사의 존재 근거는 입시 경쟁력이다. 대학입시에 가까워질수록 이런 현상이 더욱 심화된다."[29]

고입도 마찬가지다. 대입 전초전인 고입에서 사실상의 승패가 갈린다. 일반고와 특목고, 영재고는 프로야구 1군과 2군의 격차를 넘어선 지 오래다. 대학 입학 실적이 증명한다.

2019년 대입에서 특목고 및 영재고 출신 합격자가 400명 이상인 학교는 서울대, 고려대, 연세대, 중앙대, 이화여대, 한국외대, 경희대, 성균관대, KAIST, 한양대 등 10개교(합격자 순)로 모두 6,620명이었다. 전체 입학생 3만 8,231명의 17.3%를 차지해 6명 중 1명꼴이다. 특목고 및 영재고 출신이 가장 많은 학교는 서울대로 937명이 입학한 것(전체 입학생 수의 27.3%)으로 나타났다. 전년도(925명, 27.1%)보다 12명 늘었다. 다음으로 고려대가 808명(18.5%)으로 전년도(827명, 18.4%)보다 19명 줄었고,

연세대는 748명(18.8%)으로 전년도(710명, 18.0%)보다 38명 늘었다. 비율로는 KAIST가 71.5%(전체 입학생 701명 중 501명)로 가장 높았고, 서울대 27.3%, 이화여대 19.6%, 연세대 18.8%, 고려대 18.5% 순이었다.

종로학원하늘교육 오종운 평가이사는 "입학 당시 선발 효과에 의해 초·중등 상위권 학생들이 상당수 이들 고교에 진학하고 있고, 수시전형에서 특목고 및 영재고 출신 학생들에게 불리하지 않은 수시 '학생부종합전형' 선발 인원이 많고 상당히 유리한 '특기자전형' 선발 인원이 대학별로 적절한 정도 있기 때문"이라고 설명했다.

이러다 보니 학교에서 이뤄지는 봉사활동이건 학생회 활동이건 모두가 입시라는 고지를 향해 달려가는 데 필요한 도구일 뿐이라는 인식이 교사와 학생 사이에 팽배하다. 교육적 가치보다 더 소중한 것은 입시 성적이다.

"봉사활동은 봉사정신의 함양이 아니라 봉사 실적을 위해 존재한다. 학생회 활동은 민주주의의 경험이 아니라 스펙을 위해 필요하다. 공부뿐만 아니라 학교에서의 모든 활동이 입시라는 블랙홀에 흡수된다. 모든 교육적 가치는 사라지고 입시 경쟁에서의 승리라는 유일한 가치만 살아남는다. 학교에서 올바른 교육에 대한 고민은 설 자리가 없다. 오로지 입시 성적 올리기라는 단일한 목표를 향한 광적인 집착만 존재할 뿐이다."[30]

4차 산업혁명,
입시 위주로는 절대 안 돼

드론과 자율주행차가 더 이상 낯설지 않고, 인공지능(AI)이 삶 속으로 깊숙이 파고드는 4차 산업혁명의 시대다. 빛의 속도로 바뀌는 세상을 따라 우리 교육 현장에서도 요즘 미래교육이 화두로 떠올랐다. 초·중·고 학교 현장에서는 소통·창의·융합형 인재 육성을 위해 공을 들이고 있다.

세계는 이미 변화하고 있다. 경제협력개발기구(OECD)가 미래의 핵심 역량으로 꼽은 세 가지는 지식과 정보를 양방향으로 활용할 수 있는 능력, 다양한 구성원과 상호작용하며 협동할 수 있는 능력, 멀리 내다보며 자율적으로 과제를 설정하고 수행하는 대응 능력이다.

"위기가 기회가 되고 기회가 위기가 되는 역동적인 변화의 시대, 개인이건 집단이건 이런 변화에 능동적으로 대응할 수 있는 능력이 절대적으로 필요한 시대가 됐다."[31]

교육부가 2019년 2월 미래교육위원회를 발족한 것도 이런 시대적 요청에 따른 것이다. 교사들 역시 4차 산업혁명 시대 미래 교육의 중요성은 누구보다 절감하고 있다. 그렇지만 일선 학교 현장은 아직 시대의 요구를 제대로 따라가지 못한 채 우왕좌왕하고 있다. 교육 전문가를 포함해 30대 대기업 인사나 홍보 담당 부장급 간부, 청년창업 준비생 등의 절반 이상이 지금의 한국 교육으로는 4차 산업혁명에 걸맞은 인재를 육성하기 어렵다고 판단하고 있었다.

나는 2019년 4월 2일부터 10일간 '4차 산업혁명과 미래교육'을 주제로 설문조사를 했다. 교육을 담당하는 국회 교육위원회 소속 국회의원, 학부모·교사단체·대학교수 등 교육 전문가, 5대 그룹 인사 및 산하 연구소 4차 산업혁명 전문가, 경제단체, 청년창업사관학교 9기 입교생 등 총 121명을 대상으로 한 조사다.

조사 문항 중 '학교 교육이 4차 산업혁명 시대에 걸맞은 인재를 길러낼 수 있는가'라는 질문에 '전혀 동의하지 않는다' 14%, '동의하지 않는다' 38% 등 부정적인 응답이 52%에 달했다. '매우 동의한다' 3.3%와 '동의한다' 8.3%로 긍정적인 응답은 11.6%에 불과했다. '보통'이라는 응답은 36%였다. 부정적인 응답을 한 이들이 주관식으로 답변한 내용에서 가장 빈도가 높은 단어는 '입시 위주', '획일' 등이었다. 미래 한국 사회에 불어닥칠 변화 중에서 교육에 가장 큰 영향을 미칠 요인으로는 저출산·고령화가 64.5%로 1위를 차지했다. 이어 정보통신기술혁명(61.2%), 일자리(49.6%), 사회 양극화(27.3%), 세대 간 가치관 변화(19%), 글로벌화(12.4%), 에너지·환경(10.7%), 남북관계(9.9%) 순이었다.

"19세기에 고안된 형태의 교실에서, 20세기에 태어난 교사들이, 21세기를 살아갈 학생들을 가르치고 있는 모습에서 벗어나지 못하고 있다."

전국교직원노동조합의 참교육연구소 전경원 소장은 학교 교육이 4차 산업혁명 시대에 걸맞은 인재를 길러낼 수 있느냐는 질문에 '전혀 동의할 수 없다'며 이같이 밝혔다. 한국교육개발원의 한 연구원도 전 소장의 의견과 맥을 같이한다. 그는 "한국에선 여전히 교육이 상급 학교 진학과 취업, 개인적 성공을 위한 서열 매기기의 수단으로 활용되고 있다"라며 "다양한 학생들이 스스로 적성과 희망을 찾고 주체적으로 성장할 수 있도록 지원하는 학교 교육이 요구된다"라고 덧붙였다.

설문조사 결과를 분석해보면 그야말로 잿빛 일색이다. 지금과 같은 학교 교육으로는 빛의 속도로 변하는 4차 산업혁명 시대에 적응하기는커녕 도태될 수밖에 없다는 우울한 결론에 다다른다. 현재 교육으로 4차 산업혁명에 어울리는 인재를 길러낼 수 있다는 낙관적 전망을 피력한 응답자는 11.3%에 불과했다. 현장 교육 전문가와 대기업·중소기업의 인사 담당 및 4차 산업혁명 연구자들 모두 대체로 암울한 현실에 공감한다는 얘기다.

학부모·교사단체·대학교수 등 현장의 교육계 인사들은 상황을 더 심각하게 바라보고 있었다. 실명으로 응답한 교육계 인사 68명 중 현재 학교 교육에 기대를 거는 응답자는 6명(8.8%)으로 10명 중 1명도 채 되지 않았다. 대기업·중소기업의 인사 담당과 4차 산업혁명 연구자들 가운데 실명으로 답한 27명 중에서도 6명만 긍정적으로 봤다.

왜 그럴까. 이들은 부정적으로 바라보는 이유를 묻는 주관식 항목에서 '입시 위주의 주입식 교육'과 '다양성과 창의성이 실종된 획일적인 교육 시스템'을 가장 많이 언급했다. 이 밖에 정부 규제와 지원 부족, 교사·학교의 역량 부족, 미래교육에 대한 사회적 공감대 부족 등이 뒤를

이었다.[32]

교육 관료와 10년 차 이상 교사 등은 학생 평가 방식을 선진국처럼 '과정 중심·개인 맞춤형'으로 바꿔야 하지만, 대학입시제도가 걸림돌이 되고 있다고 생각한다.

한국교육과정평가원 계간지《교육과정평가연구》22호(2019년)에 '우리나라 미래 초·중등학교 교육평가 방향 탐색' 연구가 실렸다. 연구진은 교육부 공무원 등 정책 설계자와 경력 10년 이상 교사 등 정책 실행자, 교육학 등 관련 학문 연구자 등 교육 분야 종사자와 전문가 48명을 대상으로 설문조사를 해 미래교육평가에 대한 의견을 수렴했다.

조사 결과 교육 전문가들은 한국의 교육평가가 결과보다는 과정에 대한 평가(23.7%), 개인의 맞춤형 성장을 돕는 평가(19.5%)로 바뀌어야 한다고 생각하는 것으로 나타났다. 교육평가의 내용에 대해서는 태도·인성(17.7%)이나 창의·융합적 사고 역량(13.5%)을 평가해야 한다는 응답이 가장 많았다. 앞으로도 기초 개념과 지식(12.5%)을 평가해야 한다는 응답은 상대적으로 적었다.

전문가들은 미래교육평가에 대해 학생의 성장·발전 정도(14.6%)는 물론 학생의 사회·문화적 배경 등 학습자의 개인 특성(25.1%), 문제 해결·협업 능력 등 21세기 핵심 역량(22.2%)을 종합적으로 평가해야 한다고 보고 있었다.

교육평가의 변화를 방해하는 가장 큰 걸림돌로는 초등학교·중학교의 경우 학생·학부모·교사 등이 가지고 있는 교육평가 변화에 대한 부정적 인식(초 25.9%, 중 21.6%)이 꼽혔다. 교사의 평가 전문성 부족(초 16.2%, 중 14.8%)이라는 시각도 있었다. 고등학교 단계에서는 대학입시정책(33.5%)이 가장 큰 방해 요인으로 조사됐다. 개선점으로는 대입정책 정비(17.9%)보다 객관적 평가에 대한 공정성 맹신 등 현행 교육평가의 문제점 개선(26.6%)을 더 많이 선택했다.[33]

교사들은 조국 사태를 계기로 문재인 대통령이 대입제도 개선을 지시한 후 나오는 정시 확대론에 큰 우려의 목소리를 냈다.

전국시도교육감회협의회 대입제도개선연구단은 2019년 9월 30일 경남교육청 제2청사에서 '미래사회가 요구하는 대입제도 개선 방안 연구'를 위한 설문조사 결과를 발표했다. 8월 19일부터 9월 9일까지 21일간 온라인을 통해 실시됐는데 전국 고등학교 교사 13만 4,200여 명 중 1만여 명(7.5%)이 참여했다.

가장 관심을 모은 내용은 '2015 개정 교육과정의 취지와 고교학점제 운영의 취지를 잘 반영할 수 있는 대입전형'을 묻는 문항에 학생부종합전형 40.4%, 새로운 대입전형 개발 필요 28.4%, 수능전형 16.9% 순으로 응답해 수능전형보다 학종을 바탕으로 새로운 대입제도 개발이 필요하다고 보는 것으로 나타났다. '현재의 대학수학능력시험이 2015 개정 교육과정의 역량을 평가하는 데 적절한가'에 대한 응답은 '적절하다' 14.4%, '보통이다' 30.8%, '적절하지 않다' 54.8%였다.

박종훈(경남교육감) 대입제도개선연구단장은 "고교학점제 운영의 취지를 가장 잘 반영할 수 있는 학생부종합전형과 새로운 대입전형의 개발이 필요하다는 의견이 지배적(68.8%)이었다"며 "이는 새로운 대입제도에 대한 현장 교사들의 갈증이 표현된 것이라 생각한다"라고 밝혔다. 그는 특히 "최근 학생부종합전형의 공정성을 문제 삼아 정시 확대를 주장하는 의견이 있음을 안다"며 "학생부종합전형이 주입식 수업과 성적으로 한 줄을 세우는 교육을 지양하고 고교 교육과정 운영의 정상화에 기여한 점을 간과해서는 안 될 것이다"라고 말했다. 그는 "공정성과 투명성의 문제는 다른 해법으로 접근해야 하며 교육과정과 수업, 평가, 기록의 일체화가 이뤄지도록 현장을 지원해야 한다"면서 "대학은 그 기록을 근거로 학생을 선발해야 할 것이다"라고 덧붙였다.

'개천의 용'은
허구

2019년 6월 12일 영재 · 창의력 교육 분야의 최고 권위자인 미국 윌리엄메리대학 교육심리학과 김경희 교수가 포럼에 참석차 방한했다. 마침 내가 신문에 '2019 미래교육 현장보고서' 시리즈를 연재하고 있어서 '입시'와 '창의력'을 주제로 인터뷰를 했다.

그는 미국 창의력협회 회장을 지냈고, 세계적 권위의 창의성 연구소인 토런스센터(Torrance Center) 고문이다. 미국영재아동연합(National Association for Gifted Children)의 창의력 네트워크 의장이면서 〈세계행동과학저널〉의 공동편집인이자 〈창의력연구저널〉의 편집위원을 맡고 있다. 노벨상 수상자를 비롯하여 '세상을 이롭게 바꾼' 혁신가들의 연구를 통해 창의력의 비밀을 파헤치고 창의력을 계발시키는 방법을 고안했다.

김 교수는 2010년 미국 공교육이 언제부터인가 PISA에 치중해 암기와 문제풀이 위주로 변질되면서 미국의 막강한 힘인 창의력이 급속히 저하되고 있다는 연구 결과를 내놨다. 그 결과가 그해 7월 〈뉴스위크〉

커버스토리로 보도되면서 교육계를 발칵 뒤집었다. 영국·네덜란드 등의 교육기관이 앞다퉈 창의력 증진을 통한 국가경쟁력 제고 방안을 그에게 자문했다.

김 교수는 연구 성과와 사회에 기여한 공로를 인정받아 2018년 외국인으로서는 처음으로 '창의력 분야 노벨상'인 토런스(Torrance)상을 받았다. 아이의 미래 경쟁력을 갖추는 데 필요한 창의력 키우기 노하우를 담은 그의 책《미래의 교육(원제: The Creativity Challenge)》이 최근 국내에 번역 출판돼 인기를 끌고 있다.

김 교수는 이 책에서 창의인재를 만드는 'CAT(캣) 이론'을 공개한다. 아이에게 창의적 풍토(Climate)를 조성해주면 창의적 태도(Attitude)를 기를 수 있으며 이를 통해 창의적 사고(Thinking skill)를 적용할 수 있다는 이론이다. 또 생각하는 힘을 키우기 위해 '틀안(Inbox)', '틀밖(Outbox)', '새틀(Newbox)'이라는 사고력의 3단계 과정을 제시했다. 이른바 'ION(아이온)사고력'이다. CAT과 ION은 그의 창의력 증진 공식이다.

김 교수는 인터뷰 내내 창의력·상상력과 무관한, 입시 위주의 단순 정보 암기와 문제풀이에 치중하는 한국 입시 교육을 신랄하게 비판했다. 다음은 그와의 인터뷰 내용 중 일부다.

- 한국에서 입시는 언제나 논쟁적이다.

사람들은 개천에서 용이 난다고 생각한다. 그런데 안 그렇다. 과거제도만 봐도 가정형편이 넉넉했던 젊은이들이 생계에 신경 쓰지 않고 과거 준비에만 몰두했기에 가능했다. 재수, 삼수, 사수, 몇십 수까지 할 수 있을 정도로 가정형편이 아주 넉넉한 사람들만 결국은 급제했고 부귀

영화를 누렸다. 중국이나 일본 쪽 연구 자료를 봐도. (돈이 있어서) 삼수, 사수해서 명문대에 들어가는 애들이 남는 장사 하는 것이더라. 명문대 들어가면 학연과 학벌로 먹고산다. 나중에 사회 경력에서도 더 많은 이득을 얻는다. 돈 있는 사람은 끝까지 애를 떠밀어서 명문대 보내면 남는 게 된다.

동양 전통문화는 유교와 시험 위주 능력주의가 합해진 것이다. 유교 사회에서는 권위자들의 글을 잘 외우는 것이 최고였다. 그래서 학자들이 사회에서 가장 존경을 받았다. 중국에서 시작된 시험 위주 능력주의는 국민들에게 누구나 열심히 하면 '개천에서도 용이 난다'는 것을 믿게 했다. 수나라가 무력으로 정권을 잡은 후에 젊은 엘리트들이 반란을 일으키는 것을 막기 위해서 과거제도를 만들었다. 권위자들의 글을 열심히 외워서 과거에 급제만 하면 누구나 부귀영화를 누릴 수 있다고 세뇌하기 시작했다.

그래서 가정형편이 넉넉했던 젊은이들은 생계에 신경 쓰지 않고 과거 준비에만 몰두했다. 이 과거제도 덕분에 지도층이 권력을 유지하기가 아주 쉬워졌다. 또 그 전 권력자들의 글을 비판하는 일 없이 그저 잘 외우는 사람들이 과거에 급제했기 때문에 지도층의 말을 아주 잘 따라서 국가의 수직적 위계를 수월하게 유지했다.

- 학종에 대해 불공정 시비가 있으니 객관식 지필시험 위주의 정시로 돌아가자는 주장은 어떤가?

사지선다식 정답이 있으면 모든 아이가 똑같이 생각해야 한다. 튀는 자가 세상을 바꾸는데, 우리는 반대로 모난 돌이 정 맞는다. 튀면 안 되니까 남 눈치를 본다. 사지선다는 공평한 게 아니고 모든 학생을 평균으로 만드는 거다. 진짜 실력을 찾아내는 게 공정하지, 어떻게 시험이 공정할 수 있나. 외우는 것으로는 혁신 없다. 무조건 외우게 해서 줄을 세우는 게 어떻게 공정한가.

동양에서는 학벌이라는 게 있어서 실력이 없어도 성공할 수 있다. 실력 없는 사람이 회사를 경영하니 최고경영자(CEO)의 월급과 회사의 실적이 관계가 없다. 그래서 월스트리트에서 투자를 안 한다. 월스트리트에서는 CEO가 얼마나 능력 있고 회사 매출이 얼마나 올라가는지를 보고 투자한다.

- 진정한 실력이란 뭔가?

동양 아이들의 높은 시험 점수가 높은 실력을 뜻하지 않는다. 국제적으로 비교한 시험 점수와 설문지 내용을 담은 그래프를 보면, 동양 국가의 학생들이 비동양 국가의 학생들보다 점수가 더 높다. 그러나 그 과목을 배우는 것이 즐겁고 재미있어서 스스로 탐구하고 책을 읽는 학생들이나 창의력을 키울 기회를 가진 학생들은 서양보다 훨씬 적다. 진정한 실력은 창의력이다. 창의력은 유용하면서도 '독특한 것'을 만드는 힘이다. '새것'을 만드는 것이 아니라 '독특한 것'을 만드는 것이다.

- 한국에서는 사교육비가 해마다 치솟는다.

우리나라에선 못사는 사람도 사교육비에 투자한다. 그건 정말 이상하다. 300만 원 받아서 200만 원을 아이들 사교육비로 쓴다. 시험 점수는 투자되는 돈과 아주 밀접한 관계를 가지고 있는데, 생산성이 없이 시험만을 위해 버려지는 돈이다. 한 달에 300만 원 벌어서 200만 원을 사교육비로 쓰는 가정의 학생들보다 한 달에 3억 벌어서 2,000만 원을 사교육비로 투자하는 가정의 학생들이 시험 점수가 더 높다.

미국에서 가정 형편과 관계없이 사교육비를 지나치게 많이 쓰는 이들은 동양인들뿐이다. 그래서 저소득층 부모들의 희생이 엄청나고 점점 더 빈익빈 부익부가 된다. 다른 인종의 저소득층 가정은 자녀의 사교육에 돈을 쓰지 않는다. 남미계나 흑인계 학생들의 가정은 저소득층이 많아서 아이의 시험 점수가 아주 낮다. 그런데 동양계 학생들의 가정은 누구나 사교육비에 많이 투자해서 아이들의 시험 점수가 다른 인종보다 상대적으로 높기 때문에, 미국 대학에서는 인종 간의 형평성을 유지하기 위해서 동양계 학생들의 시험 점수를 감점시키고 있다.

- 우리 영재교육은 어떤가?

우리나라는 영재교육에도 돈 정말 많이 쓴다. 선행학습을 시켜 아이들이 공부를 싫어하게 만든다. 아이들을 풍부하게 하는 데 정보를 더 주고 이끌어야 한다. 위인전을 읽게 하는 등 공부를 좋아하게 해야 한다. 재밌고 우리가 사는 데 꼭 필요하다고 느끼게 해야 한다. 흥미를 가지게 해야 하는데 선행학습으로 미리 외우게 해서 공부를 싫어하게 만들었다. 우리나라 영재고는 콘셉트 자체가 정반대다.

- 왜 창의력이 필요한가?

이제까지 한국은 창의력이 없이 죽은 지식을 열심히 외우고, 삼성이 애플의 휴대전화를 베낀 것처럼 남의 것을 열심히 베껴서 경제적인 발전을 이뤘다. 진정한 실력이 없이 학벌과 학연만으로도 성공하는 사람들이 많다. 그러나 4차 산업혁명 시대에는 예측이 불가능할 정도로 급격한 변화가 일어난다. 어떤 직업이 사라지고, 어떤 직업이 새로 생겨날지 우리는 모른다. 매출액이 어마어마했던 기업들도 새로운 아이디어로 문제를 해결하거나 혁신을 이루지 못해서 하루아침에 망한다. 우리가 상상도 할 수 없었던 직업들이 생겨나고 있다. 이런 시대에 한물간 과거의 지식만 암기해서 베끼는 국가나 개인은 밥을 못 먹고 살 뿐만 아니라, 결국에는 망한다.

- 창의력은 어떻게 기를 수 있나?

사람들은 흔히 '창의력'이 어느 날 갑자기 새로운 아이디어를 내는 것인 줄 착각한다. 그러나 '태양 아래 새것은 없다'라는 말이 있다. 기존에 있는 지식과 기술을 다 익혀서 우리의 두뇌 속에 많은 정보가 모이면, 그 정보들을 새로운 방법으로 섞고 서로 관련성이 없는 것을 합하는 힘이 바로 창의력이다. 노벨상 수상자를 뽑는 심사 기준도 유용성과 독특성이다. 유용한 것을 만들기 위해서는 전문성이 필요하고, 독특한 것을 만들기 위해서는 상상력이 필요하다. 전문가와 혁신가의 차이는 상상력이다. 창의력으로 유용하고 독특한 것을 만들어낸 결과가 '창작물'이다. 무조건 유용하고 독특한 것을 만들어냈다고 다 '혁신'이 되는 것이 아니라 자신의 창작물을 홍보해서 남을 설득해 인정을 받아야만 혁신이 된다.

- 상상력도 키울 수 있나?

상상력은 전문성을 뛰어넘어 독특한 생각을 하는 것이다. 인간만이 가진 것이 바로 상상력이다. 인간이 할 수 있는 일이라면 오늘날 인공지능을 가진 로봇이 다 할 수 있는데, 상상력만은 예외다.

상상력을 키우려면 첫째, 아이가 더 알고 싶게 만들어야 한다. 둘째, 아이에게 깊게 생각할 여유를 주어야 한다. 독서를 하면서 깊이 생각하는 것이 상상력을 발달시키는 데 아주 효과적이다. 동양인보다 노벨상을 받을 확률이 625배나 높은 유대인은 옛날부터 엄마들이 책을 끼고 사는 사람들이라고 불릴 정도로 책을 많이 읽었다. 셋째, 무엇을 하든지 또는 어떤 것을 배우든지 아이들이 공상할 수 있는 시간과 여유를 주어야 한다. 오늘의 공상이 내일의 현실이 되기 때문이다. 넷째, 튀게 생각할 자유를 주어야 한다. 남의 눈을 의식하는 아이는 절대로 독특한 생각을 할 수 없다. 모든 아이가 창의적 잠재력을 가지고 태어난다. '모난돌이 정 맞는다'라거나 '버릇 나빠지게 하면 안 된다' 같은 세뇌된 고정관념을 버려야 한다. 튀는 자가 세상을 바꾼다. 다섯째, 그냥 튀는 것이 아니라 큰 꿈을 위해서 튀어야 한다. 유대인 엄마들은 아이가 아주 어릴 때부터 '병든 세상을 고치고 죽어라'라고 늘 당부하면서 키운다. 마지막으로, 다양한 행사나 사람을 접하게 해서 아이가 '아! 나도 저것 하고 싶다', '나도 저렇게 되고 싶다'라는 자극을 받으면서 큰 꿈을 꾸도록 격려해야 한다.

교실을 바꾸면
아이들이 춤을 춘다

네모난 학교에 들어서면

또 네모난 교실

네모난 칠판과 책상들 (…)

- 화이트, '네모의 꿈' 중

2019년 7월 중순 광주 광산구 마지초등학교를 찾았다. 겉모습은 여느 중소 도시에서 흔히 볼 수 있는, 세월이 묻어나는 듯한 평범한 학교였다. 그런데 딱 거기까지였다.

안으로 들어서자 '빈 곳과 빈 곳 사이(空間)'에 선생님과 아이들의 손때가 묻어나는 투박하지만 깜찍한 혁신의 결과물이 톡톡 튀게 자리하고 있었다.

기성세대에게 '정숙'해야 할 공간으로 여겨지던 복도 한가운데를 '도란도란 쉼터'로 꾸민 게 눈에 확 들어왔다. 매트를 깔고 미끄럼틀을 설치해 맘껏 뛰어놀 수 있도록 했다. 이동식 도서대에 있는 책을 꺼내서 눕거나 앉아서 편하게 읽을 수도 있다. 미끄럼틀 아래에는 골방이 있어 숨어 놀기 좋다. 그 골방 벽의 문은 바깥 운동장으로 나갈 수 있는 비밀 통로이기도 해서 아이들에게 인기 만점이다.

건물과 건물 사이를 잇는 연결통로에는 헌 책상을 개조해 만든 이동식 탁구대를 설치했다. 낙서를 할 수 있도록 허용된 유리창에는 아이들이 서로를 응원하는 내용의 메모가 빼곡해 보는 것만으로도 힐링이 됐다. 대형 레고판으로 장식된 또 다른 복도 중앙에서는 아이들이 블록놀이 삼매경에 빠져 있었다. 이 학교의 공간혁신을 주도적으로 이끈 김황 교사는 "'복도에서는 뛰지 마'가 아니라, 멋지게 뛰며 놀 수 있는 공간이 됐으면 좋겠다는 생각으로 학내 참여를 유도했다"라고 설명했다.

공간혁신에 사용된 재료는 대부분 학교에서 자급한다고 했다. 김 교사는 재료를 학생들의 손으로 만든다는 '엉뚱공작소'로 안내했다. 공작소의 문이 열리자 세련되고 압도적인 비주얼에 "와, 이게 진짜 초등학교 실습실이야?" 하는 감탄사가 절로 나왔다.

목공용 테이블, 전기 드릴, 톱 같은 웬만한 목공 도구는 물론 3D 프린터 같은 최신 기계까지 빼곡했다. 한쪽에는 아이들이 와플을 직접 만들어 먹을 수 있는 카페도 있었다. 2019년 현재 중학교 1학년이 된 아이들이 지난해 정성 들여 만든 공간이라고 한다.

당연하게도, 엉뚱공작소는 점심시간이나 방과후면 아이들로 발 디딜 틈이 없다. 혼자서 또는 여럿이 뭔가를 만들기도 하고, 구비된 노트북을 열어 코딩도 하고, 와플이나 아이스티를 만들어 먹으며 숙제를 하거나 놀기도 한다. 장정원 학생은 "예전에는 수업이 끝나면 집에서 혼자 놀거나 학원에 갔는데 요즘은 학교에서 1~2시간씩 놀다 간다"라고 귀띔했고, 주경준 학생은 "학교에 창작 공간이 생기니까 새로운 친구들도 사귀고 기술도 배우게 됐다"라며 환하게 웃었다. 김 교사는 "기존 교과서 교육은 가짜 문제를 가짜로 해결하는 식이었다"며 "이곳에서 진짜 문제를 진짜 해결하는 체험활동이 학습과 성장으로 이어지고 있다"라고 강조했다.

광주시 교육청이 제작한 2018 학생 중심 학교공간 재구성 사업 백서인 〈아지트 프로젝트〉에 마지초 학생들의 다음과 같은 소회가 실렸다. 엉뚱공작소를 스스로 만들면서 느낀 내용이다.

"우리의 아이디어로 만들고 경험하며 제작하는 것이 우리가 성장하는 데 도움을 준 것 같다. 또한 우리가 만든 공간에서 다른 친구들이 웃으며 노는 것을 볼 때마다 미소를 짓게 됐다. 가끔은 '노동의 기쁨이 이런 것일까?'라는 생각도 했다."(6학년 홍○○)

"엉뚱공작소 같은 공간이 있으니 만들고 싶은 것도 마음껏 만들 수 있고, 점점 학교도 좋아지고 있다. 탁구채도 만들고 우리가 학교를 직접 꾸미니까 너무 좋다. 다음에는 조금 난이도가 높은 것을 만들고 싶다."(6학년 조○○)

"지금까지는 수업 시간에 책상에 앉아 교과서를 보면서 수업만 했는데, 올해는 엉뚱공작소에서 우리가 재배한 상추로 요리도 만들어 먹고 탁구채나 자동차 등을 만드는 등 다양한 활동을 해보았다. 조금 위험해 보이는 기구들도 쉽게 다룰 수 있게 됐다. 누가 학교에서 이런 것을 할 수 있겠느냐는 생각도 많이 했는데, 아이디어를 직접 생각하고 내가 그것을 이용해볼 수 있어서 좋았다."(6학년 최○○)[34]

마지초 공간혁신 사례를 접한 후 인근의 광주 첨단고로 향했다. 이곳 역시 학생 주도로 이뤄진 공간혁신 성공 사례로 주목받고 있다. 이 학교 학생들은 2017년 기존의 낡고 활용도가 낮았던 본관 1층의 가사실을 모두 '부엌'으로 바꾸었다. 건축을 뜻하는 영어 아키텍처(architecture)에서 따와 '아키놀이터'로 명명한 이 공간은 구성에서 기획, 소품 설치까지 학생들의 손길이 두루 미쳤다. 아키놀이터 옆에는 학생들이 누구나 와서 쉴 수 있는 '라온'이라는 공간을 마련했다. 아키놀이터의 성공을 바탕으로 공간에 눈을 뜬 학생들은 2018년에는 체력단련실을 복합공간으로 혁신했다.

첨단고의 공간혁신은 학생들이 주도적으로 참여했다는 점이 인상적이다. 아키놀이터는 학생들이 팀을 나눠 협업으로 진행했다. 학생들은 '아키놀이터'라는 페이스북 페이지를 개설하고, 서로 온라인으로 소통했다. 설계팀·진행팀·홍보팀 등 팀을 구성하고 각 단계에 맞춰 팀이 과정을 이끌었다. 공간 설계는 전교생 공모를 통해 진행됐으며, 투표를 통해 최종 디자인을 선정했다. 2학년 박채희(17) 학생은 "우리 아이디어로 공간을 만들면서 시야가 넓어지고 발표 능력도 커졌다"라고 말했다. 당시 공간혁신 활동에 적극적으로 참여했던 오태범(19) 학생은 이 같은 경험을 살려 신라대학교 실내건축디자인학과에 입학했다. 그는 "고등학교 때의 경험이 주체적으로 삶을 만들어가는 데 도움이 됐다"며 "내신 점수보다 중요한 경험을 얻었다"라고 말했다.

대학입시라는 현실적인 벽 앞에서 첨단고는 교육과정과 긴밀한 연계를 추진했다. 첨단고에 따르면 교과 간 협의를 통해 다양한 교과에서 수업 및 활동이 이루어지게 한다. 학교공간 재구성 동아리를 편성하여 학생이 주도하는 프로그램으로 운영하고, 이를 진로진학지도와 병행했다. 배움이 미래의 삶과 연결되도록 하기 위해서다. 학교 안팎에서 시행되는 프로그램 중 사업과 연관 있는 프로그램을 선정하여 연계해서 진행했다. 공간 재구성과 관련한 교내 행사 및 프로그램도 기획해 추진했다.

끊임없는 스토리텔링으로 학교 구성원의 스토리가 있는 밝고 긍정적인 학교 문화를 창조하고 학생들의 정서적 안정과 스트레스 해소를 도모해 학교폭력 감소에 기여하는 공간으로 만들었다. 공간을 구성하고 활용하면 문화예술적인 감성과 창의성을 키울 수 있다. 이 학교 학생들은 배우고 쉬고 즐기는 교육-문화예술 플랫폼을 구축했다.

첨단고는 2018년 1학년 1학기 기술·가정 수업을 '의사소통 수업 feat 공간'을 주제로 진행했다. 2학기에는 공간 문화기획을 주제로 수업했다. 학생들이 만든 '㈜첨단건축 앤 디자인'이라는 동아리는 학교 중심 학교공간 재구성 사업에서 프로듀서의 역할을 하고 있다.

이처럼 학습과 쉼, 놀이가 조화를 이루는 미래지향적 교육공간을 구축하는 작업이 한창이다. 그중 단연 돋보이는 것이 광주의 '아지트(아·智·트) 프로젝트'다. 아지트 프로젝트는 '아이들의 지혜를 모아 시도(Try)해보자'라는 의미를 담아 학생 중심으로 학교공간을 재구성하는 사업이다. 과거처럼 교육청 지침에 따라 건축 전문가에게 구조 변경을 맡기는 게 아니라, 학생들이 처음부터 끝까지 관여하며 민주적으로 문제를 해결하는 '사용자 참여형 설계'가 핵심이다.

교육부는 공간혁신이 학교시설 노후화와 학령인구 감소 문제를 극복하고 자기주도 학습 등 미래교육 체제를 준비할 핵심 열쇠라고 보고, 예산과 전문 인력을 지원하고 있다. 2019년 신청한 400개 학교에 900억 원을 투입하며, 앞으로 5년간 3조 5,000억 원을 투입해 1,250여 개 학교를 지원할 계획이다.

시대의 흐름이 된 4차 산업혁명은 교사들이 입시 위주의 수업을 창의·융합의 방향으로 바꾸도록 이끌고 있다. 교육 당국이 의욕적으로 추진하는 자유학기제와 '스팀(STEAM)' 수업, 메이커 교육 등이 모두 이런 맥락에서 진행 중이다.

입시 위주 교육에서 벗어나려는 노력의 대표적인 정책이 자유학기제다. 중학교 과정 중 한 학기 또는 두 학기 동안 지식·경쟁 중심에서 벗어나 학생 참여형 수업을 하고, 소질과 적성을 키울 수 있는 다양한 체험활동을 중심으로 교육과정을 운영하는 제도다.

자유학기제 기간에 이루어지는 학교생활은 크게 교과 수업과 자유학기 활동으로 나뉜다. 오전에는 주로 국어, 영어, 수학, 사회, 과학, 기술·가정, 체육, 도덕 등의 교과 수업이 이뤄진다. 수업은 토론, 실험·실습, 프로젝트 학습 등 전 과정에 학생이 주도적으로 참여하는 방식으로 진행되기 때문에 학생들이 더 실제적인 공부를 할 수 있다. 지속적인 관찰평가, 형성평가, 자기성찰평가, 포트폴리오 평가, 수행평가 등을 통해 꼭 배워야 하는 내용을 반드시 학습하는 데 도움을 준다. 오후에는 주로 진로 탐색 활동, 주제 선택 활동, 예술·체육 활동, 동아리활동 등 자유학기 활동이 이루어진다.

서울 중랑구 신현초등학교는 2016년 '서울형 혁신학교'로 지정됐다. 혁신학교는 서울시 교육청이 추진하는 미래교육의 지향점이다. 자율학교로서 교육과정을 일반 학교보다 자유롭게 조정할 수 있다. 조희연 서울시 교육감은 2019년 신년 기자회견에서 혁신학교를 "과거형 교육에서 키울 수 없는 미래역량을 위한 교육 프로젝트"라고 정의했다.

신현초는 혁신학교로 지정되기 2년 전부터 별도의 스팀 수업을 운영해왔다. 스팀 교육 전문가인 김기옥 수석교사는 스팀이 아프리카의 사상인 '우분투(ubuntu)'와 맞닿아 있다고 설명했다.

우분투는 아프리카 평화운동의 사상적 뿌리로, 공동체 정신을 강조하는 윤리 사상이다. 김 수석교사는 남아프리카 공화국 넬슨 만델라 대통령이 우분투를 설명하며 든 일화를 소개했다. 저 멀리 과일을 늘어놓고 달려서 일등으로 들어온 아이 한 명에게 모든 과일을 몰아주겠다고 하자 아이들이 달리기 대신 서로 손을 잡은 채 걸었고, 이유를 묻자 "함께 행복해야 한다"라고 답했다는 것이다. 임 교감은 "지식 전달이 중요한 시대가 아니다. 모둠 학습을 통해 토론하면서 함께 협력하고 문제를 깨달아야 한다고 강조하고 있다"라고 덧붙였다.

스팀 수업에 대한 반발은 없을까? 서울형 혁신학교는 2011년 처음 문을 연 뒤로 늘 '학력 저하' 논란의 도마에 오르곤 했다. 교육이 입시만을 위해 존재하는 게 아니라는 걸 알아도 진학 실적으로 우열을 가리는 한국 교육 현실에 맞지 않는다는 지적을 받아왔다. 이에 임 교감은 "스팀 수업에 대한 학부모들의 만족도는 굉장히 높은 편이다. 학교 운영위원회에서도 항상 칭찬이 나올 정도"라고 강조했다. 이어 "혁신학교이다 보니 자율 교육에 생각이 깨어 있는 분들이 많다"라며 "초등학교에서 지식 전달을 해야 아이들이 나중에 공부를 더 잘한다? 그건 아니라는 것"이라고 덧붙였다.

스팀 학습은 과학(Science), 기술(Technology), 공학(Engineering), 예술(Arts), 수학(Mathematics)의 영문 앞글자를 딴 '창의·융합 교육'을 말한

다. 학문을 융합해 학습 효과를 높이는 교육 방식이다. 정부는 2011년 부터 스팀 교육 활성화에 팔을 걷어붙였다. 교육부가 중점적으로 추진하는 스팀연구·선도학교는 2018년 기준 103개교다. 전체 초·중·고교의 1% 미만에 불과하다는 지적도 나오지만, 실제 학교 현장에선 교과서에서 스팀을 활용한 내용이 다수 녹아 있다. 자연스럽게 스팀 교육이 이뤄지고 있는 셈이다. 임 교감은 "주입식 교육은 더 이상 교육계 트렌드가 아니다"라며 "직접 고기를 주기보단 낚싯대를 주며 고기 잡는 법을 가르쳐주듯, 사회가 복잡해지면서 배워야 할 지식이 폭발적으로 늘어난 상황에선 핵심적인 역량을 길러주는 것이 중요해졌다"라고 강조했다.[35]

대전글꽃중학교의 창의·융합형 과학실인 '상상 메이킹 플랫폼'은 2018년 한국과학창의재단과 대전시 교육청의 예산 지원으로 만들어졌다. 학교 교실 5층에 물리·지구과학실, 화학·생명과학실, 글꽃 팹랩실(Fabrication Laboratory, 제작 실험실), 미술실 등 4개 교실로 만들어 운영 중이다. 내가 방문한 날 수업 공간이었던 '창의·융합형 과학실'은 4차 산업혁명 시대 미래교육을 위한 요람으로 최근 교육계가 주목하는 곳이다. 창의·융합형 과학실에서는 비판적 사고, 문제 해결, 협력 및 자기주도적 학습 등을 통해 학습 동기를 유지하면서 새로운 지식과 기능을 학습하는 프로젝트 학습, 과제 연구 학습 등의 심층학습이 이뤄질 수 있어서다.

물리·지구과학실 → 화학·생명과학실 → 글꽃 팹랩실 → 미술실로 구성한 것은 교육적 효율을 최대한 끌어올리기 위한 차원이다. 미술실에서 그려본 것을 옆에 있는 팹랩실로 가져가 레이저커팅기와 3D프린터, 코딩 등을 이용해 실제 만들 수 있다. 무선망과 전자칠판, 단초점 빔 프로젝터 등도 두루 갖춰져 있다. 이 모든 것은 '학생 주도, 학생 참여'의 양방향 수업이 가능하도록 해야 한다는 구상에서 비롯됐다. '메이커 교육'의 중심이 되는 공간인 것이다. 이 학교의 백은향 과학탐구부장은 "상상 메이킹 플랫폼 4개실에서 과학 교과 수업, 단위 및 지역 공동 영재학급, 자유학년제 주제 선택 프로그램, 자율 및 창체(창의 체험) 동아리활동과 방과후 활동 등을 다양하게 운영하고 있다"라고 설명했다.

대전글꽃중학교가 클러스터링 공간을 구축하기 위해 제일 먼저 한 것은 5층의 공간을 대표하는 이름을 짓는 것이었다. 학생과 교사, 학부모를 대상으로 작명대회를 연 끝에 국어 선생님이 제안한 '상상 메이킹 플랫폼'이란 이름이 선정됐다. 공간 조성 과정에서도 교장과 교사, 학생, 학부모 간 긴밀한 소통이 이뤄져 호평을 받고 있다.

교육부 안웅환 융합교육팀장은 "공간을 디자인하는 과정에서 교장 선생님과 교사들이 서로 유기적으로 상의해 효율성을 극대화했다"라면서 "다른 학교에서도 벤치마킹하러 많이 오는 모범적 사례"라고 평가했다. 대전시 교육청 황선찬 장학관은 "대전시 교육청이 추진하는 '노벨 과학꿈키움 프로젝트'에 딱 맞고, 미래 노벨과학상에 도전할 인재를 육성할 수 있는 기반이 될 것"이라고 말했다. 자유학기답게 선생님도 이 분야 전문가여서 생생한 수업이 가능하다. 카이스트 나노종합기술원 연구원으로 스타트업을 창업한 경험까지 갖춘 서재승 교사는 "이런 공간에서 아이들이 눈으로 보이는 것을 바로 만들다 보니 지루해하지 않고 흥미를 갖고 집중한다"라면서 "창의성 증진에 도움이 되고, 가르치는 입장에서도 보람이 크다"라고 말했다.

답답한
입학사정관

이명박 정부가 키운
입학사정관

입학사정관은 대학 신입생을 선발하는 업무를 담당하는 교육과정 전문가다. 참여정부 때인 2007년 교육인적자원부(지금의 교육과학기술부)가 시범 대학 10개를 선정해 지원했고, 2009학년도 대학입시부터 시범적으로 도입됐다.

취지는 나무랄 데가 없었다. 서열화된 성적 위주 선발에서 벗어나 학생 개개인의 잠재 능력을 보고 선발한다는 구상이었다. 획일적인 대학입시 문화를 바꿀 수 있는 교육개혁으로 보는 이들도 적잖았다.

도입 첫해인 2008학년도에는 그 숫자가 500명이 채 되지 않았다. 2008학년도 입시는 노무현 정부 때 이루어진 것이고, 2009학년도 입시부터 이명박 정부가 주관했다. 그해 정원은 41개 대학 4,555명 수준으로 전년에 비해 10배 가까이 늘었다. 실질적인 입학사정관제 원년이 2009학년도로 불리는 것은 이해에 갑자기 입학사정관제 인원이 늘었기 때문이다. 2010학년도에는 2만 4,622명로, 역시 5배 이상 늘었다. 이명박 전 대통령이 2009년 여름 TV 인터뷰에서 "앞으로 입학사정관제로 모든 학생을 선발하는 시대가 올 것"이라고 말하는 등 정권 차원에서 국책사업처럼 입학사정관제를 밀어붙인 결과, 이렇게 숫자가 급증한 것이다. 2011학년도 입시에서도 4년제 대학 118곳이 입학사정관전형을 통해 총 3만 7,628명을 선발했다.[36]

제도 도입 10년을 지나면서 입학사정관제는 학종으로 업그레이드됐다. 자연스레 입학사정관의 역할은 훨씬 커졌다. 대입 수시전형이 70%대를 웃돌고, 입학사정관의 정성평가가 당락을 가르는 학종이 주요 대학 대세전형으로 자리매김했기 때문이다. 하지만 지원자들의 서류를 꼼꼼히 살필 수 있는 전임 입학사정관 수는 게걸음을 하고 있다.

국회 교육위원회 소속 자유한국당 전희경 의원으로부터 입수한 '2017~2019학년도 고교교육 정상화 기여대학 입학사정관 현황'에 따르면 '전임 사정관 1인당 서류심사 인원'은 2017학년도 528명에서 2018년 570명, 2019학년도 645명으로 최근 3년간 22%나 증가했다.

지원 학생 수는 39만 9,677명(2017년)에서 52만 6,764명(2019년)으로 32% 늘었지만, 전임 사정관 수는 757명(2017년)에서 817명(2019년)으로 8% 증가하는 데 그쳤다. 학종 비율이 높고 수험생들이 선호하는 서울 주요 대학들은 대부분 전임 사정관 1명이 1,000명이 넘는 학생의 서류를 심사해야 했다. 이에 따라 대학들은 교수들을 '위촉 사정관'으로 선임해 인력 문제를 해소했다. 2017학년도 3,087명이었던 위촉 사정관 수는 2019학년도 3,590명으로 31% 급증했다.

입학사정관의 신분 불안정 문제로 인해 전문성이 떨어질 수밖에 없는 구조적 한계를 지적하는 목소리가 끊이질 않는다. 정규직보다는 무기계약직 신분인 입학사정관이 많기 때문이다. 한국대학입학사정관협의회를 중심으로 사정관 직렬·직제 개편, 전문직군 독립, 공인자격화 등 대안의 목소리가 나오고 있지만 논의는 그다지 탄력을 받지 못하고 있다.

국회 교육위원회 소속 더불어민주당 박용진 의원이 2018년 국정감사를 통해 공개한 자료에 따르면, 서울권 26개 대학의 정규직 사정관 비율은 24%에 그쳤다. 4명 중 1명이 채 안 되는 인원들만 정규직인 것이다.

과거와 비교해보면 어떨까? 말 그대로 '제자리걸음'이다. 현 사회부총리 겸 교육부 장관인 유은혜 의원이 국회 교육문화체육관광위원회 소속이던, 2014년, 고교교육 기여대학 지원사업에 선정된 대학들을 대상으로 집계한 자료와 비교해보면 알 수 있다. 두 자료에 모두 이름을 올린 22개 대학을 기준으로 보면 정규직 비율은 2014년 20.2%와 2018년 22.8%로 별다른 차이가 없다. 상황이 이렇다 보니 과연 입학사정관들이 지원자 서류를 꼼꼼히 챙길 여건이 되겠느냐를 놓고도 논란이 많다.

학종은 심사의 공정성을 강화하기 위해서 보통 다수·다단계평가를 진행한다. 서류평가 때는 지원 학생 1명에 대해서 3명 정도가 평가하는 게 일반적이다. 그렇지만 입학사정관이 여유를 갖고 충분하게 평가할 수 있는 구조적 여건이 되는지는 의문이다.

학종 시스템의 안정성을 보여줄 수 있는 지표 중 하나가 전임 사정관 숫자다. 학생을 직접 평가하고 선발하는 입학사정관 현황이 결국 학종 인프라를 가능케 한다는 점에서다. 국회 교육위원회 소속 더불어민주당 전재수 의원이 교육부로부터 받은 '2017학년도 학종 서류평가 참여 입학사정관 현황' 자료에 따르면 2016년 고교교육 기여대학 지원사업에 선정된 60개 대학의 평균 전임 사정관 수는 12.6명이었다.

부산교대 이광현 교수의 〈학생부종합전형의 쟁점 분석과 대입제도 개선방향〉이라는 논문에 따르면 이들 대학의 평균 학종 입학 경쟁률은 8.2대 1이고 평균 서류평가 일수는 32.9일이었다. 서류평가를 대략 한 달 정도 수행했다는 얘기다. 입학사정관 1인당 서류평가 학생 수는 평균 302명으로, 하루에 서류평가 대상 학생 수가 평균 9명이 넘는 것으로 나타났다. 하루에 9시간 동안 수행한다고 가정하면 1시간에 1명씩을 평가한 셈이다. 이 교수는 "1시간 동안 학생부 기록과 자기소개서, 추천서를 꼼꼼히 읽고 지원한 학생 302명의 상대적 순위를 매기는 것이 과연 현실적으로 가능한 것인지 심각하게 고민할 필요가 있다"라고 지적했다.

입학사정관제 자체에 제도적으로 내재된 한계도 무시할 수 없다. 우리가 롤모델로 삼은 미국의 입학사정관 제도 역시 공정성 시비에 시달리고 있다. 〈월스트리트저널〉의 교육 담당 기자이자 퓰리처상을 받은 대니얼 골든(Daniel Golden)은 《왜 학벌은 세습되는가》에서 입학사정관제를 'VIP 초대장'이라고 힐난했다. 그는 책에서 "입학사정관제는 우수한 인재를 선발하는 '현명한 제도'라기보다는 연줄이 확실한 상류층 자녀를 위한 'VIP 초대장'과 같다"고 비판한다. 하버드대의 경우 부유하거나 연줄이 있는 지원자가 성적이 낮아 합격이 불가능할 경우에는 'Z명단'으로 구제된다. Z명단이란 동문과 기부자들이 '덜떨어진 자녀들'을 입학시키기 위해 입학사정 원칙을 조정해 옆문으로 입학할 수 있게 해주는 지연입학 정책을 뜻하는 용어다. 이 밖에 거액의 기부자 자녀를 고르기 위해 총장이 직접 입학 지원 서류를 담은 '골판지 상자'를 은밀하게 챙겨온 듀크대, 정.재계 유명인사와 헐리우드 스타급 자녀들에게 고무줄처럼 탄력적으로 제공된 브라운대의 입학사정관제 비리 등을 폭로하고 있다.

특히 일반 지원자들의 대학 합격률은 19%인 데 반해 동문 자녀는 50%로 높고, 교직원 자녀의 합격률은 70%나 된다는 충격적인 내용도 담았다. 어찌 보면 요즘 불거진 교수 자녀 논문 끼워 넣기 등은 이미 입학사정관제 도입 당시부터 예고돼 있었는지 모를 일이다. 논문 끼워 넣기에 등장하는 교수들 상당수가 미국의 명문대를 나왔으니 유학 시절 익힌 노하우를 제대로 써먹고 있는 셈이다.[37]

씨앗이 과일 되는
과정에 주목

　입학사정관들은 학종이 고교교육 정상화는 물론 수능에 견줘서도 공정하고 신뢰할 만하다고 보는 경향이 있다. 조국 사태 이후 교육부가 학생부종합전형 개선안을 골자로 한 대입제도 개편안 마련에 들어가면서 나는 전국 대학의 입학처 관계자에게 이메일로 설문조사를 했다.

　대입 현장의 핵심 당사자인 전국 대학 입학처 관계자를 대상으로 학종의 건설적인 개선 방안을 모색하기 위해서였다. 응답자의 41%는 학종이 금수저 전형이라는 데 동의하지 않았고, 깜깜이 전형이라는 비판에는 무려 59%가 동의하지 않았다.

　자연스레 이들은 학종을 줄이기보다는 학종의 문제점을 개선하는 방향으로 제도 개선이 이뤄져야 한다는 대안을 내놨다. 정부와 고교, 대학이 참여하는 연구와 논의를 거쳐 점진적으로 개선해야 한다는 의견이 다수였다. 학종이 고교 생활을 충실히 한 학생을 선발하고자 하는 목적 아래 개선되어온 전형의 순기능을 더욱 강화해야 한다는 것이다. 학종은 창의적 인재 양성을 위한 장점을 갖고 있는 제도라는 인식이 강했다.

앞서 2019년 4월 경기 성남시 코리아디자인센터에서 열린 '제1차 고교-대학 간 원탁토의'에서 입학사정관들이 바라보는 학생의 성장이 무엇인지를 내밀하게 살필 수 있었다.

입학사정관들은 '자신의 목표를 향해서 꾸준히 노력해가는 과정', '호기심을 통해서 꿈을 찾아가는 것', '진로 탐색을 통해 다양한 모습으로 성장하는 것', '자신에게 주어진 상황적 맥락을 이해하고 잠재력이 발현돼 한 걸음 나아가는 과정', '각자의 다채로움을 실현할 수 있는 힘'이라고 적었다. 질풍노도의 사춘기를 거치는 청소년들이 겪으면서 깨달아가는 것에 주목한다는 뜻이다. 성장을 완성된 것으로 보는 게 아니라 진행형인 '과정'으로 본다는 점에 눈길이 갔다.

이제 입시는 점수로 서열화하는 정시보다는 과정 중심의 수시가 대세다. 수시 중에서도 학종은 꿈과 진로가 명확한 학생에게 절대적으로 유리하다. 사실 학생부 자체가 자신의 꿈과 진로를 위해 학교에서 무엇을 했고, 어떻게 준비했는지 그 과정을 기록하는 것이다.

"무엇보다 잊지 말고 기억해야 할 것은 꿈과 진로를 탐색하는 과정이다. 교육부의 고교교육 정상화 정책에 따라 학교 외부 활동은 거의 모든 기록의 대상에서 제외됐다. 더불어 교과과정에 기반을 두고 활동한 기록이 더 의미 있고, 가치 있는 것으로 평가받고 있다. (…) 학생부종합전형은 인재를 보는 관점이 지금까지의 입시 유형과는 사뭇 다르다. 특정 분야에 우수한 인재보다는 여러 분야에 강점이 있는 융·복합적인 인재를 선호하는 시대적 요구를 반영하고 있다."[38]

한국외대 이석록 입학사정관은 "학교에서 즐겁고 행복하게 생활한 내용이 학생부에 기록된다면, 그것을 통해 입학사정관이 평가할 수 있을 것"이라며 "진정성, 열정 등도 함께 기록해달라"고 당부했다.

제5차 원탁토의에서 부산대학교 허정은 입학사정관은 "수업과 평가, 기록은 3년에 걸친 학생과 교사들의 정성과 땀방울의 결실"이라며 "입시만을 위한 학생부 기록이 아니라 학생의 진로에 도움이 될 수 있는 방향키 같은 역할이 되게 해야 한다"라고 설명했다. 입학사정관들은 그동안 고교 교사의 기록을 통해 바라본 수업과 평가의 모습에 대한 소회를 전하기도 했다.

그랜드힐튼서울 컨벤션센터에서 열린 제2차 원탁토의에 참석한 입학사정관들은 다수 학생을 대상으로 한 학교 수업에서 개별 학생의 잠재력을 끌어내는 것이 가능한지를 궁금해했다. 가능하다면 어떻게 발견하고 끌어내는지, 기록은 가능한지 등을 교사들에게 물었다. 세부적으로는 학생부 기록 방식과 시기, 학생의 진로 선택 지원 방법, 과정 기록 및 지필평가 방법 등도 질문했다.

입학사정관들은 그러면서 입시에 반영되지 않는 성장도 기록할 필요성이 있다는 점을 비롯하여 다양한 문제를 제기했다. 개별 학생의 성장에 대한 근거 기록이 보완되어야 하고, 같은 상황에서 다른 행동을 하는 학생의 특성을 기술할 필요가 있으며, 학생부가 다른 학생과 차별화되지 않고, 대학 순위와 무관하게 학교 교육 관련 자료가 적극적으로 제공되어야 한다는 등의 내용이었다.

한 입학사정관은 "'수업-평가-기록'의 연결고리를 통해 학교생활의 충실성과 성실함 등 태도와 생각을 판단할 수 있다"라고 했다. 또 다른 입학사정관은 "구체적인 수업 참여계획을 수립하고, 수업 과정에 학생각각이 참여하고 활동한 내용에 대한 종합의견을 기록해달라"고 주문했다. "기록의 양이 아니라 과정상 어떻게 성장했는지에 대한 기록이 돼야 한다"라고 당부한 입학사정관도 있었다.

입학사정관들은 학생 개인이 그 수업에서 보여주는 특성, 교과와 비교과에서 학생 개인의 스토리가 보이는지, 학생이 설계하고 학생이 주도하는 수업이 학생의 진로와 연결돼 기록되는지, 진로와 연계된 교육과정 활동이 의미 있는 기록으로 남는지 등을 궁금해했다. 그러면서 개인적 일화를 바탕으로 한 솔직하고 구체적인 평가 기록이 필요하며, 수업 평가 방법이 개선되어야 하고, 진학을 위한 기록이 아니라 교육과정 및 학생 중심의 수업 및 관찰 평가가 되어야 한다고 이야기했다. 한 입학사정관은 "획일화된 교육과정 중심이 아니라 학생의 성장 과정이 중심이 되는 수업과 평가가 이뤄져야 한다"라고 말했다.

좌담회에서 아주대 송희령 입학사정관은 "학생 성장이란 큰 의미에서 서로(고교 교사와)의 생각이 같다고 생각한다"라면서 "다만 대학은 선발의 기준과 인원 제한이 있기에 교사가 원하는 만큼 충족시키지 못해 죄송하게 생각한다"라고 말했다. 이어 "현장에서 노력하는 교사들의 입장은 충분히 이해한다"라면서도 "학생의 성장 기록에 대해 부족하고 아쉬운 점이 있는 것은 사실"이라고 덧붙였다.

평가 기록을 활용하는 입장인 입학사정관이 바라본 수업·평가 기록의 내실화 방안은 무엇일까? 입학사정관들은 스펙이나 다양성보다는 방향성과 지향성을 찾아가는 학생들의 탐색, 교사 개인의 역량에 영향을 받지 않는 기재 방법에 대한 고민, 대학 서류평가 시스템의 지원, 입학사정관과 교사 간 대화와 소통의 시간 확충 등을 꼽았다.

입학사정관들은 현재 평가 기록을 활용하는 방식에 대해서는 고교 생활에 충실한 학생을 선발하기 위해 평가 전문성을 키우고, 고교 현장과의 소통 확대를 위해 노력하고, 행간의 기록을 올바르게 확인하기 위해 고교 교육과정을 잘 이해하고 개별 고교의 특성을 파악하며, 학생만의 모습이 담긴 기록 내용을 추출하고, 학과에 맞는 인재상을 발굴하고, 고교 3년 동안 학생 개인이 실천한 의미를 발견하고, 구체적인 행동의 기록을 바탕으로 평가한다고 답했다.

이들은 고교 교사와 대학 입학사정관의 지속적인 교류, 교사와 입학사정관이 함께하는 다양한 프로그램, 고교와 대학이 같이하는 모의평가 등이 이뤄졌으면 한다고 제안했다.

제3차 원탁토의에 참석한 입학사정관들은 교육과정 중심의 학생부 기재, 학생 개인에 관한 공정하고 정확한 기록, 활동을 통해 발전한 구체적인 모습과 개인적인 특성이 드러날 수 있도록 기재, 학생의 다면적인 자질을 파악하기 위해 개인의 스토리를 반영하는 내부 절차 강화, 고교교육 현실과 학생 성장을 고려한 평가의 신뢰성 확보, 교사별 기록 역량 차이를 극복하기 위해 학생부 특정 항목의 개조식 작성 필요, 수업 과정을 통한 기록의 구체화 및 차별화, 학교 교육 및 생활의 성실성 평가 등을 주문했다.

제4차 원탁토의에 참가한 한 입학사정관은 학생부에 대해 "학생부에 있는 수업과 평가, 기록은 선생님과 학생의 피와 땀, 눈물이 같이 들어간 한 편의 자서전이자 성장 기록부"라고 말했다. 입학사정관들은 학생부 기록 과정에서 선택과 집중의 구분이 있는 기록, 학생이 주인공인 기록, 한 줄 한 줄이 소중한 평가의 단서가 되는 기록, 특정 영역과 항목에 치우치지 않는 종합정성평가 등을 주문하기도 했다.

광주광역시 김대중 컨벤션센터에서 열린 제6차 원탁토의에서 한 입학사정관은 "성장의 지속 가능성을 중심으로 선발하라는 이야기를 많이 한다. 그런데 성적이 부족해도 잠재력과 성장 가능성에 점수를 높게 줘 입학시키면 학교나 부모들이 충분히 받아들일 수 있는가?"라는 질문을 던졌다.

입학사정관들은 "교사들의 수업과 기록, 평가를 존중하고 신뢰한다"면서 "입시만을 위한 학생부 기록이 아니라, 학생의 진로와 평생학습이될 수 있는 방향키 같은 역할이 되게 해야 한다"라고 주문했다.

입학사정관 출신인 한기호 컨설턴트는《나를 발견하는 자소서: 입학사정관이 보내는 편지》라는 책에서 학종의 정성평가 과정을 설명하면서 밖에서 우려하는 것처럼 뭔가 '작업'이 들어갈 개연성은 상당히 낮다는 점을 강조했다. 우선 입학사정관들은 학생부와 자기소개서를 컴퓨터 2대의 화면에 각각 띄워놓고 작업한다는 노하우를 소개했다. 학생부와 자기소개서를 일정 비율로 평가하지 않고 동시에 입체적으로 살펴보면서 기초적인 팩트를 체크한다는 뜻이다.

"입학사정관 옆에는 '평가실'이 있습니다. 이 평가실에는 컴퓨터와 모니터만 즐비하지요. 재미있는 것은 각 컴퓨터에 모니터가 두 대씩 딸려 있다는 사실입니다. 입학사정관들은 평가할 때 학교생활기록부와 자기소개서를 화면에 동시에 띄워놓고 평가를 합니다. 같이 보는 것입니다. 평가 비율이 어떻게 되느냐고요? 정해지지 않았습니다. 학생부와 자기소개서를 각각 정확하게 분리된 비율로 평가하지 않습니다. 동시에 평가할 뿐입니다."[39]

그러면서 그는 정성평가로 인한 입학사정관의 편차를 극복하기 위해 1명의 학생에 대해 2명의 입학사정관이 평가하고, 비정상적으로 큰 차이가 생기면 입학사정관위원회를 소집해 재평가한다고 설명했다.

"정량화된 평가 방식이 아니기 때문에 입학사정관 개인의 판단에 따라 결과에 미묘한 차이가 발생하게 됩니다. 정성평가에서 나타나는 일반적인 현상이지요. 한 학생에 대해서 두 명의 입학사정관이 평가를 하게 됩니다. 물론 두 명의 입학사정관이 평가한 결과가 비정상적으로 큰 차이를 보이는 경우가 발생하면 전체 입학사정관위원회를 소집해 재평가를 합니다. 우리는 지난 1월에 전국 고등학교 선생님 100여 명을 모시고 모의 서류평가를 한 적이 있습니다. 100명이 넘는 고등학교 선생님들께서 우리가 평가하는 평가 방법과 거의 동일한 방법으로 평가에 임하셨습니다. 100명의 평가가 어떻게 나왔을까요? 각각 제멋대로의 평가 결과가 나와서 도저히 신뢰할 수 없는 수치가 나왔을까요? 전혀 그렇지 않았습니다. 교사 100명의 평가와 우리 입학사정관들의 평가에 큰 차이가 없는 결과가 나왔습니다."[40]

교사의 서술 능력이
입학사정에 영향을 줄까

    교육부는 2017년 3월부터 12월까지 교원과 학부모, 교육청 담당자, 교원단체·시민단체, 대학관계자·전문가, 언론 등을 대상으로 학교생활기록부의 신뢰도를 높일 방안을 마련하기 위해 대대적인 의견 수렴을 했다.

    그해 10월 11일부터 18일까지 전국 초중고 학생과 학부모, 교원, 대학 입학사정관 등 17만 672명을 대상으로 생기부의 타당성과 신뢰도, 기재항목별 신뢰도 등을 묻는 온라인 설문조사도 실시했다. 이 설문조사에서 생기부의 신뢰도에 '긍정적'이라고 답한 응답자 비율이 가장 높은 이들은 입학사정관으로 70.9%였다. 교원(53.5%)과 학생(46.6%), 학부모(45.8%)의 긍정 평가보다 압도적으로 우세했다.

    이런 입학사정관들이 생기부의 신뢰성이 낮은 이유 1순위로 꼽은 것이 교사별 개인차다. 무려 53.8%였다. 2순위인 민원에 따른 부풀리기(15.4%)와 3순위인 학교교육과정과 연계성 부족(15.4%)과도 현격한 차

이를 보였다.[41]

국민대 교육학과 류성창 교수와 이윤옥 겸임교수는 2018년《한국교육문제연구》에 게재한〈고등학교 유형별 교육과정 분석 및 학생부종합전형에 대한 대학 입시전형 실무자들의 인식-K대학의 사례를 중심으로〉라는 논문에서 교사의 서술 능력이 학생부종합전형에 미치는 영향을 상세히 분석했다. 서울 소재 K사립대학교의 학생부종합전형 실무 경험이 있는 교직원 58명을 대상으로 분석했다. 분석 결과에 따르면, "입학사정 관련 담당자들은 학생부를 기재하는 교사의 서술 능력이 입학사정에 영향을 주기 때문에 학생부 기재 요령 연수가 교사들에게 확대될 필요가 있다고 인식"하고 있었다.[42]

학생부를 기록한 교사의 서술 능력이 지원자의 대학 입학사정에 영향을 미친다면 어느 요소가 가장 많은 영향을 미치는지도 중요하다. 이에 대한 복수 응답을 교차 분석한 결과, 서술의 진실성이 37.1%로 높게 나타났다. 그다음으로 구체적 서술 능력(31.8%), 서술의 일관성(23.5%) 순이었다. 글의 양이라고 응답한 비율(2.3%)은 매우 낮았다.

성별로 살펴보면 남자와 여자 모두 서술의 진실성(37.7%, 34.6%)이 높게 나타났다. 경력별로 보면 '10년 이상'과 '5년 미만'은 서술의 진실성(42.0%, 36.4%), '5년 이상 10년 미만'은 구체적 서술 능력(33.3%)이 높게 나타났다. 소속 학과를 보면 자연이공 계열은 서술의 진실성(45.5%), 인문사회 계열은 구체적 서술 능력(33.3%), 기타 학과는 구체적 서술 능력과 서술의 일관성(33.3%)이 높았다.[43]

결국 학생부 기록은 그것을 작성한 교사가 지원자의 활동 상황, 특징에 대해 서술한 내용이 거짓이 있거나 꾸밈이 없어야 한다는 것이 중요하다는 점을 논문은 시사하고 있다.

입학사정관들은 학종이 고교교육 정상화에 크게 기여한다고 여기고 있는 것으로 파악됐다. 논문에 따르면 학생부종합전형의 긍정적 영향에 대한 의견은 고교교육 정상화가 41.4%로 가장 높은 비율을 보였다. 다음으로 대입전형의 다양화 및 특성화(39.7%), 학생들의 입시 부담 완화(10.3%), 기타(8.65%) 순으로 나타났다. 학생·과정 중심으로 교육을 종합적으로 평가할 수 있는 학종이 교육 정상화에 기여할 뿐만 아니라 모집단위 특성에 적합한 학생을 선발할 다양한 전형요소를 반영할 수 있다는 순기능이 있다고 입학사정관들은 생각하고 있는 셈이다.

이에 반해 학종의 부정적 영향으로는 교사의 역량에 따른 학생부 기록 차이(44.8%)를 가장 많이 선택했다. 학생부 기록 관련 교사 업무 과중(15.5%), 고교등급제 논란 확산(13.8%), 사교육 확대(13.8%), 기타(12.1%) 등의 응답과 큰 격차를 보였다. 입학사정관들은 교사의 역량에 따라 학생부 기록에 편차가 발생할 수 있다는 점을 우려한다고 해석할 수 있다. 더불어 불공정성을 야기하는 고교등급제에 대한 비판과 함께 학종을 준비하기 위해 사교육이 확대될 수 있다는 역기능적 측면을 짚었다.

논문은 또 학종에서 가장 중요한 영역이 무엇인지도 조사했다. 복수 응답으로 교차 분석을 한 결과 학적사항이 20.5%로 가장 높은 응답률을 보였다. 다음으로 자기소개서, 진로희망사항, 교과활동 발달 상황, 행동특성 및 종합의견, 교사추천서 순이었다.

이로써 학종 실무자들이 학생들의 입학 지원 자격을 확인하거나 학적 변동 및 그 사유를 파악하는 학적사항에 많은 관심을 두고 있으며,

더 나아가 학생들의 소질·적성·능력이 지원하는 분야와 연결되는지를 살펴본다는 점을 알 수 있다.[44]

대학입학사정관협의회가 2018년 자체적으로 설문조사를 한 결과, 수능 절대평가에 찬성하는 비율은 61%, 반대는 22%였다. 학종의 수능 모집 비율을 고정하는 것에 대해서는 반대가 51%, 찬성이 32%였다. 자기소개서와 교사추천서 폐지에 대해서는 반대가 57%, 찬성이 26%였다. 이 조사는 800여 명에게 이메일로 발송해 118명의 회신을 받아 이뤄졌다. 설문조사에서 익명으로 답변한 주관식 항목을 살펴보면 입학사정관들은 일선 교사들처럼 고교 교육과정 중심의 평가를 중요하게 여기고 있었다. 대학의 선발권 보장과 함께 교사의 평가 기록권을 중시하는 것이다. 다만 평가자 입장에서 현실적인 고교 간 실력 차이로 인한 내신 평가 문제, 유명무실한 자기소개서와 교사추천서의 존폐 등을 두고는 의견이 엇갈렸다. 수능 최저등급제 폐지와 절대평가 등에서도 많은 논란이 있었다.

입학사정관들은 전임 입학사정관의 전문성을 담보하기 위해 공인자격제를 도입해야 한다고 주장한다. 한남대·공주대·충남대가 공동으로 진행한 연구에 따르면, 전임 입학사정관 285명을 대상으로 설문조사를 한 결과 71.9%인 208명이 인증 제도가 필요하다고 응답했다. 10명 중 7명이 인증제도의 필요성에 공감한 것이다. 또한 전체 응답자의 66.3%인 189명이 자격증 과정에 참여할 의향이 있다고 밝혔다.

'학종=금수저 전형'은
오해

    학종을 준비하는 수험생과 학부모 입장에서 현실적으로 가장 관심이 가는 것은 서울 주요 대학의 입학사정관이다. 수시의 대세로 자리 잡은 학종은 서울 주요 대학들이 선도하는 전형이다. 특히 서울대는 전체 학생의 78%가량을 학종으로 선발한다. 여러 가지 이유가 있지만 가장 큰 이유는 수시전형이 갖는 우수 학생 선점 효과다. 4차 산업혁명 시대를 맞아 창의·융합형 인재, 소통에 강한 인재상이 중요해진 것도 큰 이유다.

    서울 주요 대학 입학사정관들은 학종을 어떻게 바라보고 있을까. 각 대학 입학 업무를 책임지는 입학본부장과 입학처장들의 언론 인터뷰 등을 통해 유추해볼 수 있다. 대학 밖에서는 학종을 두고 엄청난 논란과 갈등이 벌어지고 있지만, 이들은 학종이 갖는 장점에 더 주목하고 있다.

    우선 학종의 본산으로 자리매김한 서울대를 살펴보자. 서울대는 2020년 수시모집에서 정원 내 기준 2,495명을 선발할 예정이다. 지역균형선발전형에서 756명, 일반전형에서 1,739명을 각각 선발한다. 이는 서울대 신입생 전체 정원의 78.5%에 해당한다. 저소득 가구나 농·어촌 학생 등에게 지원 자격을 부여하는 정원외 전형인 '기회균형선발특별전형Ⅰ'로도 164명을 선발할 계획이다.

지역균형선발전형은 소속 고교 교장의 추천을 받은 졸업 예정자가 지원할 수 있는 전형이다. 한 고교에서 최대 지원 가능한 인원은 2명이며, 지원자는 서류평가와 면접에 모두 응시해야 한다. 미술대학·음악대학 지원자는 실기평가도 치러야 한다.

2019년 지역균형선발전형에서 생긴 가장 큰 변화는 전형요소별 배점이 명시됐다는 점이다. 서울대는 그간 종합평가라는 학종의 특성을 살려 서류평가와 면접의 별도 배점을 공개하지 않았다. 그런데 2019년부터는 서류평가 70%, 면접 30%로 평가요소별 배점을 명확히 해 수험생들이 전형 성격을 보다 분명히 알 수 있도록 했다.

수시전형에서 보듯 서울대는 학종에 우호적이다. 학생이 지닌 학업 역량의 우수함을 정확하게 확인하고, 학생의 학업능력을 비롯해 자기주도적 학업 태도와 학문 분야에 대한 지적 호기심과 관심, 공동체 의식과 책임감 등 학교 교육을 통해 학생이 쌓아온 다양한 역량을 종합적으로 평가할 수 있는 전형이 바로 학종이라고 보고 있다.

서울대 입학사정관들은 '깜깜이 전형', '금수저 전형'이라는 세간의 비판에 대해서도 오해에서 비롯된 것이라며 반박하고 있다. 2019년 6월 15일 서울 종암동 서울대학교 사범대학 부설 고등학교에서 '서울대학교 진로·진학 길잡이 학부모 교육 프로그램'이 진행됐다. 서울대가 학부모에게 학종전형을 어떻게 준비해야 하는지 알려주는 전국 순회 설명회다. 이 자리에서 나온 발언을 보면 이들의 인식이 선명하게 드러난다.

김성규 입학본부장은 모두발언을 통해 "(학종전형에서) 한 학생을 평가하기 위해 5차례나 블라인드테스트를 진행한다"라며 "세간에서는 학종을 '깜깜이 전형'이라 하지만 학종만큼 객관적인 평가가 없다"라고 말했다. 그는 이어 "100점을 받은 학생이 99점을 받은 학생보다 크게 뛰어나다고 생각하지 않는다"라며 "어떻게 자라왔는지, 자기계발을 위해 어떤 활동을 했는지 등 공부 과정이 훨씬 중요하기 때문에 학종은 꼭 필요하다"라고 강조했다.

서울대는 학종전형이 집안이 부유한 학생에게 유리하다는 비판에 대해서도 사실이 아니라고 강조했다. 서울대 황지영 입학사정관은 "학종은 사교육으로 결정되는 점수가 아니라 학생이 교과과정 안에서 어떤 노력을 했는지를 종합적으로 평가하는 전형"이라며 "학생의 학업 태도는 부모의 경제력으로 결정되지 않는다"라고 선을 그었다.[45]

연세대는 2020학년도 모집 인원 총 3,433명 중 수시모집으로 2,297명을 선발한다. 전형별 모집 인원은 학생부종합전형 1,091명, 논술전형 607명, 특기자전형 599명(이상 정원 내), 고른기회전형 199명(정원 외) 등이다. 이 중 학생부종합전형(정원 내)은 면접형 260명, 활동우수형 635명, 국제형 116명, 기회균형형 80명 등으로 나눠 모집한다. 2019년에 학생부종합전형이 전면 개편됐다. 전년 대비 120명 증가한 1,091명을 선발하는데, 평가기준을 공개하고 면접을 강화했다. 의과대학 모집 인원 110명 중 63명(57.3%)을 학생부종합전형으로 선발한다. 언더우드국제대학 모집단위의 외국 소재 고등학교 출신 지원자도 '학생부종합전형국제형'으로 선발한다.

연세대 엄태호 입학처장은 수시는 정량적이고 기계화된 평가로만 내몰지 않기 위한 대학의 노력이라는 점을 강조했다. 엄 처장은 드라마 〈SKY 캐슬〉로 논란이 된 학종에 대해 "드라마에서 고액의 입시 코디네이터가 화제가 됐으나 대학은 생각보다 훨씬 다양한 방법을 통해 과도하게 만들어진 포장을 가려내고 학생의 진정성을 평가해 공정하게 선발하기 위해 혼신의 노력을 다하고 있다. 그런 학생은 현실에서는 절대 유리하게 평가받을 수 없다"라고 단언했다. 그러면서 "절대적으로 좋은 전형도, 나쁜 전형도 없다. 또 학생마다 적합한 전형은 모두 다르다. 그 점에서 대입전형은 다양성과 균형이 중요하다고 생각한다"라고 강조했다.[46]

앞서 언급한 교육부의 2017년 생기부 신뢰도 조사에서 입학사정관 10명 중 7명은 생기부가 사교육을 유발한다는 시각에 동의하지 않았다. 학종을 금수저 전형으로 보는 학부모와 학생, 교사와는 시각차가 드러난다. 당시 조사에서 생기부가 사교육을 유발한다는 데 학부모(46%)와 학생(46%)은 인식이 비슷했고, 교원도 39.1%를 기록했지만 유독 입학사정관은 11.2%만 생기부가 사교육을 유발한다고 봤다.

입학사정관들의 주장이나 인식처럼 학종이 일반고 학생에게 유리해 금수저 전형이 아니라는 연구도 적지 않다. 지방 일반고 학생들이 인프라의 격차를 극복하고 서울 주요 대학에 합격하는 데 학종이 유리하고, 수능은 그 반대 현상이 나타난다는 것이다. 학종이 '금수저 전형'이라는 비판을 반박할 때 자주 등장하는 데이터다.

대교협이 서울 10개 사립대(경희대, 고려대, 서강대, 서울여대, 성균관대, 숙명여대, 연세대, 중앙대, 한국외대, 한양대)의 2017학년도 입시 결과를 분석한 결과에 따르면 사교육 등 교육 인프라가 상대적으로 부족한 비수도권 학생들의 전체 진학 비율은 33.5%로 수도권(66.5%)보다 낮았다. 그런데 학종으로 진학한 비율은 비수도권이 43.9%(수도권 56.1%)로 인프라 격차를 학종으로 극복하는 모습을 보였다.

이에 반해 수능 중심의 정시모집을 통한 진학 비율은 수도권 학생이 70.6%로 비수도권 29.4%보다 압도적으로 높았다. 학종이 사교육 격차를 어느 정도 해소하는 역할을 했다는 분석이 가능하다. 앞서 잠깐 언급했듯이 당시 대교협이 전국진학지도협의회, 전국진로진학상담교사협의회, 대교협 대입상담교사단, 서울진학지도협의회 소속의 진로지도 교사 및 진학 담당 부장 교사 등 401명을 대상으로 실시한 대입전형 인식 조사 결과에서도 수능은 74.5%가 사교육의 영향을 받는다('영향받는다', '매우 영향받는다')고 답한 반면, 학종은 38.2%만 영향을 받는다고 생각하는 것으로 나타났다.

학종이 수능과 논술에 비해 사교육비가 덜 든다는 연구 결과도 있다. 대교협이 2016년 6월 15일 통계청 자료를 인용해 발표한 자료에 따르면, 2016년 수도권 S대 신입생의 고등학생 시절 월평균 사교육비는 23만 6,000원이었다. 이 중 학생부전형 신입생은 평균 22만 원을 쓴 반면 다른 전형의 평균은 64만 9,000원이었다. 같은 자료에서 고등학교 3학년의 월평균 사교육 참여 시간 역시 학생부전형은 평균 5.1시간이었던 반면 다른 전형 평균은 14.1시간에 달했다.

미국의 셰릴 홉우드(Cheryl Hopwood)는 홀어머니 밑에서 자란 백인 여성이다. 부유층이 아니다. 스스로 학비를 벌며 고학해서 고등학교와 커뮤니티 칼리지를 거쳐 대학을 졸업하고, 텍사스 최고이자 전국적으로 유명한 텍사스 로스쿨에 지원했다. 그녀는 학업성적이 평균 3.8점에 입학시험 성적도 우수했지만 떨어졌다. 그녀보다 입학 점수가 낮은 흑인과 멕시코계 미국인이 합격했다. 가산점을 주는 어퍼머티브 액션(Affirmative Action, 소수인종 우대 정책) 때문이었다. 홉우드는 자신이 차별에 희생됐다고 연방법원에 소송을 제기했다.

홉우드의 탈락은 공정한가, 불공정한가? 의견은 둘로 나뉜다. 공정하다는 입장은 소수인종 우대 정책이 시험 격차를 조정해준다고 말한다. 표준화된 시험에서 존재할 수 있는 편향을 바로잡아야 공정하다는 것이다. 다시 말해 표준화된 시험을 이용하려면 학생의 가정과 사회, 문화, 교육 배경을 고려해 점수를 '해석'해야 한다는 뜻이다. SAT에서 똑같이 700점을 받았더라도 열악한 공립학교에 다닌 학생이 부유한 지역의 일류 사립학교를 졸업한 학생보다 더 낫다고 보는 것이다. 그럼으로써 이 정책은 과거의 잘못된 정책을 보상하고, 사회의 다양성을 증대시킨다. 그렇지만 홉우드의 노력과 그에 따른 보상으로서의 결과라는 관점에서 보면 불공정하다. 성적이 더 좋은 지원자들이 자신의 노력과 무관한 이유로 탈락했으므로 노력과 보상이 비례하지 않아서다.[47]

미국 연방법원처럼, 입학사정관들은 학종 문제를 '어퍼머티브 액션'이라는 관점으로 보는 것.

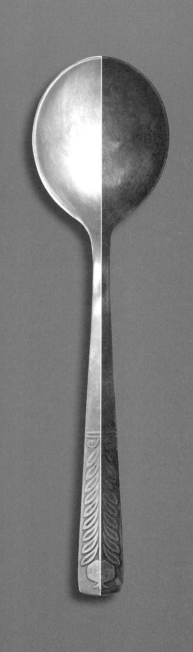

3장

대형 사건에서 찾는
입시 코드

"최순실 모녀 사태를 보면 옛 이승만 정권 때 권부 핵심 실세로 정권의 부패와 몰락을 자초했던 이기붕 일가가 떠오른다."

국정농단 파문이 한창이던 2016년 10월 19일, 더불어민주당 추미애 대표가 국회의원회관에서 열린 민주당 중앙위원회에서 한 발언이 눈길을 끌었다.

추 대표는 "이승만 대통령 시절 '나는 새도 떨어뜨린다'던 실세 이기붕은 아들 이강석을 이 대통령의 양자로 바쳤고, 이강석은 전국을 다니면서 오만방자하게 굴었다"라며, "어느 날 가짜 이강석이 나타났고, 진짜 이강석으로 착각한 경찰서장이 현금을 모아 용돈을 쥐여주고 융숭하게 대접했던 웃지 못할 일도 있었다"라고 말했다. 이어 "바로 그런 일이 오늘날 일어나고 있다"라며 "이강석은 서울대 법대에 편입하려고 했다가 서울대 학생들의 동맹휴학 데모로 좌초되고 육사 들어갔다고 한다. 최순실의 딸 정유라도 이화여대 부정입학, 편법 입학을 했고, 수업도 듣지 않았는데 버젓이 학점을 편취했다"라고 주장했다.[1]

'이기붕과 이강석'. 최순실 국정농단 파문으로 60여 년 만에 여의도로 소환된 이들 부자의 비극적 운명도 서막은 입시였다.

당시 민의원 의장(지금 국회의장) 이기붕의 큰아들 이강석은 1957년 3월 26일, 이승만 대통령의 83세 생일에 맞춰 양자로 입적됐다. 이승만 대통령과 영부인 프란체스카 도너(Francesca Donner) 사이에는 자녀가 없었다. 양자 입적 후 한 달이 채 지나지 않아 이강석이 서울대 법과대학에 부정하게 편입했다는 의혹이 불거졌다. 1956년 육군사관학교 1학년을 중퇴한 이강석이 1957년 3월 26일 이 대통령의 양자로 입적한 뒤 며칠 지나지 않아 서울대 법과대학에 편입한 것이다. 이것이 사달이 났다.

당시 〈경향신문〉은 '이강석 군 입학에 파문'이라는 제목으로 이강석 부정 편입학 의혹에 발끈한 서울대 법대생들의 동맹휴학 소식을 이렇게 전했다.

"서울대 법과대학 학생 500여 명은 1957년 4월 9일 긴급 학생총회를 열고 이강석을 포함한 부정 편입생들의 입학을 취소할 것을 학교 측에 요구했다. 다음 날인 4월 10일 학생 1,200명이 6 · 25전쟁 이후 첫 동맹휴학에 돌입했다. 당시 서울대 총장은 '일국의 행정 수반이며 또한 일생을 조국광복을 위해서 몸을 바친 이승만 대통령의 자제를 국립대에서 특별히 고려하는 것은 당연하다'는 입장을 보였다."[2]

이어 다음 날 〈동아일보〉도 "동맹휴학으로 돌입…천이백 서울법대학생들"[3]이라는 제목으로 속보를 이어갔다.

〈경향신문〉은 사설을 통해 "학생 하나의 진퇴가 그리 큰 문제가 될 것이라고 하는지 모르나 이 경우에 있어서 중대한 사회문제화가 되는 까닭은 금일 우리 사회에서 준법관념의 엄격한 수립이 시대적 요청이란 점이요, 둘째 그것이 특히 권력층의 시범을 요한다는 현실에 입각하고 있다"라며 비판했다.[4]

이경숙 교수의《시험 국민의 탄생》에 따르면 당시 서울대학은 최소한 이전 대학에서 1학년 이상 수료했거나 동등한 자격이 있다고 인정되는 경우에 '실력을 고사(考査)'받아서 2학년이나 3학년에 편입시켰다. 그러나 이강석은 육사 1학년 중퇴인 데다 실력고사도 치르지 않았다. 학교의 처음 해명과 달리 '청강생 정도'가 아니었다. 정식 학생이었다. 사실 처음 편입학 시도가 있었던 시기는 이로부터 6개월 전이었다. 이강석은 육사를 나오면서 바로 서울대 편입 가능 여부를 알아봤다. 아버지 이기붕이 서울시장과 국방부 장관을 거쳐 1954년부터 민의원 의장을 하던 시절이었다. 그러나 그의 편입 시도는 순조롭지 않았다. 1956년에 대학은 한 번도 없었던 '특례'라며 허락하지 않았고, 1957년 초에는 입학시험을 치르라고 요구했다. 그런데 그가 이승만 대통령의 양자가 된 순간, 쉽지 않았던 편입이 일사천리로 성사됐다.[5]

이강석 서울 법대 부정 편입 의혹은 3대 국회(1954~1958년) 후반기에 쟁점으로 부상했다. 권력형 비리 의혹이라고 추궁하는 야당의 공세에 당시 자유당 내각은 이강석을 두둔하는 데 급급했다. 국회 회의록을 살펴보면 이강석 법대 편입 부정 사건은 1957년 3대 국회 본회의에서만 세 차례나 거론된다. 이때마다 당시 관료들은 '오열 관계가 없다'라거나 '소동' 식으로 치부하고 만다.[6] 소관 상임위인 국회 문교위원회에서 문교부 장관이나 차관도 답변을 통해 학생들의 오해에서 비롯된 사건이라거나 총장의 재량이라며 사실상 방관하는 태도를 보였다. 돌아보면 화를 키운 셈이다.

절대 권력을 등에 업고 서울 법대의 문턱을 넘은 이강석의 위세는 5개월 후 희대의 사건으로 입증됐다. 추 대표가 언급한 '가짜 이강석 사건'이다.

1957년 9월 대구 출신의 강성병(당시 22세)이 가짜 이강석 행세로 세상을 떠들썩하게 만든다. 당시 보도 내용을 종합해보면 그는 이강석 행세를 하며 사흘 동안 경북 도내를 다니면서 호사를 누렸다. 강 씨는 경주로 가 경찰서장을 만났다. 그가 "아버지의 비밀 분부로 풍수해 상황을 시찰하러 왔다"라고 하자 서장은 깜짝 놀라며 "영감님, 귀하신 몸이 어찌 혼자 오셨습니까"라며 황송해했다고 한다. 서장은 가짜 이강석을 모시고 가 불국사 관광도 시켜주고 함께 사진도 찍었다.

이강석이라고 하니 서장들이 쩔쩔매는 모습을 본 강 씨는 이어서 경찰 지프를 얻어 타고 영천, 안동, 봉화로 옮겨 다니며 진짜 행세를 계속했다. 안동에서는 군수와 읍장이 연락을 받고 숙소로 찾아와 자고 일어난 그에게 인사까지 했다. 수재의연금과 여비 명목으로 강 씨는 돈도 두둑히 챙겼다. 강 씨는 봉화를 떠나 경북도지사 관사로 갔다가 덜미가 잡혔다. 도지사의 아들이 이강석과 고교 동기여서 도지사가 실제 이강석의 얼굴을 알고 있었기 때문이다.

세상은 이를 '삼일천하'라고 불렀다. 강 씨는 법정에서 "경찰서장들이 극진한 대접을 함에 대한민국 관리들의 부패성을 테스트할 수 있었다"라고 진술했다. 또 "할리우드 같았으면 60만 달러 정도의 연기료를 받을 수 있었을 터인데 나는 연기료 대신 벌을 받게 됐다"라고 농담을 던졌다. 강 씨가 받은 형은 징역 10개월이었다. 경찰서장이 언급한 '귀하신 몸'이라는 구절은 권력 앞에 초라하기만 한 공직자들을 풍자하며 당시 유행어가 됐다.

'이승만-이기붕-이강석'으로 불릴 만큼 권력을 누린 이강석의 최후는 비극이었다. 그는 1960년 4·19 혁명으로 이승만 대통령이 하야 성명을 발표한 지 이틀 뒤인 4월 28일, 아버지 이기붕과 어머니 박마리아 그리고 남동생 이강욱을 권총으로 쏘고 스스로 목숨을 끊었다.

60여 년이 흐른 뒤 박근혜 전 대통령의 비선실세 최순실 씨의 딸 정유라 씨의 이화여대 부정입학 사건으로 비극이 또 한 번 되풀이됐다.

돌아보면 국정농단 사태의 진행 과정에서 여러 분수령이 있었다. 그중 이대 부정입학 의혹 사건을 빼놓을 수 없다. 정 씨가 이대 체육특기자전형으로 입학하는 과정에서 권력형 외압을 통해 면접평가에서 유리한 점수를 받았다는 사실에 온 국민이 분노했다.

이대 측이 2016년 10월 언론에 비공개 설명회를 열고 "입시는 매우 엄정하게 진행돼 전혀 문제가 없고, 특혜를 준 바도 없다"라고 발뺌하자 이대생들이 집단행동에 나섰다. 결국 우리가 아는 대로 총장은 사임하고, 100만 촛불로 번졌다.

'기회는 평등할 것입니다. 과정은 공정할 것입니다. 결과는 정의로울 것입니다'라는 문재인 대통령의 대선 슬로건이자 취임사는 그 촛불들이 만들어낸 방향성이었다.

대법원은 2018년 5월 15일 딸의 이화여대 입학 및 학사 특혜 비리 혐의로 재판에 넘겨진 최순실 씨에게 징역 3년을 확정판결했다. 국정농단 사건과 관련한 최 씨의 첫 대법원 확정판결이었다. 정유라 씨의 이대 특혜 의혹은 국정농단 촛불시위에 기름을 부으면서 횃불시위로 만들었다.

대법원 2부(주심 권순일 대법관)는 이날 업무방해 등 혐의로 기소된 최 씨의 상고심에서 징역 3년을 선고한 원심을 확정했다. 최순실은 딸 정유라가 이대에 입학하도록 압력을 행사하고 부정하게 학점을 주도록 하는 등 면접위원들과 학교의 학적관리 업무를 방해한 혐의로 2017년 2월 재판에 넘겨졌다. 정유라의 청담고 시절 교사에게 학사 편의를 대가로 30만 원을 주고 허위 봉사활동확인서와 공문 등을 제출해 교사들의 학사관리를 방해한 혐의 등도 인정됐다.

재판부는 "최 씨는 정 씨가 체육특기자로서 앞으로 성공하기 위해 법과 절차를 무시하면서까지 무조건 배려받아야 한다는 잘못된 생각과 주변 모두가 자신과 자녀를 도와야 한다는 그릇된 특혜 의식을 가졌던 것으로 보인다"라며 "이 범행으로 인해 국민과 사회 전체에 준 충격과 허탈감은 그 크기를 헤아리기 어렵다"라고 지적했다.

정유라 이대 부정입학 의혹이 역사 속으로 들어가자, 이른바 '조국 사태'가 터졌다. 인사청문회를 전후로 조 후보자 자녀의 입시를 둘러싼 의혹이 불거져 2019년 여름과 가을 정국을 달궜다. 학종의 전신인 입학사정관제의 '금수저 전형' 실상이 낱낱이 드러났다. 스펙 품앗이와 표창장 위조 의혹 등까지 보태지며 논란은 눈덩이처럼 불어났다. 불법 여부를 떠나 그들만의 리그를 지켜보는 흙수저의 속은 시커멓게 타들어 갔다.

진보 진영의 간판도 자녀의 입시에서만큼은 날것의 욕망에서 자유롭지 못했다는 것에 지지 그룹에서도 실망이 쏟아졌다. 현 입시 체제가 옳으냐 그르냐의 문제를 떠나, 서민들이 신분 상승의 사다리라고 여기는 입시의 공정성에 흠집을 냈다는 점에서 파장이 컸다.

60여 년 사이에 벌어진 세 사건은 양태는 다르지만 권력자가 국민의 심리적 역린인 입시 문제를 건드렸다는 데 공통점이 있다. 어디에 도착할지는 알 수 없더라도 일단 올라가 무엇인가를 쟁취하고 싶어 하는 이들의 간절한 욕망이 집적된 사다리, 그 사다리를 흔든 것이야말로 용의 목에 거꾸로 난 비늘을 건드린 죄였다.

조국 파문,
그리고
입학사정관제와 학종

입학사정관제 구멍 메운 학종, 하지만

조국 장관이 임명되는 과정에서 자녀의 입시를 둘러싼 의혹이 터지면서 학종이 도마에 올랐다. 그렇지만 조 전 장관의 딸이 고려대에 입학하던 당시 전형은 엄밀히 말하면 학종은 아니다. 학종의 전신 격인 입학사정관제의 특기자전형 중 하나다.

조 전 장관의 딸은 2010학년도 고려대 어학 특기자전형인 세계선도인재전형으로 입학했다. 그 전형이 입학사정관전형 중 하나였다. 결과론적으로 보면 지금은 사라진 당시 입학사정관제의 허점을 비집고 입학에 성공했다는 게 의혹의 핵심이다. 학종은 그 입학사정관제의 문제점을 보완해서 만든 제도다. 어찌 보면 학종은 억울하게 의문의 1패를 당한 셈이다.

그렇다면 국민들은 이를 몰라서 학종에 분노하는 걸까? 입학사정관의 업그레이드 버전인 학종은 완전무결한 제도로 자리매김했을까? 여론조사에서는 왜 항상 정시 확대론이 학종 옹호론보다 더 높게 나타날까?

드라마 〈SKY 캐슬〉, 숙명여고 쌍둥이 자매 내신 조작 사건, 학교 현장에서 불거지는 학종 관련 각종 비위 의혹 등을 보면 입학사정관 당시와 양상은 다르지만 여전히 한계를 안고 있다. 문재인 대통령이 대입제도 개선을 지시한 것도 학종이 갖고 있는 불공정성을 시정하라는 민심을 수용한 것이다.

입학사정관전형은 앞서도 언급했듯이 시행하자마자 '스펙 경쟁'으로 번지면서 곳곳에서 허점을 드러냈다. 학생들은 논문, 도서출판, 공인어학 성적 획득 등 교외 활동 실적으로 차별화를 노렸다. 발 빠른 학부모들은 인맥을 활용해 자녀 학생부의 빈칸을 논문 저자 끼워 넣기, 공공기관 인턴 등으로 채워줬다. 스펙 품앗이도 유행하기 시작했다.

"입학사정관 초기에는 우수한 학생을 뽑는 '다른 기준', '새로운 기준'을 만들지 못해 토익 성적이나 경시대회 수상경력 등을 토대로 뽑아 결과적으로 사교육 시장을 키우는 악순환이 되풀이됐다."[7]

당시엔 실험실과 논문 등에 접근성이 뛰어난 교수들이 가장 유리했기에 이들과 교분을 나눌 수 있는 권력자와 부유층, 전문가 그룹 등이 공생 관계를 형성했다. 성장 과정을 파악하기 위한 자기소개서는 '집안 배경'을 들여다보는 공식 통로가 됐다. 그야말로 금수저 전형이었다.

취재 과정에서 만난 서울의 한 사립대 총장은 "유명 사립대가 해외에서 생활한 경험이 많은 외고 학생이나 집안 좋은 강남 학생들을 유치하기 위해 만든 비공개 가이드라인이 있다는 말이 있었다"라고 당시 분위기를 귀띔했다.

상황이 이렇다 보니 교육 당국이 손 놓고 있을 순 없었다. 2010년부터 학생부에 교외 수상 실적 기재를 금지하고, 2011년 해외 봉사활동이나 공인어학시험 실적을 적지 못하게 했다. 그리고 결국 2013년에는 입학사정관제를 학종으로 전면 전환했다. 학종은 외부 스펙을 반영하지 않는 한국형 입학사정관제인 셈이다.

교육부는 "운영 과정에서 입학사정관전형이 본래의 취지와 달리 외부 스펙 경쟁을 유발한다는 지적이 있어 2013년에 교내 활동을 중심으로 평가하는 '학생부종합전형'으로 전환했다"라고 설명했다. 2013년 주요 개선 사항은 학생부와 자기소개서에 논문, 공인어학 성적 및 교과 외부 수상 실적의 기재를 금지하는 등 공교육 활동 이외의 외부 실적이 대입 과정에 영향을 미치지 못하도록 했다.

그러나 껍데기만 학종으로 바뀌었을 뿐 또다시 허점이 드러났다. 교내 수상 실적 몰아주기와 학생부 조작 등으로 교내 활동 경쟁이 심화되고 공정성 문제가 불거지고 있다.

사교육걱정없는세상이 더불어민주당 박홍근·신경민 의원과 2019년 10월 1일 '입시 공정성을 넘어-특권 대물림 교육 체제 중단'을 주제로 국회 토론회를 공동 개최했다. 제4 토론자로 나선 김춘희 학부모가 특권 대물림 교육 실태와 관련해 울산 지역에서 세 자녀를 교육하며 느낀 감정에 대해 발표한 토론문에 이런 실태가 고스란히 드러난다.

"고등학교에 입학하면 먼저 촘촘한 성적으로 줄을 세워 '인(in) 서울'을 목표로 돌진하는 정독반이 만들어집니다. 정독반에서 일어나는 일들은 대외비가 되고, 이 교실은 성역이 되어 학교 내에서 집중 관리 대상자라는 호패를 차고 특혜를 받는 행운을 누리게 됩니다. 가장 밝은 색만 잘라서 모아놓은 비정상적인 무지개처럼 '정독반'이란 간판이 생기는 것이지요. 이 성역 안에 들어온 아이들에게는 성역 바깥의 아이들과 자신들의 계급이 다르다는 이상한 특권의식의 씨앗이 싹트게 됩니다. 이들의 자습실에는 일반 자습실과 달리 부모들이 준비한 간식이 제공되고, 수시 전형의 스펙으로 쌓이는 교내 대회의 온갖 상장이 그들에게로 몰려가고, 다른 교실의 아이들이 자소서에 두세 줄 쓰기도 어렵고 답답해할 때, 이들에게는 자소서 특별 지도와 첨삭이 이루어집니다. (…) 교사들의 의지로 만들 수 있는 교내 대회나 교외 탐방 같은 체험의 기회도 적은데, 그조차도 공부 잘하는 학생들에게 스펙 만들어주기로 기회를 휩쓸어 가니 다른 학생들은 참가할 기회조차 가지기 어렵습니다."

문재인 정부 들어서는 수시와 정시 비율 조정, 학생부 개선 등이 이뤄졌다. 교육부는 2018년 '학생부종합전형 공정성 강화 방안'을 마련해 학생부에서 과도한 경쟁이나 사교육을 유발하는 소논문을 금지하고, 수상경력·자율동아리활동은 개수를 제한했다. 입학사정관 회피·제척 의무화, 다수 평가 의무화 등 평가 과정 전반의 공정성도 강화하고 있다.[8]

그렇지만 여전히 자기소개서와 교사추천서 표절이 횡행한다. 자기소개서 표절 의심 합격자 수가 최근 3년간 306명에 달한다는 주장이 나왔다.

국회 정무위원회 소속 더불어민주당 김병욱 의원이 한국대학교육협의회로부터 제출받은 '2017~2019학년도 자기소개서 유사도 검색 시스템 운영결과'에 따르면 최근 3년간 자기소개서 표절이 의심되는 학생은 4,350명이었다. 이 중 306명이 합격한 것으로 나타났다.

2019학년도 125개 대학 60만 700명의 자기소개서 유사도 검색 결과 유사도율이 5% 이상 30% 미만인 학생은 1,196명이었고 이 중 73명이 합격했다. 유사도율이 30% 이상인 학생은 125명이었으나 합격한 학생은 없었다.

2019학년도 대입에서 교사추천서 유사도율이 50% 이상이었던 학생도 1,239명에 달하는 것으로 나타났다. 교사추천서는 학종에 제출되는 서류 중 하나다. 2019년 현재 고등학교 1학년이 입시를 치를 2022학년도 대입부터는 폐지되지만 고3·고2는 적용 대상이다.

고등학교 유형별로 학생들의 창의적 체험 활동에 쓰는 돈도 큰 차이를 보인다. 국회 교육위원회 소속 더불어민주당 신경민 의원과 사교육 걱정없는세상이 학교정보 공시 사이트인 '학교알리미'에 올라온 서울 지역 고교의 자료를 토대로 고교 유형별 학생 1명당 창의적 체험활동비를 분석했다. 그 결과 국제고가 217만 1,000원으로 가장 많았고 영재고 153만 2,000원, 과학고 152만 원, 전국단위 자사고 38만 7,000원, 외국어고 38만 6,000원, 광역단위 자사고 32만 4,000원 순이었다. 일반고와 자율형공립고는 각각 24만 7,000원과 20만 6,000원으로 국제고의 10분의 1 수준이었다.

학생 수 대비 자율동아리 활동 참여자 비율도 고교 유형별로 차이가 컸다. 영재고는 이 비율이 505.7%로 학생 1명이 평균 5개의 동아리 활동을 하는 것으로 나타났다. 이어 과학고(171.0%), 전국단위 자사고(126.3%), 국제고(123.4%), 외고(77.8%), 광역단위 자사고(53.7%) 순으로 자율동아리 참여자 비율이 높았다. 일반고는 47.0%였고 자율형공립고는 일반고보다 낮은 41.2%였다.

신경민 의원은 "학종 비교과영역은 학생들이 얼마나 다양한 활동을 했고 능동적으로 학습했는지 보여주는 중요한 지표로 꼽힌다"면서 "교육 환경과 예산에 따라 불평등이 야기되는 구조를 개선하는 것이 학종의 불공정성을 개선하는 첫걸음"이라고 지적했다.

조국 사태에 대한 문 대통령의 지시 이후 여권은 학종 개선을 위한 특별위원회를 꾸렸다. 특위를 꾸린 지 1주일 만에 학종 선발 비율이 높고 특목고·자사고 선발 비율이 높은 대학 13곳을 타깃으로 삼아 한 달간 실태 조사에 들어갈 정도로 빠른 행보다.

사교육걱정없는세상은 이에 '특권 대물림 조사위원회' 설치를 주장하고 나섰다. 학종 개선이라는 '언 발에 오줌 누기식' 대책이 아니라 특권이 대물림되는 교육 구조 자체를 개혁해야 한다는 것이다. 사걱세는 2019년 9월 19일 서울 용산고 사걱세 대회의실에서 기자회견을 열고 이런 내용을 담아 '문재인 대통령이 천명한 강력한 교육개혁의 방향'을 제안했다. 문 대통령은 9월 9일 대국민 메시지를 통해 교육 분야 개혁을 강력히 추진해나가겠다고 밝힌 바 있다.

사걱세는 "조국 사태로 드러난 민심의 요구는 대입제도의 공정성을 넘어 특권 대물림 교육 자체를 중단하는 쪽으로 교육개혁을 추진해달라는 것"이라며 "따라서 교육개혁의 방향도 특권 대물림 교육정책과 체제를 근본적으로 해소하는 것으로 나아가야 한다"라고 밝혔다.

이를 위해 자사고·외국어고 폐지, 영재고와 과학고 입시 체제 개편 등이 절실하다고 주장했다. 학종에 대해서는 불평등 우려가 있는 비교과 항목을 삭제하거나 대입에 반영하지 말자고 제안했다. 특히 정부 주도로 교육 분야 '특권 대물림 지표'를 개발해 관리하자는 제안을 내놨다. 영국에서는 저소득층과 부유층 간 최상위권 대학교 입학 가능성을 비율로 산출한 뒤 그 간극을 줄이기 위한 정책을 추진하는데 우리나라에도 이런 방법을 도입해 맞춤형 정책을 추진해야 한다는 것이다. 사격세는 '특권 대물림 교육 중단'을 요구하는 국민 서명운동도 벌이기로 했다.

진보 진영에서는 공정성 강화를 위해 봉사활동 실적, 교내 수상 실적, 자율동아리활동 등을 학생부에서 삭제해야 한다는 주장이 나왔다. 실천교육교사모임 신동하 정책위원은 2019년 9월 25일 국회에서 교육위원회 소속 여당 의원들의 주최로 열린 '공교육 정상화와 입시 공정성 강화를 위한 공청회'에서 이런 내용을 발표했다.

신 정책위원은 "학교생활기록부가 사교육이나 학부모의 개입 여지가 있는 일부 불공정 요소 탓에 신뢰도를 의심받고 있다"라면서 "지난해 학생부 개편 숙려제로 많이 정비됐으나 미처 손대지 못한 부분을 정비해야 한다"라고 말했다. 신 위원은 "우선 개인 봉사활동 실적 항목을 삭제해야 한다"라면서 "학교생활기록이 아니라서 학생부 취지에 부합하지 않는 데다가, 교외 수상·동아리 등 다른 대외 활동은 차단됐는데 봉사는 차단되지 않아 부모 인맥에 좌우되고 도·농 간 격차가 크다"라고 지적했다. 그는 '교내 상 수상 실적'과 '자율동아리' 항목도 본래 취지와 달리 부작용이 커졌으므로 삭제해야 한다는 의견을 냈다.[9]

이날 공청회에서 전교조 참교육연구소 전경원 소장은 "대입전형은 논술, 수능, 학종, 학생부교과 순으로 부모의 사회·경제적 지위가 더 많이 반영된다"라면서 "수능 체제 때 서울대 입학생을 배출한 고등학교는 전국에 500곳 미만이었는데 학종 체제로 바뀐 이후 900여 개교가 서울대생을 배출하고 있다"라고 분석했다. 전 소장은 "문재인 정부가 공약대로 내신과 수능을 절대평가로 전환해야 한다"라면서 "학생, 학부모, 교사의 경쟁을 완화하는 방향으로 평가와 선발이 이뤄져야 한다"라고

덧붙였다.[10]

좋은교사운동 김영식 공동대표는 "학종의 투명성을 높이기 위해 공공사정관제를 시행하고, 사교육 확대 부작용이 없는 수준에서 대학들의 학종 입학 결과 자료를 공개하도록 해야 한다"라고 말했다. 그는 "부모의 사회적 지위와 경제력이 외국어고·자사고·과학고·영재고 등 서열화된 학교 체제로 이어지며 특권 계층을 형성하고 있다"라면서 "시행령 일몰제를 통해 외고·자사고·국제고를 점진적으로 일반고로 전환하고, 과학영재교육은 과학고를 축소한 형태에 일반고가 위탁하는 식으로 바꿔야 한다"라고 주장했다.[11]

민주화 이후
확산된 수시

!!

조국 장관 후보자 인사청문회 과정에서 '대입 입시 비리의 온상인 수시를 폐지해주십시오'라는 청와대 국민청원이 다수 올라왔다. 공분에 찬 여론은 논문 등을 활용할 수 있게 했던 수시모집이 문제라며 당장이라도 정시모집을 늘려야 한다는 주장을 쏟아내고 있다.

대입전형은 선발 일정에 따라 수시모집, 정시모집, 추가모집으로 구분된다. 우선 수시모집은 정시모집에 앞서 학생의 다양한 능력과 재능을 반영하여 신입생을 선발하는 방식이다. 현재 수시전형은 크게 보면 학생부교과전형, 학생부종합전형, 논술전형으로 나뉜다. 학생부교과전형은 학생부교과 성적을 중심으로 평가하는 전형으로 대입전형 방법 중 모집 인원 규모가 가장 크다. 대부분의 대학에서는 '학생부교과 100', '학생부교과+면접', '학생부교과+서류(비교과)' 등의 전형요소를 활용하여 일괄 또는 단계별 전형을 실시한다. 학생부교과 성적은 대학별로 학생부 반영 교과목 수, 학년별 반영 비율, 교과 성적 산출지표, 이

수단위 반영 여부 등을 산출한다.

학생부종합전형은 입학사정관 등이 참여하여 학생부를 중심으로 자기소개서, 추천서, 면접 등을 통해 학생을 종합평가하는 전형으로 수도권 지역 중·상위권 대학에서 가장 많은 인원을 선발하는 전형이다.

논술전형은 비율이 점점 줄어드는 추세다. 문과의 인문논술은 인문 사회 지문, 영어 제시문, 자료해석, 수리논술 등 네 가지 유형으로 나뉜다. 이과는 수학, 물리, 화학, 생물, 지구과학, 과학 통합형 출제 등이다. 상위권 대학의 논술은 수능 최저학력 기준이 높아 '정시형 수시전형'이라는 비아냥을 사기도 한다.

문민정부 이후 입시는 수시모집의 확장이라는 흐름을 보였다. 진보와 보수로 성향은 달랐지만 수시모집으로 선발을 늘려 공교육을 정상화하고자 하는 정책 방향은 비슷했다. 지금 중·고등학교 학부모 세대가 획일적 입시 위주 교육에 저항하던 전교조 세대였음을 고려하면 정권의 선택은 합리적이었던 것으로 볼 수 있다.

신진상 입시 컨설턴트는 2014년에 발간한 책에서 이를 '탈수능'이라고 진단했다.

"좌파와 우파, 진보와 보수를 가리지 않고 한국의 대학입시가 어떤 특정한 방향으로 변화하고 있음을 보여주고 있다. 이를 단순화하자면 탈수능이다. 수능 점수로만 학생을 뽑지 말라는 주문이다."[12]

문민정부의 기치를 내건 김영삼 정부는 수능이 학생들의 창의성을 막는다는 인식 속에 수시모집을 검토했다. 1995년 12월 20일 수시 도입을 발표하고, 이듬해인 1996년도에 첫 수시모집을 시행했다. '97학번'이 첫 수시 세대다. 그러나 초창기에는 수시 도입이 1.4%에 불과했다.

수시 확대의 일등 공신은 더불어민주당 이해찬 대표(당시 교육부 장관)다. 김대중 정부 당시 실세로 불리던 이해찬 교육부 장관이 무시험 대학 전형 교육개혁을 추진하면서 수시가 본격화했다. '이해찬 세대'의 등장이다. '특기 하나만 잘하면 대학 간다'는 유행어가 만들어졌는데 '2002학번'이 이해찬 1세대다. 이해찬 1세대부터 내신 평가에 수행평가 영역이 필수 요소로 자리 잡았다.

이때부터 시험 점수 위주보다는 학생의 특기와 적성, 경력 등을 다양하게 반영하는 특별전형이 활성화됐다.

당시 모집 인원 대비 특별전형 비율을 보면 2002년 32.3%에서 2004년 36.6%, 2005년 37.4%로 증가했다. 모집 인원 대비 수시모집 선발 비율도 2002년 29%에서 2004년 39%, 2005년 44%로 확대됐다.[13]

2004년 10월 노무현 정부의 교육인적자원부가 '학교 교육 정상화를 위한 2008학년도 이후 대학 입학제도 개선안'을 발표했다. 21세기 지식정보화 사회는 다양성을 바탕으로 창의력과 자기계발 능력을 갖춘 우수인재를 요구한다는 시대적 요구를 담았다. 개인의 다양한 교육적 수요를 충족시켜주는 학교 교육 프로그램 개발과 더불어 대학도 성적 위주의 학생을 '선발'하는 관행에서 벗어나 창의력과 발전 가능성을 지닌 학생을 '발굴'하는 체제로 전환할 필요가 있다는 판단에서다.[14]

학업성적뿐 아니라 다양한 전형 자료를 심사해 학생의 잠재력 및 소질을 평가해 입학을 결정한다는 명목으로 입학사정관제 전형제도를 도입했다. 대학별 입학사정관을 별도로 채용·운용할 수 있도록 근거를 마련하고 지원 방안이 강구됐다.[15]

이런 과정에서 수시전형 비율은 차곡차곡 늘어만 갔다. 노무현 대통령 임기 중에 수시전형 비율이 50%를 넘어섰고, 이명박·박근혜 정부 때도 기존 수시 위주의 입시전형이 유지되면서 그 비율이 조금씩 더 늘어났다. 2011년에 수시 비중이 60%를 넘어섰고, 문재인 정부가 들어선 후 70%를 돌파했다.

대입제도개편공론화위원회는 이렇게 설명한다.

"수시모집 비중은 2015학년도 64%에서 2020학년도 77.3%(역대 최고)로 증가했으며, 정시모집 비중은 2015학년도 36%에서 2020학년도 22.7%로 감소했다. 전체적으로 보면 학생부교과전형과 학생부종합전형의 비율이 증가하고, 수능 위주 전형, 논술 위주 전형, 실기 위주 전형의 비중은 감소했다."[16]

전문가들은 수시가 주류로 자리 잡게 된 이유를 크게 네 가지로 본다. "첫째, 1995년 5·31 교육개혁 당시 대학 자율화를 위한 정책으로 대두됐고, 본고사나 수능만으로 학생을 선발하던 기존 제도에 비해 대학이 학생을 보다 자율적으로 선발할 수 있도록 하기 위해 만들어졌다. 둘째, 정시가 기존 수능에서의 성적 우수자를 선발할 목적이라면 수시는 다양한 적성을 가진 학생을 선발하기 위한 특별전형의 성격이다. 셋째, 학생의 선택 확대를 위함이다. 실질적으로 복수 지원의 기회를 보장하고 학생들이 성적보다는 적성 위주의 학과 선택을 할 수 있도록 한다. 넷째, 학생부 반영 비율 확대로 고교교육을 정상화하기 위함이다. 수시 도입 당시 정시의 실질적인 학생부 반영 비율은 10% 미만이었다. 그리고 수능과 본고사의 반영 비율을 같게 하거나 본고사의 비율을 그 이상으로 반영하여 학생을 선발했다."[17]

해방 이후
지필시험 변천사

해방 이후 대학입시제도는 해방 정국과 미군정, 한국전쟁 등을 거치며 불안정 속에 한동안 시행착오를 겪었다.

대입제도개편공론화위원회의 〈대입제도개편 공론화 숙의자료집〉에 따르면 1945년 해방 이후부터 1953년까지는 대학별 단독 시험제였다. 식민지 조선이 해방되면서 먹고살 만한 이들은 너도나도 대학에 가겠다고 몰려 고등교육 수요가 폭증했다. 1946년 대학 설립 기준령, 1949년 농지개혁법, 1950년 대학생징집 연기령 등의 조치들이 단행되면서 고등교육은 급속도로 확대됐다. 해방 이후 한국전쟁까지 고등교육정책은 당시 미군정이 총괄했다. 미국의 고등교육정책 모델이 수용되면서 대학의 자율성이 중시됐고, 입시에서도 대학별 단독고사 체제가 들어온 것이다.

해방 이후 대학은 급증했으나 교수와 시설 부족, 정치적 혼란과 한국전쟁으로 인한 대학생 징집유보 특혜 등이 얽히면서 수많은 부정입학이 일어나기도 했다. 1954년에는 대학 입학 국가연합고사 및 대학별 고사를 실시했지만, 커닝 등 공정성 논란으로 첫해에 폐지됐다. 그 후 1961년까지 대학별 단독 시험제로 돌아갔다.

학계에서는 1950년대를 '대학의 봄'이라고 부른다. 당시만 해도 한국 경제에서 농촌 경제가 차지하는 비중이 매우 컸는데 고등교육에 대한 과잉투자가 이뤄지면서 대학의 상아탑은 시골 출신 학생의 등록금을 빼먹는 '우골탑'으로 불렸다. 당시 언론은 '대학망국론'이란 표현을 써 가며 비판하기도 했다.

1961년 5·16 군사정부가 들어서면서 고등교육에 대한 대대적인 정비와 대학입시제도에 대한 국가의 개입이 공식적으로 이루어졌다. 군사정부는 1961년 '중학교·고등학교 및 대학 입학에 관한 임시 조치법'을 제정했다. 대학의 정원을 정비하고 대학수학능력시험의 적격자를 선별하기 위해 자격시험인 동시에 선발시험인 대학입학자격 국가고사제를 실시했다.

국가고사제는 문교부에서 주관하고 합격 효력은 당해 연도로 한정하며, 문교부 산하에 입학고사 중앙위원회를 두고 시·도에는 입학고사 지역위원회를 설립했다. 그러나 이 제도 역시 충분한 논의 없이 진행됐기 때문에 대학 정원 미달 사태와 추가 합격자 발생 그리고 대학의 선발 자율권 침해 등으로 많은 부작용을 초래했다. 이에 대학 입학에 관한 임시 조치법을 폐지하고 1964년부터 대학별 본고사로 환원했다.[18]

3선 개헌이 있던 1969년, 교육에서 두 가지 큰 변화가 생긴다. 중학교 무시험 제도가 서울에서 시작돼 국민학교(현 초등학교) 입시 지옥이 막을 내렸고, 대학 예비고사가 등장했다. 이때부터 1980년까지 정부는 고교교육 정상화를 위해 고교 교과목 중심으로 대입 예비고사제도를 도입했고, 대학은 대학별 고사(본고사)를 실시했다.

본고사는 국·영·수 중심의 고난도 서술형 문제가 많아 변별력이 높았다. 그러다 보니 사교육 수요가 일어나면서 1970년대 고액 과외가 성행하게 된다. 대학별 본고사는 서울대를 중심으로 서열화한 순서대로 시험 난이도가 형성됐다. 정상적인 고등학교 학력 수준 범위를 벗어나 논란이 됐는데, 공교육의 위기는 사교육에는 절호의 기회다. 본고사 패턴에 맞춘 수학 참고서《수학의 정석》과 영어 참고서《성문종합영어》가 이때 베스트셀러가 됐다.

《성문종합영어》는 2011년 작고한 송성문 회장이 1967년에 출간했다. 평북 정주 출생인 송 회장은 신의주 교원대에 재학 중 6·25전쟁이 발발하자 단신으로 월남해 통역 장교로 10년간 근무했다. 이후 동아대 영문과를 졸업한 뒤 마산고, 서울고 등에서 교사 생활을 했다. 한나라당 안상수 전 대표가 마산고 시절 제자 중 한 명이다. 이후 송 회장은 제대로 된 영어 참고서가 없는 현실을 접하고 1960년대 문교부(현 교육부) 주관으로 뉴질랜드로 영어 연수를 다녀온 후《성문종합영어》를 펴내 유명세를 탔다. 이후 경복학원 등에서 강의를 하다 직접 성문출판사를 차려 '성문영어' 시리즈를 펴냈다. 2003년에 간암 발병으로 장기간 병고 생활을 해오다가, 2011년 9월 22일에 향년 81세를 일기로 사망했다.

1970년대는 과외 시장이 과열되고, 재수생이 폭발적으로 증가하면서 과외망국론이 불거질 정도였다. 과외는 선거 때마다 주요 이슈로 떠올랐다.

이 시기 대입 못지않게 고입에도 큰 변화가 있었다. 1974년에는 암기식·주입식 입시 위주 교육의 폐단을 개선하고, 고등학교 간 학력차를 줄이는 한편, 대도시에 집중되는 일류 고등학교 현상의 폐단을 없앨 목적으로 고교 평준화가 도입돼 교육사에 한 획을 그었다. 1970년대 초반 3선 개헌과 유신 등으로 정치적 정당성이 도전받고 있던 박정희 정권이 중학교 무시험 입학과 고교 평준화, 예비고사 도입 등의 3대 입시개혁 정책으로 민심을 잡으려 했던 것으로 보인다.

이후 쿠데타로 정권을 잡은 전두환의 신군부는 1980년 7월 30일 국가보위비상대책위원회를 통해 대학 졸업정원제와 과외 전면금지를 뼈대로 한 '7·30 교육조치'를 내놨다. 불법 과외를 하다 적발된 사회 지도층이 신문 사회면을 장식하는 일이 비일비재했다. 과외금지는 20년 후인 2000년 헌법재판소가 과외금지법을 위헌으로 결정하면서 역사 속으로 사라졌다.

1982년부터 1993년까지 입시제도는 대입학력고사 체제였다. '학력고사+내신'으로 선발하는 방식인데 사실상 학력고사 성적이 당락에 결정적이었다. 대입학력고사는 필기시험 320점, 체력장 20점으로 구성됐다.

당시 대학에 입학한 이들이 '학력고사 세대'로 불리는데, 학력고사 전국 수석은 언론의 스포트라이트를 받아 스타가 되곤 했다. 원희룡 제주지사가 첫해에 치러진 학력고사 전국 수석이었다. 제주 제일고 출신의 그는 당시 신문과 방송 인터뷰로 화제가 됐는데 이후 사법시험에서도 수석을 차지했다. 2000년 16대 국회의원 선거에서 서울 양천갑에 한나라당 후보로 출마해 당선됐다.

청와대 황덕순 일자리수석은 1984년 대입 학력고사 전국 수석으로 서울대학교 경제학과에 입학했다. 2017년 5월 문재인 정부 출범 직후 고용노동비서관으로 청와대에 합류했고, 2018년 12월 일자리기획비서관을 거쳐 2019년 7월 일자리수석비서관으로 승진했다.

학력고사는 그야말로 점수로 서열화하는 시험이었던 만큼 전국 수석은 모두 서울대에 입학했다. 이들을 과별로 나눠보면 물리학과가 5명으로 가장 많고, 법학과가 4명, 경제학과 2명 순이었다. 지금 최고 인기인 의예과는 전기공학과, 컴퓨터공학과, 화학공학과, 컴퓨터공학과 등과 함께 1명이었다. 학력고사는 340점 만점자는 없었고, 여자 수석 합격자는 1985학년도 이미령 씨 1명이었다. 학력고사 수석은 일테면 조선의 과거시험에서 장원인 셈이다. 한 번 하기도 힘든 장원을 두 번이나 잇따라 해서 평생 과거를 보고도 고배를 마신 이들에게 원성(?)을 듣는 이들도 있었다. 지금으로 치면 '고시 3관왕'으로 불리는 수재들이다. "조선조에서는 10명의 인물이 두 번의 장원을 했다. 일반 문과와 중시에서 9명, 중시에서만 두 번 한 1명(김수온)이 있다.[19]

사지선다형 객관식 '찍기' 시험으로 인해 고등학교 교육 현장은 학생들의 창의성을 억누르는 획일적 방식으로 변했고, 입시 지옥이 되어갔다. 더욱이 선시험 후지원 시스템은 '눈치작전', '배짱 지원'이라는 로또식 입시 트렌드를 만들어냈다.

1986년과 1987년. 이 시기에도 그동안 누적된 과열과외와 재수생 문제는 해결 기미가 보이지 않았다. 오히려 악화되는 경향을 보였다. 과외비는 천문학적으로 높아가고 있었으며, 경제사정이 여의치 않은 학부모는 과외비를 마련하기 위해 파출부를 하는 기형적 현상까지 나타났다. 1988년부터 1993년까지 대학입시 경쟁은 전쟁터를 방불케 했다. 차이라면, 총칼이 아니라 책을 들고 싸운다는 것뿐이었다.

교육 현장은 입시 교육으로 인한 성적 지상주의와 비인간화 교육으로 황폐화됐다. 이런 상황을 해소하고 기존에 나타난 대학입시제도의 문제점을 해결하기 위해 당시 교육개혁심의위원회는 대학별로 독자적인 입학전형 방법을 개발할 것을 권고하며, 새로운 대학입시제도의 변화를 모색했다.

학력고사는 암기 위주의 경쟁 교육을 유발하고 대학을 서열화한다는 비판 여론 때문에 1994학년도 입시부터 '대학수학능력시험(수능)'으로 전환됐다. 5·6공화국 군사정권이 끝나고, 김영삼 대통령의 문민정부가 수립되면서 대입제도 역시 큰 폭으로 바뀐 것이다.

주입식·암기식 문제에서 벗어나 통합적이고 범교과적으로 사고할 수 있는 시험으로 변신했다. 수능은 대학에 입학하고 나서 수업을 듣는 데 문제가 있는지 확인하는 성격의 시험이었다. 단순 암기식, 찍기 위주의 학력고사와는 달랐다. 초기 수능은 대입 구원투수로 손색이 없다는 평가를 받기도 했다.

수능은 도입 첫해 8월과 11월 두 차례 시험을 치렀으나 난이도 조절에 실패하면서 바로 다음 해부터 1회로 축소됐다. '94학번'부터 시작된 수능은 일본식 대입 시스템이 사라지고 미국식 대입이 그 자리를 대체했다는 의미를 갖는다는 게 교육 전문가들의 분석이다.

그런데 당시 고등학교 시스템은 수능을 따라가기 벅찼다. 결과적으로 수능 사교육이 기승을 부리게 됐고, 선행을 통해 수능식 학습을 경험한 특목고 학생들이 명문대를 독점해갔다.

"학력고사 준비 기간을 1년으로 보면 수능은 적어도 2배 이상의 준비가 필요한 시험이었다. 학습 방법도 달랐다. 학력고사는 단순 암기로 가능했지만 수능은 통합교과적 사고력을 측정하는 성격이 강해서 준비하기가 쉽지 않았다. 그렇게 사교육이 공교육을 압도하는 결과를 낳았다. 따라서 수능의 수준을 유지하고 공교육을 강화하는 방식으로 근성 있게 밀고 나갔어야 했다."[20]

그렇지만 수능도 정착되는 과정에서 다른 입학시험처럼 암기 위주, 시험 위주라는 비판을 면치 못했다.

2008학년도에는 수능 성적표에 표준점수를 제외한 등급만을 기재하는 방식이 실시됐다. 이 세대는 이른바 내신, 수능, 논술 및 대학별 고사를 모두 신경 써야 하는 '죽음의 트라이앵글' 세대로 불렸다. 그해에 적용된 등급제는 시행 1년 만에 폐지됐다.

필기시험은
사라지지 않았다

지필시험이 공정하다는 건 한국 사회에서 오랫동안 내려온 신화다. 같은 장소에서 똑같은 시간에 문제를 풀어 나온 결과라면 승복할 수 있지만, 그렇지 않다면 반칙이라는 것이다. 그러니 지필고사야말로 입학 자격의 정당성을 부여하는 유일한 잣대다. 신분 사회인 조선 시대에도 과거를 치르지 않고 집안의 후광으로 임관한 이들을 두고 뒷말을 했는데 현대 사회에선 오죽할까.

그렇다면 우리는 왜 필기시험에 그토록 따스한 눈길을 보내는 걸까?

필기시험은 익숙하다. '시험공화국'인 한국 사회에서 연필이나 펜으로 종이에 답을 쓰는 형식의 시험에 우리는 길들어 있다. 시험이라고 하면 시험지와 펜이 떠오르고, 책상과 교실이 등장한다.

필기시험은 대체로 객관식, 상대평가와 맞물려 있다. 그러다 보니 정답과 오답을 칼처럼 가르고, 그 결과를 종합해 숫자로 보여주는 '점수'는 군더더기가 없다. 루저에게 변명을 용납하지 않는다. 승자가 되는 빠른 방법은 그 숫자로 자신의 내공을 입증하는 것뿐이다. 과거라는 지필 시험 앞에서 퇴계 이황마저 고배를 마시고 실의에 빠지게 한 민족이 아니던가. 필기시험에서는 재벌가 자손이든 권력자의 후예든, 누구에게도 별다른 우회로가 없었다. 굳이 필요하다면 해외 유학이라는 갓길을 이용했다. 바로 모든 이에게 문턱 효과를 발휘하는 필기시험의 매력으로 지필시험의 권위는 켜켜이 쌓여갔다.

해방 이후 입시는 돌아보면 지필시험과 내신 간 정반합(正反合)의 과정이었다. 시험이란 국가나 대학이 출제하고 주관하는 지필평가이고, 내신이란 학생들이 학습한 영역(교과, 비교과)을 관찰평가한 기록이다. 대학 입학시험은 단 한 번의 시험으로 승부를 가리고, 내신은 고교 3년 간 평가의 총합이다. 입학시험은 선다형 위주의 객관식 시험에 주관식을 일부 보완하며, 내신은 지필시험은 물론 수행평가를 포함해 다양하게 평가한다.

교육 당국은 대입제도 변천 과정에서 쓸 수 있는 카드는 다 빼 들었는데 전형요소로 보면 언제나 지필시험과 내신이 중심축이었다. '○○ 교육개혁'이나 '○○대입 개선안'에 단골로 등장하는 게 시험과 내신 반영 비율이었고, 이는 늘 논란을 낳았다. '2022학년도 대입제도개편안'의 결과도 공론화라는 법석을 떤 끝에 '정시 30% 확대'로 가까스로 봉합되지 않았는가.

돌아보면 지필시험에 무게를 둔 흐름이 주류였고, 고교교육 정상화를 명분으로 내신 평가를 강화해야 한다는 흐름은 비주류였다.

비주류 또는 보완책에 불과하던 내신은 고교 평준화 도입 이후 점차 중요성이 커졌고, 최근 '입학사정관제-학종'을 거치면서 대입에서 주류의 자리를 넘보고 있다.

"내신이 부각되기 시작한 것은 고교 평준화 도입 이후부터라고 볼 수 있다. 박정희 정권은 1972년 유신 체제를 전후해 입시 위주 고등학교 교육을 바꾸기 위해 대학에 내신 반영을 권장했다. 대학들은 정실 개입을 이유로 쉽게 수용하지 않았다. 1977학년도부터는 대학입시 원서를 낼 때 학교생활기록부를 의무적으로 제출하도록 했다."[21]

이경숙 교수에 따르면, '내신'은 일제 강점기부터 쓰인 단어인데 법률적 용어로 등장한 것은 1981년 개정된 교육법에서다. 쿠데타로 권력을 쥔 전두환 군사정권의 국가보위비상대책상임위원회가 입시 교육과 과열과외를 해소한다는 명분으로 내놓은 '7 · 30 교육개혁안' 이후 내신의 반영 폭이 크게 늘어났다.

1981년에는 예비고사 성적 50% 이상으로, 고교 내신 성적 20% 이상으로 했다. 1982년도부터는 예비고사를 학력고사로 이름을 바꾸고 그 비중을 50% 이상으로, 내신을 30% 이상으로 했다.

당시 내신은 지역 간, 학교 계열 간, 주야 간, 남녀 간의 차이가 무시돼 지금과는 결이 다른 불공정 논란을 낳기도 했다.

"고교 내신 성적은 전국적인 하나의 학업성취도 기준에 따라 주어지는 것이 아니고 각 학교 내에서 석차에 따라 학생들을 일정한 비율에 따라 등급으로 나누고 각 등급에 해당하는 학생들에게 특정한 점수를 부여했다. 간단히 말해서 학교 간에 존재하는 학업성취도 격차를 인정하지 않다는 점이다. 따라서 출신 고등학교가 각기 다른 학생들의 경우에 고교 내신 점수는 동일하더라도 고교에서의 실질적인 학업성취도나 대학수학능력은 서로 다를 수 있다는 점을 지적할 수 있다."[22]

그렇지만 당시에도 내신은 지필시험 학력고사의 벽을 넘지 못했다. 고등학교 일선 교육 현장이 학력고사 문제풀이에 올인했기에, 내신 반영 비율을 의무적으로 적용했음에도 고교교육 정상화는 도루묵이 됐다. 내신의 실질적인 영향력도 유명무실해졌다.

"고등학교 교육의 목표와 내용과 방법은 원칙적으로 고등학교 교과과정과 교육과정을 반영하여야 하나, 실제로는 대입학력고사에서 평가하는 경향에 거의 절대적인 영향을 받는다. 교육과정이 학교 교육에 영향을 줘야 하고 학교 교육이 입학시험 문제에 반영되어야 하는 것이 원칙이나, 현재 입학시험 문제가 학교 교육에 영향을 주며, 그리하여 학교 교육과 교육과정이 분리되는 비정상적인 교육 현상이 나타나고 있다.[23]

"내신은 김영삼 정부의 교육개혁 이후 학교생활기록부로 변신하면서 이후 수능 도입과 맞물려 질적 전환의 계기를 맞는다. 1995년 교육개혁 이후 '내신', '내신 성적'이라는 단어는 법적 용어에서 사라진다. 대신 '학교생활기록부(학생부 또는 생기부)의 기록'으로 바뀌었다."[24]

지필시험은 김대중 정부 때 이해찬 교육부 장관에게 가장 큰 도전을 받는다. 1999년 이해찬 교육부 장관은 재임 중 고교교육 정상화를 위한 새 대입제도를 마련했다. 이 장관은 고등학교에서 강제로 시행되던 야간자율학습과 월말고사, 학력고사, 모의고사 등을 전면 폐지하는 교육개혁을 단행했다. 하지만 '이해찬 1세대'라는 유행어만 남긴 채 실패로 끝났다.

"교육개혁의 와중에 잉태된 '이해찬 1세대'는 많은 교육적, 사회적 함의를 담고 있는 하나의 현상이었다. 이 '세대'의 체험은 지나간 개혁의 노력과 실패, 그리고 우리의 학교 교육 실상을 조망할 수 있는 창이다.

교육개혁은 이들을 선봉에 세워 학력과 사회적 지위의 획득 수단으로서 웅크린 학교를 외부 세계로 끌어내려 했다. 하지만 완고한 학교 현장의 논리와 개혁 이념의 틈바구니에 끼여버렸고, 두 진영의 공방전 끝에 '단군 이래 최저학력'이라는 터진 새우등 같은 상흔을 안게 된다."[25]

이처럼 지필시험과 내신의 경쟁이었는데, 승패를 따져보면 지필시험의 압도적인 우위였다. 내신은 대체로 형식적이거나 비중이 적었고, 지필시험은 당락을 가르는 중요 요소로 대입전형에서 한 번도 빠진 적이 없었다.

숙명여고 사건으로
다시 보는, 내신

'신 중의 신'
내신

학생부교과전형과 학생부종합전형으로 이뤄진 학생부 중심 전형이 수시의 대세로 자리 잡으면서 고등학생들 사이에서 '신 중의 신은 내신'이라는 유행어가 생겼다. 우스갯소리이긴 하지만, 적잖은 이들이 입시 현실의 정곡을 찌르는 말로 공감하고 있다.

대입에서 내신 비중이 크지 않던 학력고사와 수능 초기 세대 학부모들이 자녀 입시에 관심을 갖게 됐을 때, 뒤늦게 탄식하는 게 내신의 중요성을 알지 못했다는 것이다.

요즘 대학입시 수시모집 전형에서 내신은 결정적인 요소다. 학생부교과전형은 내신 성적을 가장 중요하게 평가하는 전형이며, 학종에서도 내신은 학업역량을 평가하는 데 중요한 지표다.

이투스 교육평가연구소에 따르면 2020학년도의 경우 서울시립대, 한국외대, 한양대가 교과 성적 100%를 반영하는 학생부교과전형을 치른다. 고려대는 1단계에서 교과 성적 100%, 3단계에서 1단계 성적과 면접을 각각 50%씩 반영한다. 이화여대는 '교과 80%+면접 20%', 중앙대는 '교과 70%+출결·봉사 30%'의 반영 비율을 적용한다. 연구소는 "대학마다 전형 방법이 다르긴 하나, 다양한 평가요소 중 교과 성적에 가장 큰 비중을 둔다는 점은 분명하다"라고 설명했다.

학종에서도 내신은 학업역량을 평가하는 데 중요한 지표가 된다. 학종은 학생부교과처럼 내신을 정량적으로 평가해 반영하는 전형은 아니다. 그러나 학교생활기록부에 기록된 이수 과목, 이수자 수, 원점수, 평균, 표준편차 등을 종합적으로 고려해 지원자의 학업 의지와 열정, 성실성 등을 평가한다는 점에서 내신은 학생부종합전형에서도 합격의 희비를 가르는 중요한 요소가 된다.

논술전형은 '논술고사'가 평가의 중심이 되는 전형이다. 논술전형을 실시하는 대부분 대학이 논술에 60~100%의 높은 반영 비율을 적용하고 학생부교과 성적 및 출결, 봉사와 같은 비교과를 추가로 반영한다. 2020학년도 기준 논술 100%인 건국대와 연세대를 제외한 나머지 대학들은 최소 10%에서 40%까지 내신을 평가요소로 활용한다. 그러므로 논술전형을 고려하는 학생이라면 논술 실력뿐만 아니라 내신도 꾸준히 관리하는 것이 좋다.

많은 학생이 '수시=내신, 정시=수능'이라는 단순화된 공식으로 내신의 활용도를 축소하곤 한다. 하지만 대학에 따라서는 정시에서도 내신이나 출결, 봉사 등의 학생부 성적을 일정 비율 반영하기도 한다. 2020학년도를 기준으로 수도권 주요 대학 중 정시에서 수능 성적과 더불어 학생부 성적을 반영하는 대학으로 건국대, 한양대(나군), 동국대 등을 들 수 있다. 건국대와 한양대(나군)는 '수능 90%+학생부 10%'의 반영 비율을 적용하며, 동국대는 '수능 90%+교과 5%+출결 2.5%+봉사 2.5%'를 반영한다.

이 밖에 일부 교대 및 의학 계열 역시 정시에서 학생부 성적을 일정 부분 반영한다. 2020학년도 기준으로 교대의 경우 광주교대·대구교대·부산교대·전주교대·제주대(초등교육)·진주교대·청주교대·춘천교대 등이, 의학 계열의 경우 한양대 의대(나군)·건국대 수의예과(가군) 등이 이에 해당한다.

지금의 내신 9등급제는 2008학년도 입시로 거슬러 올라간다. 애초에는 공교육 정상화를 대의명분으로 특목고·자사고를 견제하고, 일반고를 띄우려는 의도였기에 취지는 좋았다. 그러나 대입이라는 냉혹한 현실이 엄존하는 가운데 고교 현장에 적용되면서 교실에 피바람을 몰고 왔다.

한 교사가 청와대 국민청원에 올린 글이다.

"내신 비중을 높여서 학생들의 참여도를 높이고, 사교육에 빠진 청소년들을 공교육으로 끌어들이기 위한 것, 모둠 과제를 통해서 협동심을 높이려는 의도는 좋았으나 처음 의도와는 다르게 내신 대비를 위한 학원을 별도로 다니게 하는 행태를 낳았다. 모둠 과제를 학교 내에서 끝내야 하는데도, 그 과제를 집으로 가져가서 하도록 하여 부모님이 대신 하게 하거나 학원 선생들이 대신 하게 하는 행태가 생기게 했다. 일부 학생이 열심히 하는 아이에게 무임승차하는 형태도 대부분의 학교에서 나타나는 불합리한 부분이다."

내신 9등급제는 상위 4%까지 1등급, 5~11% 2등급, 12~23% 3등급 식으로 9등급까지 상대평가로 등급을 매기는 것이다. 학기마다 중간·

기말 두 번의 지필고사와 수행평가 점수를 합산한다. 내신 지필고사 한 문제만 틀려도 등급이 떨어져 갈 수 있는 대학의 수준이 달라진다. 그러다 보니 옆자리 친구가 경쟁자가 돼버렸다.

숙명여고 파문이 불거졌을 때 청와대 국민청원에 올라온 글이다.

"요사이 학생들은 안 그래요. 급우가 바로 내 경쟁자니까요. 등급 한 칸에 학교가 바뀌어요. 그래서 노트 버리고 교과서 훔치고… 그런 일이 일어나는 거예요. 애들을 공부하는 기계로 만들지 않겠다는 게 학생부종합전형의 도입 취지였겠지만, 한국 사회에서 입시는 무엇보다 더한 경쟁의 장이고, 그래서 학교는 지옥이 됐어요. 그런데 학교 내신은 단지 경쟁 때문에만 문제가 있는 게 아니에요. 내신만 가지고 대학 입학이 결정됩니다. 이는 곧 교사가 대학 입학 결정권자가 됐다는 뜻이에요."

수행평가도 중요하다. '음미체(음악·미술·체육)' 수행평가도 허투루 볼 수 없다. 이 과목들까지 보는 대학이 있어서다. 학종은 내신 외에 동아리활동, 봉사활동, 독서활동 등 비교과까지 반영한다. 공부 잘하는 친구한테 배운다거나 1, 2학년 때 설렁설렁 하다가 3학년 때 '4당5락'으로 막판 뒤집기에 성공했다는 무용담은 전설이 된 지 오래다.

요즘 고등학생들은 수능을 열세 번 치르는 셈이다. 학년마다 네 번씩 3년간 열두 번 치르는 중간·기말고사가 '준수능'이다. 그 중간중간 수행평가도 무시할 수 없다. 내신에 반영되기 때문이다. '독감 투혼'으로 시험을 치렀다는 학생의 사례가 뉴스가 되기도 했다. 이 중에 가장 중요한 것이 고1 중간고사다. 수능 다음으로 중요한 시험이 고1 첫 중간고사라는 건 이젠 누구나 아는 사실이 됐다.

수능이나 특목고를 준비하는 인터넷 카페에서 '내신', '고1 첫 중간고사' 문제로 고민하는 글은 헤아릴 수 없이 많다. '첫 중간고사 폭망'에 비관하는 하소연과 특목고에서 일반고로 전학하면 어떻게 되느냐는 문의 글도 쏟아진다. 입시 컨설팅 업체들은 "고1 중간고사 성적으로 갈 수 있는 대학 등급이 사실상 정해진다"라며 공포 마케팅을 펼친다. 입시 컨설턴트들은 첫 시험을 잘 보면 학생부의 '세부능력 및 특기사항'에서 좋은 평가를 받을 수 있다고 주장하기도 한다.

한 입시 컨설턴트는 "시험 결과에 따라 선생님의 관리 대상이 되고, 수행평가를 함께하고 싶은 친구가 되고, 친구들 사이에서는 1등 학생이 된다. 그뿐 아니라 고1 첫 중간고사의 점수가 고3 때의 내신 점수까지 크게 변화 없이 간다"라는 주장을 노골적으로 펼쳤다.

입시학원인 종로학원하늘교육의 분석 자료를 보면, 2017년 2월 일반고를 졸업한 전국 4,322명의 학생 중 3학년 1·2학기 내신 등급이 1학년 1·2학기 내신 등급보다 0.1등급이라도 오른 학생은 1,308명(37.4%)이었다. 2등급 이상 올린 인원은 2명(0.1%)뿐이었고, 1등급 이상을 올린 경우도 40명(1.1%)으로 많지 않았다. 0.5등급 이상을 올린 경우는 356명(10.2%)이었다. 여러 가지 이유가 있지만 첫 중간고사 성적으로 '낙인효과'가 생기는 셈이다. 실제로 학교와 교사가 첫 중간고사 성적으로 학생들을 특별반과 비특별반으로 나눠 관리하는 경우도 비일비재하다.

초조해진 학생들 상당수는 결국 사교육에 의존한다. 내신 대비 학원은 요즘 활황이다. 학교마다 인근에 'ㅇㅇ고 내신 완벽 대비'를 써 붙인 학원들이 있고 대부분 잘나간다. 'ㅇㅇ고등학교 과목별 내신 중간고사 분석'은 기본이다. 좋은 점수를 받을 수 있는 답안지 작성 요령도 구체적으로 알려준다. 이를테면 '찾아 쓰시오' 같은 경우는 본문에 나온 것을 그대로 써야 한다는 식이다. 해당 학교 교과서로 진도를 나가주고 그 학교의 기출문제를 집중적으로 푸는 것은 물론 교사별 출제 경향까지 분석해준다. 5~10명 정도로 '팀'을 꾸려 수업하기도 한다. 국·영·수 주요 과목은 물론이고 탐구 과목 시험도 학원에서 대비한다. 내신 수업을 받고서도 잘 따라가지 못하는 아이들을 위한 일명 '클리닉' 수업도 확산되고 있다.

경쟁이 치열해지다 보니 선행학습은 '기본'이 됐다. 특목고와 자사고를 준비하는 학생들뿐 아니라 일반고에 진학하는 학생들도 마찬가지다. 2018년 대입제도개편공론화위원회 토론 과정에서도 이 문제는 뜨거운 주제였다.

"고등학교 1학년 1학기 내신 성적이 고3 때까지 대부분 유지되는 상황에서 고등학교 1학년 1학기 시험 성적이 좋지 않은 학생들은 학교생활을 열심히 하지 않거나, 배제되고 있다고 지적한다. 실제로 학교 현장에서는 1학년 1학기 성적 최상위권 학생들에게 각종 교내 상과 우수동아리 등의 비교과활동 몰아주기로 대다수 학생의 고교 생활 비정상화를 야기하며, 학교에서 아이들에게 패배를 배우게 하고 있다."[27]

고등학교 첫 중간고사 현장을 현지 보고로 전한 한 신문의 기사는 씁쓸한 현실을 그대로 보여준다.

"지난 16일 서울 성동구 K여고 자습공간에서 고1 학생들이 점심시간에 중간고사에 대비한 공부를 하고 있다. 지난달 서울 성동구 K여고에 입학한 1학년 김지유(가명, 16) 학생은 그동안 없던 습관이 하나 생겼다. 교실에 들어가면 여기서 나보다 공부를 잘하는 애가 몇 명인지 손바닥을 펴고 세어보게 된다. 접는 손가락이 많을수록 생각이 많아진다. '나는 몇 번째인가', '나는 몇 등일까'라는 생각이 머릿속에 계속 맴돌아요. 등수가 올라가려면 공부를 얼마나 해야 할까 생각해요. 지유가 말했다. (…) 전교생이 209명인 이 학교 1학년 교실 게시판엔 '내신 등급별 예상 인원'이 붙어 있다. 내신 1등급(4%)을 받으려면 전교 8등 안에 들어야 하고 22등까진 2등급(11%), 48등까진 3등급(23%)이다. 일반적으로 3등급은 학생부종합전형(학종)을 노려볼 수 있는 '마지노선'으로 불린다."[28]

교육특구 한복판에서
터진 폭탄

　'교육특구'로 불리는 서울 강남 한복판의 명문 여고에서 시험지 유출 의혹 사건이 일어났다. 이 사건의 이면에는 고등학교의 치열한 내신 경쟁이 자리 잡고 있다.

　한국판 부의 상징인 타워팰리스가 길 건너에 자리한 숙명여고는 내신 성적 경쟁이 치열하기로 유명한 '강남 8학군'의 명문 사립고다. 이 학교 학생들은 어려서부터 '속진'으로 불리는 선행학습 사교육을 받은 경우가 많아 일반고임에도 웬만한 특목고나 자사고 못지않은 입시 성적을 기록했다. 숙명여고에서 내신 성적을 잘 받는다는 것은 명문대로 직행하는 보증수표였다. 그 때문에 학교 내신 경쟁은 '내신 지옥'으로 불릴 만큼 치열한 것으로 정평이 나 있었다.

　이 사건 1심 판결문에 따르면, A 씨는 숙명여고 교무부장으로 근무하던 2017년 1학년 1학기 기말고사부터 2018년 2학년 1학기 기말고사까지 5회에 걸쳐 교내 정기고사 답안을 같은 학교 학생인 쌍둥이 딸들에게 알려줬다고 한다. 성적평가 업무를 방해한 혐의로 기소돼 재판정에 선 것이다. 그렇지만 그와 쌍둥이 자녀 모두 수사와 1, 2심 재판 과정에서 일관되게 시험지 유출을 부인했다.

갑자기 성적이 비정상적으로 오른 정황과 두 딸의 의심스러운 행동 등이 A 씨가 유죄라고 판단하는 데 근거가 됐다. 판결문은 "정기고사 성적과 달리 모의고사나 입시학원 평가에서는 성적 향상이 이뤄지지 않았고, 국어나 수학 등 과목에서 정기고사와 모의고사 간 성적 차이가 지나치게 크다"라고 지적했다. 고난도 문제의 정답을 풀이 과정도 없이 적고, 작은 글씨로 답안을 시험지에 적은 점도 유죄 판단의 근거로 작용했다.

숙명여고 내신 조작 사건은 2018년 7월 24일, 문제 유출 의혹 관련 민원 글이 서울 강남서초교육지원청에 올라오면서 알려지기 시작했다. 8월 11일에는 청와대 국민청원 홈페이지에 일부 학부모가 의혹을 제기하는 글을 올렸다.

이 사건을 처음 보도한 〈아시아경제〉 조인경 기자는 당시 취재하게 된 계기를 이렇게 기억하고 있다.

"2018년 7월 즈음일 거예요. 서울 강남의 한 학원 관계자가 제보를 했어요. 제보를 받은 뒤로 틈틈이 지역 학부모들이 가입한다는 온라인 커뮤니티와 페이스북 등을 뒤지며 흔적을 모았어요. 찾아보니 엄마들이 이미 제기한 의혹과 모인 정보가 수두룩했어요."

숙명여고의 내신 조작 의혹은 8월 12일 조 기자의 보도를 시작으로 알려졌다. 후속 언론 보도가 잇따르면서 파문이 커지자 숙명여고는 8월 13일 서울시 교육청에 감사를 요청했다.

서울시 교육청은 8월 16일 특별감사에 나섰고, 2주일여가 흐른 8월 29일 〈S고 학업성적 관리 특별감사 결과 및 대책 발표〉라는 제목의 감사 결과를 내놨다. 'S고'라고 이니셜로 표기했지만 이미 언론 보도로 숱한 의혹이 쏟아진 터라 숙명여고라는 건 삼척동자도 알 정도였다.

서울시 교육청 이민종 감사관과 강연홍 중등교육과 과장이 브리핑을 맡았다.

"서울시 교육청이 이번 감사를 통해 확인한 사항은 다음과 같다. 서울시 교육청 고등학교 학업성적 관리지침에 따르면 학교에 교원 자녀가 재학 중일 경우 자녀가 속한 학년의 정기고사 문항 출제 및 검토에서 관련 교원은 배제하도록 규정하고 있다. 그럼에도 S고등학교 교무부장은 2016년도부터 정기고사 출제 문제와 정답 등 관련 업무를 담당하면서 자녀가 속한 학년의 문제지와 정답지를 6회에 걸쳐 검토 및 결재했다. 이 과정에서 고사 담당 교사가 수업 등으로 자리를 비운 경우, 두 자녀가 같은 학교에 재학 중인 교무부장이 단독으로 고사 서류를 검토 및 결재한 사실도 드러났다."[29]

서울시 교육청은 '평가 관리의 공정성 훼손'을 문제 삼아 A 씨에 대하여 중징계에 해당하는 정직을 요구했다. 시험지 유출에 대해서는 개연성만 존재할 뿐 증거가 없다는 이유로 수사기관에 수사를 의뢰했다.

서울시 교육청은 정기고사 관리, 비리 예방, 학생 배정에 관한 개선 대책도 함께 발표했다. 주요 내용은 고사 보안 관리 현황 전수점검 및 장학, 학업성적 관리지침에 고사 관리 단계별 보안관리 세부조항 및 매뉴얼 추가, 교직원 자녀가 재학 중인 학교를 대상으로 학업성적 관리 상황 집중 관리 등이었다. 조희연 서울시 교육감은 "4대 비리 중 하나인 학업성적 관련 비리는 엄중히 조치하고, 공익 제보된 건에 대해서는 철저한 감사를 통해 학업성적이 투명하고 공정하게 관리될 수 있도록 노력할 것"이라고 밝혔다.[30]

촛불시위로 번진
내신 농단

　숙명여고 사태는 내신의 공정성에 균열을 낸 사건이었다. 시험 점수로 '줄 세우는' 서열화된 입시 체제에서 구멍은 아무리 작더라도 치명적이다. 패자의 불복을 낳고, 결과적으로 평가 시스템 자체를 와해시킬 수 있는 뇌관이 될 수 있어서다. 성적순으로 줄을 세우고, 이에 승복하는 과거제 이래로 유지돼온 시험 제도의 순기능을 무너뜨릴 수 있다.

　숙명여고 학부모들은 이 사태로 2018년 8월 30일부터 12월 8일까지 100일간 촛불집회를 열었다. '숙명여고 정상화를 위한 비상대책위원회'는 집회 100일째가 되던 2018년 12월 7일 숙명여고 앞에서 열린 집회에서 "정의가 승리한다는 지극히 당연한 사실을 입증해냈다"라고 말했다. 이들은 또 "교육 당국은 '철옹성 숙명'에 그동안 무슨 일이 있었는지 학부모들의 불신을 해소하기 위해 숙명여고를 거쳐 간 전 · 현직 교사 자녀에 대한 전수 특별감사를 실시하라"고 촉구했다.

언론은 숙명여고 내신 조작 사건이 가뜩이나 불신이 가득한 학종에 대한 신뢰를 무너뜨렸다고 지적했다. 진보와 보수 언론이 크게 다르지 않았다.

"이 사건은 특히 대학입시에서 수시모집의 주요 전형인 '학종' 불신에 기름을 부었다. 내신 경쟁이 치열한 특목고와 강남 지역 학부모들은 내신을 기준으로 뽑는 학생부교과전형이나 교사의 주관이 개입될 여지가 큰 학종은 '공정치 못한 게임'이라며 정시 확대를 강하게 요구해왔다."[31]

〈동아일보〉는 사설을 통해 이번 사태로 고교 내신에 대한 신뢰가 훼손되면 대입제도의 근간이 흔들리고 결국 공교육 위기를 부추길 수 있다는 점을 지적했다. "내년 대학 신입생의 76%는 고교 내신을 바탕으로 하는 학생부종합전형·학생부교과전형 등으로 진학한다. 고교 내신에 대한 신뢰가 훼손되면 대입제도의 근간이 흔들리고 결국 공교육 위기를 부추긴다."[32]

성난 여론에 수사·교육 당국도 발 빠르게 대응했다. 서울시 교육청의 수사를 의뢰받은 서울 수서경찰서가 본격 수사에 나섰다. 2018년 9월 5일 숙명여고와 교무부장 자택 등을 압수수색했다. 해당 교사와 쌍둥이 자녀 등에 대한 소환 조사 등을 거쳐 11월 2일 교사 A 씨에 대해 업무 방해 혐의를 적용해 구속영장을 신청했다. 경찰 조사 결과 A 씨는 2017년 6월부터 2018년 7월 사이에 치러진 정기고사 총 5회의 문제와 정답을 유출해 학교의 성적 관리 업무를 방해한 것으로 드러났다.

숙명여고는 2018년 11월 13일 해당 학생들의 성적을 0점 처리하기로 결정했고, 11월 30일에는 해당 학생에 대한 퇴학 결정, 12월 21일에는 해당 교사에 대한 파면 결정을 일사천리로 진행했다.

경찰로부터 사건을 넘겨받은 서울중앙지검 형사7부는 2018년 11월 30일 업무방해 혐의를 적용해 A 씨를 구속기소했다. 쌍둥이 자매는 소년보호 사건으로 법원에 사건을 송치했다.

교육부도 실태 파악에 나섰다. 숙명여고처럼 시험지 유출 의혹을 받거나 비슷한 사례가 있는지 대대적인 감사에 나섰다. 2015년부터 2018년까지 전국 초 · 중 · 고의 90%가량인 1만 392개교를 대상으로 이뤄졌다. 교육부가 2018년 12월 17일에 발표한 〈시 · 도 교육청 초 · 중 · 고 감사결과 공개 및 종합 대응방안 발표〉 자료와 〈시 · 도 교육청 감사 결과 공개에 따른 학생평가 · 학생부 신뢰도 및 투명성 제고를 위한 관리 강화 방안〉을 보면 사안의 중대성을 가늠할 수 있다.

교육부에 따르면 서울 숙명여고 같은 사례가 고등학교 12곳에서 13건, 학교생활기록부를 조작하거나 허위로 기재한 사례가 중 · 고교 14곳에서 15건 적발됐다. 특히 숙명여고처럼 시험지를 유출하다 교육청 감사에서 적발된 고교는 숙명여고를 포함한 사립학교가 9곳, 공립이 4곳이었다. 일반고가 8곳으로 가장 많았고, 특목고 2곳, 자율고 2곳, 특성화고 1곳 순이었다. 시험지 유출 13건 중 학생이 6건을, 교사가 5건을 저지른 것으로 파악됐다. 해당 교사 중 3명은 파면 · 해임을 당했고 1명은 감봉 조치를 받았다. 나머지 1명은 수사를 받았다. 시험지 유출에 연루된 학생은 퇴학(4명)을 당하거나 출석정지(1명) 조치를 받았다.

학생부를 부당하게 정정하거나 허위로 기재한 사례 등도 15개 중 · 고교에서 적발됐다. 학생부 관리 규정을 위반한 교사 등 담당자 15명 중 5명은 파면(3)과 해임(2)을, 5명은 정직(3)과 감봉(2) 처분을 받았다. 나머지 5명은 견책 처분에 그쳤다.

전체적으로 학생 평가와 관련해서 1,703건의 지적 사항이 있었다. 학교당 평균 0.16건이었다. 출제 부적정과 학업성적관리위원회 운영 부적정, 수행평가 운영 부적정, 평가 결과 처리 부적정 등이 주된 적발사항이었다. 학생부 기재·관리에 대해서는 총 2,348건의 지적 사항이 나왔다. 학교당 평균 0.23건에 달했다. 창의적 체험활동 불일치 등 출결 관리 부적정, 봉사 실적 및 시수 입력 부적정, 학생부 권한 권리 부적정, 관리 소홀, 입력 착오, 미기재 등이었다. 이들에 대한 처분 현황을 보면 99% 이상이 지침 미숙지, 주의 소홀 등에 따른 주의·경고 처분이었고, 징계 처분은 전체 지적 사항의 0.9%에 그쳤다.

교육부는 이런 감사 결과를 토대로 교원과 자녀가 한 학교에 다니는 것을 금지하기 위해 '상피제(相避制)'를 도입하고, 사립학교 교원도 자녀 재학 기간에는 다른 학교로 이동하게 하기로 했다. 각 학교의 정기고사는 출제부터 인쇄, 결과 처리까지 철저한 보안이 이뤄졌는지 정기적으로 점검하고 이를 시·도 교육청에 보고하도록 했다.

유은혜 부총리는 회의에서 "현장의 자정 노력을 강화하고 학교 운영의 투명성을 제고하는 계기가 될 것으로 기대한다"라고 말했다.[33]

사실 교육계의 부정행위는 새삼스러운 일이 아니다. 시험지나 정답 유출, 학교생활종합기록부 조작, 수행평가 배점 기준 무시 등 고교 내신과 관련하여 문제가 끊이지 않았다. 그런데도 이를 근절할 뾰족한 대책은 나오지 않고 있다.

교육계 내부에서는 내신 관리 투명성을 강화하는 정밀한 시스템을 서

둘러 갖춰야 한다는 지적이 나온다. 교사들의 도덕성 · 책임성 강화, 학생들의 일탈 행위 방지를 위한 교육을 강화해야 한다는 목소리도 높다.

유명무실
상피제 개선

"피고인의 범행으로 인하여 대학입시와 직결된 중요한 절차로서 사회적으로 관심이 높고 투명성·공정성의 요청도 매우 높은 고등학교 내부 정기고사 성적처리 절차와 관련하여 비단 숙명여고뿐 아니라 다른 학교들의 투명성·공정성까지도 의심의 눈길을 피하지 못하게 하였고, 이로써 국민의 교육현장에 대한 신뢰가 바닥에 떨어짐은 물론 교육현장에서 교육 업무에 성실하게 종사하여 온 다른 교사들의 사기 또한 상당히 떨어지게 되었다."[34]

2019년 5월 23일 오전 서울중앙지방법원 514호 법정. 이기홍(형사 24단독) 판사의 '입'에 교육계 안팎의 관심이 쏠렸다.

이 판사는 이날 시험문제와 정답을 유출한 혐의로 구속기소된 숙명여고 전 교무부장 A 씨에 대해 업무방해 혐의 전체를 유죄로 인정하면서 징역 3년 6개월을 선고했다. 2018년 교육계를 발칵 뒤집은 숙명여고 내신 비리 사건에 대해 첫 번째 사법적 판단이 내려진 순간이다.

재판부의 판결이 나오자 언론은 너도나도 속보를 쏟아냈다. 〈연합뉴스〉는 "'문제 유출' 숙명여고 전 교무부장, 1심서 징역 3년 6개월"이라는 제목으로 1보를 내놨고, 〈뉴시스〉는 "'숙명여고 문제 유출' 1심 유죄… 징역 3년 6개월"이라는 타이틀로 속보 기사를 송고했다. 주요 언론사들도 인터넷에 앞다퉈 속보를 쏟아냈다. 각종 포털사이트의 실시간 검색어에서도 숙명여고가 상위권을 차지했다.

한국 언론에서 '입시'를 다루는 뉴스는 기사 가치가 아주 높다. '기승전 입시'인 한국 사회에서 입시 관련 뉴스는 학생과 학부모, 교사, 학교, 정책 당국자 등 직접적인 당사자는 물론 잠재적인 수요자까지 포함하면 거의 전 국민의 관심사다.

재판은 아직 끝나지 않았다. 이 사건 재판은 2019년 10월 현재 2심이 진행 중이다. A씨는 항소심에서 "무고한 죄를 뒤집어씌우는 것"이라며 결백을 주장하고 있다.

A씨 변호인은 2019년 7월 12일 열린 항소심 첫 공판에서 "만약 공소사실을 뒷받침할 객관적이고 합당한 증거가 존재한다면 처벌을 감수할 수밖에 없겠지만, 이런 증거가 없는데도 처벌하는 건 단지 피고인과 그 자녀가 숙명여고 교사와 학생이기 때문"이라고 주장했다. 그와 쌍둥이 두 딸은 수사 및 재판 과정에서 "오직 공부를 열심히 해 성적이 오른 것뿐"이라며 혐의를 일체 부인하고 있다.

A씨에게 유리한 증언도 나오고 있어서 이 사건에 대한 법원의 최종 판단이 어떻게 내려질지는 미지수다. 숙명여고 사태는 수시 선발 비중이 늘어나면서 공정성 측면에서 의구심을 받는 현재의 대입제도에 대한 불신을 증폭시켰다. 판결을 계기로 지필고사인 수능을 확대하자는

이른바 '수능파', '정시파'의 목소리가 다시 커졌다.

경기도 교육연구원 이혜정 연구책임자는 〈교육 '공정성'의 빛과 그림자〉라는 보고서에서 숙명여고 사태에 관한 언론 보도를 분석한 뒤, "우리 사회에서 강조되는 교육 '공정성'은 형식적 절차 공정성으로 그 의미가 축소화, 단편화되어 있음을 알 수 있다. 더불어 경쟁 절차를 공정하게 정비하면, 그에 따른 결과가 공정할 것이라는 믿음이 지배적이라는 사실도 발견했다"라고 설명했다. 그러면서 "절차 공정성 이데올로기는 시험 절차에 대한 미시적인 감시와 단위학교에 대한 감찰 및 통제 강화로 이어지고 있다"라고 덧붙였다. 이어 "교육 '공정성'이 지배적인 상황에서는 시험 경쟁 이외의 교육 의제, 대안적이고 진보적인 교육 철학, 혁신 교육의 개혁 시도 등은 부차적인 것으로 여겨질 가능성도 크다"라고 진단했다. 그러면서 "형식적 절차 공정성과 능력주의 이데올로기를 넘어서는 '공정성' 의미의 확대가 필요하고, 능력주의에 대한 대안으로 공정한 기회와 보편적 학습설계를 바탕으로 하는 존엄주의를 제시한다"라고 말했다.[35]

재판부는 숙명여고 사태의 직접적인 원인이 유명무실한 상피제도에 있다고 보고, 교육 당국에 보완을 주문했다.

"교육 관계 법령과 방침의 개정으로 인하여 대학입시에 있어서 고등학교 내부 정기고사 성적의 비중과 위상이 매우 높아졌음에도 그 시행 과정이나 성적처리 절차를 공정하게 관리하기 위한 교사·학생 간 상피제도와 같은 시스템은 미처 정밀하게 갖추어지지 않은 것도 이 사건이 벌어지게 된 원인 중 하나였던 것으로 보인다."[36]

상피제도란 원래 일정한 범위 안의 친족 간에는 같은 관사나 통솔 관계에 있는 관사에 취임하지 못하도록 하거나 청송관(聽松官, 소송을 맡는 관리), 시관(試官, 시험을 맡는 관리) 등이 될 수 없도록 하는 제도다.

수능과 같은 지필고사 중심의 정시전형보다 수시전형이 확대되면서 학생의 내신 등급은 어느 때보다 중요해졌다. 학력고사나 수능 위주 세대에겐 낯설겠지만 고등학교 1학년 중간고사 성적이 대학을 결정한다는 말은 이제 정설로 통한다. 수능 다음으로 중요한 시험이 고1 중간고사라는 얘기다. 고등학교 중간고사나 기말고사 때 학교 현장은 피를 말리는 경쟁 속에 분위기가 살벌할 정도.

교총은 논평에서 "평가의 공정성과 공교육 불신을 초래한 입시 · 성적 비리는 반드시 엄단한다는 사법부의 의지로 받아들인다"라면서 "교육 당국은 재발 방지 대책 마련과 추진을 한층 강화해야 한다"라고 촉구했다. 교총은 '가짜학생부', '금수저 전형' 등 학생부 수시전형에 대한 국민적 비판이 높고, 내신 비리를 뿌리 뽑으려면 수시와 학생부종합전형을 폐지해야 한다는 주장까지 들끓는다고 목소리를 높였다. 조희연 서울시 교육감은 판결 직후 "이런 일이 재발하지 않도록 고사 보안과 관련한 인식을 강화하고 학업성적 관리를 보다 철저히 해 학생 · 학부모에게 신뢰받는 학교를 만드는 계기로 삼겠다"라고 말했다.[37]

숙명여고 사태 이후 정치권에서도 각종 제도 개선책이 쏟아졌다. 입시라는 이슈는 이념 성향과 정파에 상관없이 각자 처지에 따라 첨예하게 의견이 갈린다. 정책에 대한 찬반이 선거에서 표로 연결될 가능성이 크다. 정치권이 입시제도에 민감한 이유다.

국회 교육위원회 소속 더불어민주당 박찬대 의원은 2019년 2월 28일 중 · 고등학교 시험지 유출 범죄 행위자 처벌조항을 법률에 명시하고 이를 가중 처벌토록 하는 '특정범죄가중처벌 등에 관한 법률 일부개정 법률안(일명 'SKY 캐슬법')'을 대표발의했다. 개정안에는 시험문제를 유출하거나 유포하는 경우 10년 이하의 징역 또는 3,000만 원 이하의 벌금에 처한다는 규정이 신설됐다.

더불어민주당 박경미 의원은 숙명여고 사태가 재연되지 않도록 '고등교육법 일부 개정 법률안'을 발의했다. 이 법안은 2019년 4월 5일 국회 본회의를 통과했다. 이로써 학종 등 대학입학전형의 공정성을 강화하기 위한 '입학사정관 회피' 제도의 법적 근거가 마련됐다. 법안이 통과되었으므로 대학입학전형에 응시하는 수험생과 가족 등 특수한 관계에 있는 입학사정관은 해당 학생의 선발 업무에서 배제된다.

법안에 따르면 공정한 학생 선발을 위하여 입학사정관 본인 또는 배우자가 입학전형에 응시한 학생과 4촌 이내의 친족인 경우 대학의 장이 해당 입학사정관을 해당 학생의 업무에서 배제하도록 했다. 또한 입학사정관이 입학전형에 응시한 학생을 학원에서 가르쳤거나 과외교습을 하는 등 특수한 관계에 있는 경우 대학의 장에게 의무적으로 그 사실을 알리도록 하고, 대학의 장은 이 또한 입학 업무에서 배제하도록 했다.

박경미 의원은 본회의 통과 직후 발표한 보도자료에서 "공정한 입학전형은 대학입시의 신뢰도와 직결되는 문제로, 부정비리가 개입될 소지를 원천적으로 방지하는 이번 개정안의 통과는 매우 의미가 깊다"라면서 "앞으로도 투명하고 공정한 대입제도 정착을 위해 필요한 입법적·정책적 노력을 다하겠다"라고 밝혔다.[38]

자사고 전쟁과
고교 서열화

이명박 정부
자사고 태동 때부터 논란

　이명박(MB) 전 대통령 교육 공약 1호였던 자사고는 등장 단계부터 논란의 중심에 섰다. 교육 당국과 학계의 연구 결과를 토대로 살펴보면 자사고는 2007년 한나라당 대선 후보 경선 당시 이명박 후보의 공약 '고교다양화 300 프로젝트'에서 비롯됐다.

　'학교만족 두 배, 사교육 절반'이라는 제목으로 된 공약 내용을 보면 자사고는 '국가의 획일적 통제에서 벗어나 교육과정, 교원 인사, 학사 등을 학교가 자유롭게 운영하고, 그 책무성을 학생과 학부모의 선택에 의해 평가받게 하는 사립고교 운영 모형'으로 정의된다. 자사고 설립 요건을 지방의 조례로 정하고(설립요건 기준을 교육감에게 맡긴다는 의미), 이에 부합하는 학교는 자율형으로 전환하는 준칙주의를 적용했다.

　이명박 후보가 당선된 후 제17대 대통령직인수위원회가 내놓은 백서 〈성공 그리고 나눔〉에서 한층 구체화한다. 이명박 정부는 학교에 대한 획일적인 규제를 대폭 철폐하고 학교의 제도와 운영을 다양화해 학교

교육의 내실화를 선도하겠다는 구상을 가졌다. 이를 '고교 다양화 300 프로젝트'로 구체화했다. 기숙형 공립고 150개, 마이스터고 50개, 자율형사립고 100개 등 300개의 다양화된 고교를 만들어 학생들의 학교 선택권을 확대하고, 동시에 농어촌 지역의 고교를 활성화하며, 전문계 고교의 발전 모습을 보여주겠다는 것이다. 당시 한나라당 이주호 의원(훗날 교육부 장관이 됨)의 아이디어가 두루 담겼다. 하지만 당시 여론조사를 보면 자사고 등 MB 교육정책이 추진될 경우 사교육비가 늘어날 것이라는 응답이 48.8%에 달했다. '변화 없을 것(26.6%)', '줄어들 것(14.3%)'이라는 의견을 압도했다. 자사고 드라이브가 본격화하던 이듬해 2월 같은 기관의 전국 여론조사 결과는 더 적나라하다. 자사고에 대한 찬성 여론은 24.4%, 반대 여론은 73.4%였다.

교육과학기술부는 2008년 3월 20일 대통령 업무보고에서 자사고 도입으로 학생 선택권을 확대하고, 교육과정 운영, 교직원 채용, 학교재정 운영 등의 자율성 확대를 위해 자사고 운영의 법적 근거를 마련하겠다고 보고했다.

한국교육학회 고교체제개편연구팀이 2008년 10월에 발표한 〈자율형 사립고등학교의 추진 방안 및 과제〉에는 당시 이명박 정부의 자사고에 대한 큰 그림과 한계가 나와 있다.

자사고의 긍정적인 키워드는 다양화, 선택, 자율성 등이다. 자사고의 가능성 측면에서 바라보는 부분을 보고서는 이렇게 요약했다.

"고교 다양화를 통한 학생 및 학부모의 학교 선택 기회 확대, 사학의 자율성 제고 요구 충족 등을 위해 학교 운영 자율권을 가진 사립고를 확대함으로써 학생 및 학부모들이 원하는 교육을 자유롭게 실현할 수 있도록 함."[39]

보고서는 자사고의 장점으로 고교 체제를 자율과 경쟁 체제로 유도하는 데 기여할 수 있다고 보고 있다. 교육 수요자들 입장에서는 학교 선택의 폭이 넓어지는 것이다. 고교 평준화 정책에서 놓친 사학의 자율성 보장 미흡이라는 문제도 해결할 수 있다. 사립 고교들이 건학 이념에 따라 원하는 방향으로 학교를 운영할 수 있는 길이 열리기 때문이다.

이 밖에 자립형사립고(당시엔 민사고, 상산고 등이 자립형사립고였음)나 특수목적고(과학고, 외국어고)에 몰리는 수요를 일부 분산시켜 이들 고교의 입학 경쟁률을 낮출 수 있으리라는 기대도 있었다. 자사고가 운영되면 이들 학교에 지원할 재정을 절약해 공립학교 교육 개선에 투자할 수 있는 여력도 생긴다.

보고서는 그러나 자사고가 안고 있는 한계도 적시하고 있다.

"기존 자립형사립고가 학교 간 격차 유발, 고교 서열화 증가, 입학 준비를 위한 사교육 증대, 귀족학교 등의 문제를 지적받아왔기 때문에 이들에 대한 비판적 시각을 얼마나 개선시킬 수 있는가가 한계로 작용할 것."[40]

자사고가 몰고 올 부정적인 효과로 '사교육 격차, 귀족학교, 서열화' 등을 거론하고 있다.

우선 과고와 외고 등 특목고는 상위 2~3% 학생들이 준비하지만, 이와 유사한 형태의 우수학교 100개가 더 생기면 더 많은 학생이 이들 학교에 입학하고자 할 것이다. 학생들 간 경쟁이 더 가열될 것이며, 이로 인해 사교육 시장이 팽창할 것이다. 이는 가장 공감을 얻은 우려 사항이었고, 실제로 이후 고교 입시 현장에서 현실화됐다. 박근혜 정부의 첫

교육 수장에 오른 교육 관료 출신 서남수 전 교육부 장관조차 2013년 2월 국회 인사청문회에서 "자사고가 입시 위주로 가 고교 서열화를 조장하고 학생을 경제적으로 차별화하는 문제가 있다"라며 부정적 의견을 밝히기도 했다.

2019년 초에 발표된 '2018 초·중·고 사교육비 조사' 결과는 사교육비 폭증 대란을 확인시켜주는 수치다. 1인당 월평균 사교육비가 29만 1,000원으로 전년 대비 1만 9,000원이 늘었다. 정부가 사교육비를 조사해 발표하기 시작한 지난 2007년 이래 가장 큰 폭의 증가였다.

2019년 2월 26일, 더불어민주당 김해영 의원은 교육시민단체 사교육걱정없는세상과 국회 정론관에서 기자회견을 열었다. 이 자리에서 전국단위 자사고의 '2018학년도 신입생의 중학교 내신 성적 분석 및 학생 1인당 학부모 부담금 실태' 조사 결과를 발표했다.

자사고는 학생 선발 권한에 따라 전국단위 선발권을 가진 10개교와 광역단위 36개교로 나뉜다. 부모가 부담하는 부담금(학비)의 경우 전국단위 자사고 10개교의 연간 평균 학비는 1,133만 원으로 조사됐다. 이는 일반고 학비(279만 원)의 4.04배에 달하는 금액이다. 광역단위 자사고의 연간 학비도 720만 원으로 일반고보다 2.5배 높았다. 특히 민사고는 학생 1인당 학부모 부담금(학비)이 연간 2,589만 원으로 일반고의 9.3배에 달했다.

자사고에 학생 선발의 자율권을 부여하면 이들 학교에 진학하고자 하는 중학생, 나아가 초등학생들의 과열 입시 경쟁이 유발될 것이라는 지적도 결과적으로 현실화했다.

사격세는 "자사고의 대거 등장 이후 우리 고교 체제는 급속히 수직 서열화됐고 사실상 고교 입시가 부활한 상황"이라며 "고교 서열화는 대학 서열화의 축소판이며 고교판 'SKY'인 자사고·특목고는 이제 대학 입학의 1차 관문이 되어 극심한 고입경쟁을 유발하고 있다"라고 주장하고 있다.

상산고를 겨눈
김승환의 칼

　2019년 6월 20일 전북 교육청 기자회견장. 전북 교육청의 상산고 재
지정 평가 결과를 취재하러 기자들이 몰렸다. 전북 교육청은 이날 상산
고가 재지정 평가에서 기준 점수(80점)에 미달하는 79.61점을 받았다며
지정 취소 결정을 내렸다.

　전북 교육청에 따르면 상산고는 31개 항목 중 일부 항목에서 낮은 점수
를 받았다. '사회통합전형 대상자 선발(사회적 배려 대상자)' 지표에서 4점
만점에 1.6점을 받은 것이 결정타였다. 학생 1인당 교육비 적정성 점수(2점
만점에 0.4점)도 저조했다.

　이 결정 이후 상산고와 학생, 학부모의 반발은 물론이고 해당 지역
정치인과 주민 등이 가세하며 정국의 쟁점으로 부상했다. 상산고가 교
육청의 재지정 평가에서 낙마했다는 소식에 여권 내부에서조차 반대
목소리가 나왔다. 국회의장을 지낸 더불어민주당 정세균 의원은 발표
당일 페이스북에 상산고 재지정 취소를 반대한다는 입장을 내놨다.

이례적으로 호남 정치인들과 자유한국당이 한목소리를 내며 여권을 압박했다. 민주평화당 정동영(전주병) 의원과 조배숙(익산을), 김종회(김제·부안), 유성엽(정읍·고창) 의원은 공동성명을 통해 상산고의 자사고 재지정 취소 위기를 전북 교육청의 전횡과 횡포로 규정했다. 같은 당 박지원(전남 목포) 의원도 페이스북에서 "자사고를 일률적으로 폐지하는 것도 반대하지만 기준이라도 같아야 납득이라도 한다"라고 지적했다. 바른미래당 정운천(전주을) 의원은 앞으로 국회에서 형평성 시비를 강력하게 문제 삼겠다고 별렀다. 자유한국당 민경욱 대변인은 "자사고만 폐지하면 입시경쟁을 막고 고교 서열화를 없앨 수 있느냐"며 "하향 평준화만 지향하는 이번 정권에서 대한민국 교육은 뒷걸음질 치고 있다"라고 비판했다. 오직 정의당만 자사고는 입시 위주 교육의 산물이라며 지정 취소 결정을 긍정적으로 평가했지만 역부족이었다.

2020년 총선을 앞두고 호남 표심을 의식하지 않을 수 없기에 여권의 부담은 컸다. 여권 일각에서는 자사고 재지정 취소 여부의 동의권을 쥔 유은혜 부총리가 '부동의'해서 사태를 원점으로 돌려야 한다는 시나리오까지 흘러나오기도 했다. 청와대와 교육부는 '부동의' 보도가 낭설이라고 일축했지만, 결과적으로 맞은 꼴이 됐다.

상황이 심상치 않게 돌아가자 당사자인 김승환 전북 교육감이 맞대응에 나섰다. 김 교육감은 24일 도 교육청에서 기자 간담회를 갖고 "상산고 자사고 지정 취소 결정에 대한 정치권의 압박은 교육감에게 불법을 저지르라고 하는 일"이라는 입장을 밝혔다. 그러면서 "정치권이 조언할 수는 있지만 (조언을 넘어) 개입하는 것은 단호하게 대응하겠다. (정치권이) 어떤 압력을 넣는지 사회관계망서비스(SNS)를 통해 실시간으로 밝히겠다"라고 으름장을 놨다. 그는 특히 "교육부 장관이 전북 교육청 결정에 동의하지 않을 것이라고는 생각하지 않는다"라며 "부동의가 이뤄진다면 권한쟁의심판 절차에 들어가는 등 할 수 있는 일은 다 하겠다"라고 덧붙였다.

여야의 정치적 공방으로 국회가 파행 중이던 6월 26일. 국회 교육위원회만큼은 상임위 전체회의를 열었다. 상산고 이슈가 그만큼 엄청난 파괴력을 가졌다는 방증이자 자사고 이슈가 여의도에 본격 상륙했다는 뜻이다. 이날 회의에서는 여야 가릴 것 없이 전주 상산고에 지정 취소를 통보한 전북 교육청을 향해 "이해할 수 없다"라는 입장을 내놨다.

자유한국당 이학재 의원은 교육 당국의 자사고 재지정 평가를 '답정너(답은 정해져 있고 너는 대답만 해)'라고 요약했다. 자사고 재지정 평가는 사실상 '자사고 죽이기'나 다름없다는 주장이다. 이 의원은 유 부총리에게 "자사고가 (청산해야 할) 적폐냐"라고 물으며 "정말 조폭 같은 교육행정이고, 교육 독재적 발상"이라고 비판했다.

유 부총리는 "설립 취지에 맞게 운영된 자사고는 (재지정 취소 없이) 계속 운영될 것"이라며 기존 입장을 고수했다. 여당인 더불어민주당 소속 의원들도 자사고를 고교 서열화, 일반고 황폐화의 원인으로 지목하는 교육 당국의 입장에는 공감하면서도 상산고 지정 취소 절차에는 문제가 있다고 지적했다. 전북 교육청만 기준 점수 70점에서 10점을 더 높여 평가한 점, 사회통합전형 선발 의무가 없는 상산고에 해당 지표를 적용한 점 등이 문제로 꼽혔다. 상산고는 79.61점을 받아 0.39점 차이로 기준 점수에 미달했다.

유 부총리는 전북 교육청의 재지정 평가기준 점수 상향(80점) 논란에

"문제 제기가 일리가 있다"라고 말하면서도 "취소 결정은 교육감의 권한"이라고 못 박았다. 김 교육감은 "같은 평가지표로 일반고를 평가해도 70점 이상이 나왔다. 적어도 자사고라면 80점은 돼야 한다"라는 취지로 맞섰다.

서울로 옮겨붙은
자사고 불길

상산고에서 번지기 시작한 불길은 뇌관이 수두룩한 서울로 옮겨붙었다. 2019년 6월 27일 조희연 서울시 교육감이 등판했다.

조 교육감은 이날 종로구 서울시 교육청에서 진행한 재선 1주년 기자회견에서 "올해 재지정 평가(운영성과 평가)를 받은 13개 자사고의 지정 취소 여부를 다음 달 10일 전에는 발표하겠다"라고 말했다. 이들 자사고의 평가 결과를 담은 보고서는 이미 교육청에 제출됐다. 교육청은 '자율학교 등 지정·운영위원회' 개최 날짜를 정하고 있다.

자사고 지정 취소에 교육부가 동의하지 않으면 권한쟁의심판을 청구할지 여부에 대해서는 "확정된 것은 없다. 권한쟁의심판은 행정기관 사이 의견이 불일치할 때 (이를 해결하는) 통상적인 방법"이라며 가능성을 닫지는 않았다. 그러면서 "교육부가 동의하리라 기대한다"라고 덧붙였다.

조 교육감은 세부 점수 등 자사고 운영평가 결과 공개 범위는 "개별 학교에 점수를 통보하기 때문에 결국 알려질 것"이라고 말했다. 최근 초·중등교육법령을 고쳐 자사고라는 학교 형태를 아예 없애는 방안을 다시 들고나온 것에 대해서는 "평가를 해보니 교육청별로 재지정 기준 점과 배점 등이 들쑥날쑥해 공정성 논란이 불거지는 만큼 이를 계기로 근본적인 제도 변화를 생각해보자는 것"이라고 설명했다. 특히 "어떤 자사고는 79점을 받고도 떨어지고 75점을 받은 자사고는 지위를 유지하는 상황은 국민이 느끼기에도 이상한 지점이 있을 것"이라면서 "(평가 전에는) 예상하지 못한 혼란"이라고 지적했다.

조 교육감은 그즈음 나와 만나 어려운 결정을 앞둔 속내를 "모교인 중앙고까지 대상이어서 솔직히 부담스럽다. '아버지여, 이 잔이 제게서 지나가옵소서' 하는 심정이 될 때도 있다"고 털어놓기도 했다. 이날 부산의 유일한 자사고인 해운대고등학교도 자사고 지정이 취소됐다. 부산시 교육청은 "해운대고에 대한 운영성과를 평가한 결과, 재지정 기준 점수(70점)에 미달하는 54.5점을 받아 자사고 지정 취소 절차를 진행한다"라고 밝혔다.

충남 교육청은 6월 28일 자율형사립고인 천안북일고등학교가 운영 성과 평가 결과 기준 점수인 70점을 초과해 자사고 지정 기간을 2025년까지 연장한다고 밝혔다.

7월 1일에는 강원 교육청이 도내 유일한 자사고인 민족사관고등학교 (민사고)의 자사고 지위를 5년 더 연장하기로 했다. 강원도 교육청은 "자사고인 민사고에 대한 운영성과를 평가한 결과, 재지정 기준 점수(70점)를 웃돌아 자사고 심의를 통과했다"라고 밝혔다.

서울자사고학부모연합회(자학연) 회원들은 7월 3일 청와대 사랑채 앞

분수대에서 자사고 폐지 반대 기자회견을 마친 뒤 청와대에 편지와 시민 3만 명의 서명서를 전달했다. 서명서에는 자사고 폐지를 막아달라는 내용이 담겨 있었다. 자학연은 며칠 후 있을 서울시의 자사고 재지정 심사를 앞두고 서울의 22개 자사고 학부모가 만든 모임이다. 이들은 대통령 앞으로 보낸 편지에서 문재인 정부의 평등교육정책에 대한 회의론을 담았다. 자사고를 일반고로 전환하면 강남 8학군 부활이 불 보듯 뻔해 교육 양극화가 되레 심해질 것이라고 주장했다.

이들과 전혀 다른 시선을 가진 이들도 있었다. 전주시초중고학부모연합회는 7월 4일 전북 교육청에서 기자회견을 열고 "자사고를 일반고로 전환해 평등교육을 보장해야 한다"라고 주장했다.

이들의 주장은 자사고의 대거 등장 이후 우리 고교 체제가 급속히 수직 서열화돼, 사실상 고교 입시가 부활한 상황이 됐다는 것이다. 고교 서열화는 대학 서열화의 축소판이며 고교판 SKY인 자사고·특목고는 이제 대학 입학의 1차 관문이 되어 극심한 고입경쟁을 유발하고 있다는 논리다.

"민사고, 하나고, 외대부고 등과 같이 교육과정이 수시 중심인 전국단위 자사고에 진학하려는 학생은 영재고나 과학고보다 오히려 더 많은 역량을 필요로 한다. 아직 진로의 방향이 정해지지 않아 입학 후 문과에서 이과까지 다양하게 선택할 수 있고, 영재고나 과학고보다는 동아리활동과 대내외적 다양한 활동을 경험할 수 있다. 교과 성적에서도 지필고사보다 수행평가나 서술형 평가의 비중이 높다. 상산고, 현대청운고, 포항제철고, 광양제철고 등은 정시 중심 전국단위 자사고인데 강남권 일반고와 성향이 비슷하다. 수능 위주로 교육과정이 편성되어 있으며 최상위권은 내신과 수능 지수의 차이가 크기 때문에 본능적으로 정시 중심으로 학습하는 성향이 강하다."[41]

　자사고 지정 취소 논란은 7월 9일이 분수령이었다. 자사고 지정 취소 대상이 가장 많았던 서울 지역은 상산고 지정 취소 파문 이후 '판도라의 상자'가 됐다. 뚜껑이 열리기 전에는 1~2곳이 되리라는 얘기부터 절반이 넘을 거라는 얘기까지 무수한 관측이 쏟아졌다.

　"아무래도 2014년에 지정 취소나 취소유예 통보를 받았던 학교들이 불안하겠죠."

　서울 지역의 결과 발표를 하루 앞둔 8일 자사고 측 관계자가 한 말이다. 이 관측이 하루 만에 현실이 됐다.

　9일 서울시 교육청 기자회견장에서 서울 자사고 평가 대상 13곳 중 8곳이 지정 취소 통보를 받았다. 8곳 중 한대부고를 제외한 경희 · 배재 · 세화 · 숭문 · 신일 · 중앙 · 이대부고 등 7곳은 2014년 이미 취소 위기에 몰렸던 곳들이다.

　이날 인천시 교육청은 인천포스코고를 자사고로 재지정했다. 이로써 전국적으로 올해 대상인 총 24개교 중 11곳이 지정 취소, 13곳이 재지정 통보를 받았다.

　서울시 교육청은 두 번째 취소 통보를 받은 자사고에 대해 "지난 5년간 자사고 지정 목적에 맞는 학교 운영을 위한 개선 노력이 부족했다"라고 설명했다. 일각의 '자사고 죽이기'라는 주장에 대해서도 반박했다. 서울시 교육청 박건호 교육정책국장은 "자사고 폐지 정책의 일환으로 운영평가를 시행한 게 아니다"라면서 "평가 취지를 훼손하지 않는 범위에서 자사고 측 요청을 최대한 수용했다"라고 강조했다. '자사고 폐지'

를 공약으로 내걸었던 조 교육감이 이날 발표 현장에 모습을 드러내지 않은 것도 '공정성 시비'를 의식한 행보로 보인다.

서울 자사고 교장·학부모·동문 등으로 구성된 자사고공동체연합(자사고연합)은 서울시 교육청 발표 직후 "평가 전 과정에 대한 공익감사 청구, 소송 등 모든 방법을 동원해 '자사고 폐지 기도'를 저지할 것"이라며 총력전을 예고했다. 지정 취소 8개교뿐 아니라 2020년 평가 대상인 학교까지 서울 자사고 22개교가 비상 체제를 구축해 대응하기로 했다 .

평가 대상 절반이 넘는 자사고의 지위를 박탈한 서울시 교육청의 결정엔 사실상 조 교육감의 의지가 반영됐다는 평가가 나온다. 5년 전 좌절된 공약 이행이 문재인 정부가 천명한 '자사고의 일반고화'를 만나 추진력을 얻었다는 분석이다. 2014년 지방선거에서 '진보 돌풍'의 중심에 섰던 조 교육감은 당선 직후 전임 문용린 교육감 시절 이뤄진 평가를 뒤집고 재평가를 실시해 자사고 6곳에 지정 취소, 2곳에 취소유예를 통보했지만 당시 교육부가 '부동의' 권한을 행사하면서 무산된 바 있다.

그러나 절치부심한 조 교육감의 결단은 보수와 진보 진영 모두로부터 환영받지 못했다.

'자사고 전면폐지'를 주장해온 진보 교육계는 서울시 교육청의 이번 결정이 '봐주기식 평가'에 불과하다고 일갈했다. 전교조는 논평을 통해 "교육청이 부실한 재지정 평가로 온갖 학사비리가 드러난 자사고의 수명을 연장하는 '심폐소생술'을 행한 꼴"이라고 비판했다. 전교조는 "(이번 결과가) 조희연 교육감이 스스로 밝힌 '자사고 폐지는 시대정신'이라는 기조에 부합하는지 되묻고 싶다"라며 "자사고의 일반고 전환은 문재인 대통령과 조 교육감의 공약이자 100대 국정 과제였다는 점에서, 국민과의 약속을 지키려는 의지가 매우 부족한 결과"라고 저평가했다. 이어 "정부는 국민과 약속한 '자사고의 일반고 전환' 약속을 지켜야 한다"라며 "정부가 시·도 교육청에 책임을 떠넘기지 말고 자사고 존립 근거인 초·중등교육법 시행령 제91조의 3 조항을 삭제하고 서열화된 고교 체제 개편에 적극적으로 나서라"고 촉구했다.

논조는 다르지만, 보수 진영도 반대의 목소리를 냈다. 교총은 "정치 이념에 따라 교육정책이 오락가락하고 있다"며 "국민 합의 없는 독단적 결정"이라고 성토했다. "현재의 자사고 존폐 논란은 학교 각각의 재지정 여부를 넘어 고교 체제가 정권과 교육감 성향에 좌우된다는 데 근본 원인이 있다"라며 "고교 체제라는 국가 교육의 향배가 특정 정치 성향에 좌우되고, 정권과 교육감이 바뀔 때마다 학교 만들기와 없애기가 반복된다면 자사고 존폐 논란은 계속될 수밖에 없다"라고 지적했다. 교총은 "고교 체제 구축은 국가 차원의 검토와 국민적 합의를 통해 결정해야 한다"라며 "고교의 종류, 운영 등을 시행령이 아닌 법률에 직접 규정하는 '교육법정주의'를 확립해 교육의 일관성과 안정성을 회복하는 데 국회와 정부가 나서야 한다"라고 강조했다.

상산고의
기사회생 vs 차도살인

2019년 7월 26일 오후 2시, 정부 세종청사 교육부 브리핑장은 전북 상산고와 경기 안산 동산고의 자사고 재지정 취소와 관련한 교육부의 동의 여부를 취재하려는 기자들로 붐볐다. 예정된 2시가 되자 박백범 교육부 차관이 마이크를 켜고 브리핑을 시작했다. 박 차관은 유은혜 장관이 상산고에 대한 김승환 전북 교육감의 자사고 지정 취소 결정에 동의하지 않았다고 밝혔다. 한 달여 전 전북 교육청의 재지정 평가에서 탈락해 자사고 지정 취소 위기에 몰렸던 상산고가 기사회생한 순간이었다.

박 차관은 브리핑에서 "전북 교육청의 사회통합전형 선발 비율 지표는 재량권을 일탈 또는 남용한 것으로, 위법하고 평가 적정성도 부족하다고 판단했다"라고 설명했다.

교육부는 이날 발표한 보도자료에서 그 이유를 이렇게 설명했다.

"현행 초 · 중등교육법 시행령 부칙이 상산고를 포함한 구 자립형사립고에 사회통합전형 선발 비율 적용을 제외한다고 명시하고 있음에도 정량지표로 반영한 것은 재량권의 일탈 또는 남용에 해당하여 위법하다고 판단했다."

'옛 자립형사립고'는 상산고와 민족사관고, 광양제철고, 포항제철고, 해운대고, 현대청운고 등으로 흔히 '원조 자사고'로 불리는 학교들이다. 김대중 정부 때 고교 평준화의 문제점을 보완하고 다양한 고교교육을 실시하기 위해 세워졌다. 이명박 정부 출범 이후 '자율형사립고'로 이름이 바뀌었지만 이른바 '이명박 정부 자사고'와는 결이 다르다.

교육부의 이어진 설명도 사회통합전형과 관련하여 전북 교육청이 실수했다는 내용이다.

"전북 교육청은 2013년 교육부의 〈일반고 교육력 강화 방안〉에 명시된 구 자립형사립고의 사회통합전형 선발 비율 확대를 권장하는 공문(2013년 12월 24일)을 상산고에 발송했으나, '일반고만 해당'이라는 문구를 포함하여 자사고인 상산고에 정확히 안내가 되지 않았다. 매년 고입전형 기본계획을 수립하면서 사회통합전형 대상자 선발 비율을 상산고에서 자율적으로 결정할 수 있도록 명시하고, 상산고가 제출한 3%를 승인했다. 또한 상산고 측에서 정량평가 기준(10%)을 사전에 예측하기도 어려웠기에 평가 적정성이 부족하다고 판단했다."

한마디로 사회통합전형 평가지표가 상산고의 운명을 가른 것이다.

박 차관은 취재진과의 간담회에서 "올해 1월 시 · 도 교육청 회의에서 사회통합전형 지표는 옛 자립형사립고에는 정량평가를 하지 않기로 협의했다"라면서 "옛 자립형사립고가 있는 다른 교육청은 이를 받아들였지만 전북 교육청만 정량평가를 했다"라고 덧붙였다. 김성근 교육부 학교혁신지원실장도 "당시 교육부에서 제시한 표준안은 교육부와 시·도 교육청 담당자들이 함께 최소한의 가이드라인 성격으로 만들었다. 이후 적용 과정에서 (이번에) 문제가 된 부분을 공지했고 많은 교육청은 그 부분을 받아들였다"라고 부연했다. 전북 교육청의 '무리한 마이웨이가 빚은 위법'이라는 뜻이다.

김승환 전북 교육감이 발끈하면서 교육부와 교육청은 일촉즉발의 위기로 치달았다. 김 교육감은 29일 오전 확대간부회의에서 "상산고 자사고 재지정을 둘러싼 문제는 끝난 게 아니다. 지난 주말부터 소송 형식과 승소 가능성을 검토하고 있다"라고 말했다. 교육부 부동의권 행사에 대한 헌법재판소 권한쟁의심판 청구, 교육부 상대 행정소송 등을 검토 중이라는 뜻이다.

김 교육감은 특히 '남의 칼을 빌려 사람을 죽인다'라는 의미의 사자성어 차도살인(借刀殺人)을 인용해 교육부에 '전쟁'을 선포했다. 그는 "자사고 지정 결정에 대한 교육부 장관의 동의권은 박근혜 정부가 만든 조항으로, 지난해 전국 시도교육감협의회와 교육부가 이 조항을 없애겠다고 합의했다"라면서 "그런데도 교육부가 이미 사망 선고된 조항을 활용한 것에 대해 부끄러운 줄 알아야 한다"라고 비난했다. 또 "교육부는 이번 결정으로 신뢰 관계의 파괴 등 많은 것을 잃었고 결코 회복할 수 없을 것"이라며 "교육부와 정부는 이 시점부터 더는 전북 교육청과 시도교육감협의회의 협력을 기대해서는 안 될 것"이라고 못 박았다. 김 교육감은 시도교육감협의회 회장을 맡고 있다.

전북도 교육청은 8월 12일 상산고의 자사고 지정 취소 결정에 대한 교육부의 부동의 처분 취소 소송을 대법원에 청구했다. 지방자치에 관한 법률에 따르면 주무장관의 이행 명령에 이의가 있으면 15일 이내에 대법원에 소송을 제기할 수 있다.

자사고의
운명은?

    교육부는 8월 2일 서울시 교육청이 경희·배재·세화·숭문·신일·중앙·이대부고·한대부고 등 8개 자사고에 내린 지정 취소 결정과 부산시 교육청이 부산 해운대고에 내린 자사고 지정 취소 결정에 모두 동의한다고 발표했다. 박백범 교육부 차관은 정부세종청사에서 연 브리핑에서 "서울시 교육청과 부산시 교육청의 자사고 운영성과 평가 절차 및 내용이 적법해 서울 8개교와 부산 해운대고의 자사고 지정 취소에 동의하기로 했다"라고 밝혔다.

    교육부는 서울시 교육청과 부산시 교육청의 서면·현장평가, 평가 결과 통보, 청문, 교육부 동의 신청 등도 적법하게 진행됐다고 확인했다. 박 차관은 "부당한 결론에 이르지 않도록 교육청별 평가 내용과 절차 등이 법령을 위배한 게 없는지를 비롯해 공정하고 엄정하게 검토했다"라고 말했다. 1주일 전 상산고 부동의 때와는 정반대 상황이 연출된 것이다.

이로써 2019년 자사고 지정 취소를 둘러싼 행정 절차가 마무리됐다. 대상 학교 24개교 중 모두 10곳의 지정 취소가 확정됐다. 자발적으로 일반고 전환을 신청한 서울 경문고와 전북의 군산중앙고, 익산남성고, 대구 경일여고를 합치면 14곳이다. 하지만 탈락한 자사고들이 낸 가처분 신청을 법원이 모두 받아들여 자사고 지위를 유지한 채 2020년 고입을 치르게 됐다. 온 나라를 떠들썩하게 하더니 결과적으로 어설프게 봉합된 셈이다.

문재인 정부의 고교 체제 개편은 '고교 서열화 해소'를 목적으로 1단계(2017~2019년) 고교 입시제도 개선, 2단계(2018~2020년) 엄정한 자사고·특목고 운영성과 평가, 3단계(2020년 이후) 사회적 합의를 통한 고교 체제 개편으로 짜여 있다.

그렇지만 2019년 자사고 재지정 평가 결과를 보면 고개를 갸웃하게 한다. 재지정 평가에서 탈락한 10개교 중 부산 해운대고를 빼면 광역단위 자사고로 불리는 '2기 자사고'다. 이명박 정부 시기인 2010년을 전후해 대거 지정된 곳이다. 고교 입시 서열 피라미드에서 중상위권 정도로 분류되는 곳이다.

이에 반해 고교 입시 먹이사슬의 맨 윗단에 자리한 '원조 자사고'는 해운대고를 빼고는 다 살아남았다. 기사회생한 상산고를 비롯해 민족사관고, 현대청운고, 광양제철고, 하나고, 김천고, 포항제철고, 북일고 등 8개교다.

"전국 3대 자사고인 외대부고와 하나고, 민사고의 2018학년도 서울대 수시 합격률은 16.4%였다. 100명 중 20위권 안에 들면 서울대 수시 가능권이고, 40위권까지는 서울대에 원서를 써볼 수 있는 것이다. 상위

60%에 들면 톱3 대학 진학도 유력하다."[42]

진보 교육계에서조차 살아남은 자사고 때문에 고입 경쟁과 서열화가 더 심해졌다고 지적했다. 입시 업계 관계자는 "살아남은 전국형 자사고를 교육 당국이 좋은 학교라고 '보증'해준 셈"이라며 "이들 자사고로 쏠림이 나타날 수밖에 없다"라고 말했다. 박 차관도 고교 서열화가 되레 심화한 것 아니냐는 질문에 "그런 측면을 부인하지는 못할 것 같다"라고 인정했을 정도다.

입시 전문가들은 이번 사태의 여진에 대한 평가는 달리 내리면서도 고교 입시에 적잖은 변수가 되리라는 데에는 의견을 같이했다. 종로학원하늘교육 임성호 대표는 "현재 중3 학생들이 고1이 되면 올해와 다른 내신 양상이 전개될 것"이라며 "이번에 지정 취소된 자사고 재학생 중 내신이 좋지 않은 아이들 위주로 전학을 갈 텐데, 그렇게 되면 남아 있는 내신 상위권 학생들이나 원래 일반고에 다니던 학생들은 지금보다 좋은 성적을 거두기가 더 어려워진다"라고 설명했다. 임 대표는 "지정 취소된 자사고들의 정원만 3,000명"이라면서 "교육청에서는 지금 재학생들은 자사고 지위가 유지돼 피해가 없을 거라고 하지만 전학을 갈지 말지 고민하는 것 자체가 피해"라고 꼬집었다. 메가스터디 교육입시전략연구소 남윤곤 소장 역시 "자사고에 대한 수요가 이번에 살아남은 자사고들이나 영재고, 과학고 등의 학교로 몰릴 가능성이 있다"라고 분석했다.

이대로라면 2020년에도 2019년과 같은 혼란은 불가피하다는 우려가 나왔다. 2020년 재지정 평가 대상은 자사고 12곳에다 외고·국제고 등 특목고까지 포함하면 48곳이다. '기승전 입시'인 한국의 현실에서는 교육 당국과 학교·학부모 간 갈등이 훨씬 커질 수 있다. 이 때문에 교육 당국이 하루빨리 근원적 처방을 내놔야 한다는 지적이 일고 있다.

교총은 "이번 자사고 존폐 논란은 개별 자사고의 재지정 여부를 넘어 정권과 교육감에 따라 고교 체제가 좌우되는 '교육법정주의 훼손'에 근본 원인이 있다"라며 "2020년에도 지금과 같은 재지정 절차가 유지된다면 혼란과 갈등이 재연되고 학생, 학부모 등의 피해가 되풀이될 수밖에 없다"라고 지적했다. 그러면서 "고교 체제를 법으로 규정해 교육법정주의를 확립해야 한다"라고 강조했다. 이처럼 보수 진영은 특히 '깜깜이 평가' 문제를 지적하며 교육부의 결정이 교육감의 재량권 남용에 면죄부를 부여하고 예측 가능성과 신뢰성이 생명인 교육에 큰 오점을 남겼다고 비판했다.

한편 전교조는 논평에서 "정부는 자사고·특목고의 존립 근거인 초·중등교육법 시행령 조항을 삭제하고 영재고, 과학고, 자사고, 외고, 국제고 등 공고하게 서열화된 고교 체제 개편에 적극적으로 나서야 한다"라며 "일반고 중심의 고교 체제 개편 방안을 즉각 발표하고 공교육 정상화에 박차를 가해야 한다"라고 촉구했다. 사걱세는 "교육청의 '평가권'과 교육부의 '동의권'은 언제든 어긋날 수 있음을 다시 확인했다"라면서 제도 개선책을 주문했다.

교육부는 이에 자사고·외고 완전 폐지 여부는 국가교육회의 또는 이르면 2020년에 출범할 국가교육위원회를 통해 공론화에 부치겠다는 입장이었다.

그런데 '조국 사태'로 촉발된 '교육 공정성' 논의가 고교 서열화 해소를 위한 고교 체제 개편 논의를 재점화했다.

문재인 대통령은 9월 9일 조국 법무부 장관 임명 후 대국민 메시지를 통해 "국민을 좌절시키는 기득권과 불합리의 원천이 되는 제도까지 개혁해나가겠다"라면서 "고교 서열화와 대학입시의 공정성 등 기회의 공정을 해치는 제도부터 다시 한번 살피고, 특히 교육 분야의 개혁을 강력히 추진해나가겠다"라고 강조했다.

문 대통령의 이날 발언 가운데 교육계의 관심은 고교 서열화 해소에 집중됐다. 교육계에서는 문재인 정부의 고교체제 개편 작업이 한층 속도를 낼 것으로 분석하고 있다. 2019년까지 진행된 1~2단계 작업이 반쪽짜리라는 비판을 받고 있기 때문이다.

사실 고교체제 개편 로드맵은 1단계(2017~2019년)부터 삐걱거렸다. 교육부는 2017년 11월 "자사고의 우수 학생 선점을 해소하겠다"라면서 자사고·외고가 학생을 일반고와 동시에 모집하도록 법령을 바꿨다. 동시에 이중지원도 하지 못하도록 막았다. 그러나 헌법재판소가 2019년 4월 '이중지원 금지' 부분에 위헌 결정을 내리면서 1단계는 자사고·외고의 '학생 우선 선발권'만 없애는 선에서 봉합됐다.

2단계인 2019년 자사고 재지정 평가 결과도 깔끔하지 않다. 앞서 언급했듯이, 재지정 평가에서 탈락한 자사고 대부분이 광역단위 자사고다. 즉 입시 서열 피라미드에서 중상위권으로 분류되는 곳이다. 그나마도 탈락한 자사고들이 지정 취소 결정에 반발해 법원에 낸 집행정지 가처분 신청이 받아들여진 상태다. 진보 교육계에서는 살아남은 자사고 때문에 고입 경쟁과 서열화가 더 심해졌다고 비판한다.

3단계(2020년 이후)는 사회적 합의를 통한 고교 체제 개편이다. 이는 시행령을 개정해 자사고·외고의 법적 근거 자체를 없애는 것을 가리킨다.

 문 대통령의 고교 서열화 해소 대책 마련 지시 이후 교육부는 3단계를 앞당기는 방안을 적극 검토하고 있다. 유 부총리는 9월 30일 가진 기자간담회에서 "(자사고·외고 일괄 폐지에 대해) 열어놓고 검토하고 있다"라고 말했다. 유 부총리가 언급한 '자사고·특목고 일괄 폐지'는 이 학교들에 대한 설립 근거를 담은 초·중등교육법 시행령을 개정해 아예 모든 자사고·외고·국제고를 한 번에 일반고로 전환하자는 안이다. 유 부총리는 2019년이 가기 전에 결론을 내리겠다고 못 박았다.

 단계적 일반고 전환 정책을 접고 시행령 개정을 통한 일괄 폐지에 나서겠다는 것이다. 조국 사태를 계기로 대입 공정성이 화두로 떠오르자 위기감을 느낀 여권이 그동안 땜질식으로 대처해왔다는 비판을 산 고교 서열화 해소 대책으로 돌파구를 모색하고 있다는 뜻이다. 교육 당국이 결국 칼을 빼들었다. 교육부는 11월 7일 '고교 서열화 해소 방안'을 발표했다. 초중등교육법 시행령을 개정해 2025년 3월부터 고교학점제 도입과 함께 자사고와 외고, 국제고를 일반고로 일괄 전환하겠다고 발표했다. 민족사관고와 상산고, 북일고처럼 전국단위 모집 일반고의 모집 특례도 폐지하기로 했다. 과학고와 영재학교는 존치하되 선발방식은 개선하기로 했다. 이에 따라 수월성 교육을 둘러싼 보수와 진보 진영 간 해묵은 논쟁이 또다시 가열될 전망이다. 정권마다 바뀌는 입시를 치르거나 준비해야 하는 수험생과 학부모의 불만도 고조되고 있다. 일괄전환 시점인 2025년은 다음 정권이라는 점에서 실제로 추진될 수 있을지도 미지수다.

세상의 '입알못'들을 위하여

수능 당일이면 직장인 출근 시간은 물론 비행기 이착륙까지 늦추는 게 당연한 나라. 구조조정의 광풍이 불던 국제통화기금(IMF) 구제금융 위기 당시 '지필시험'으로 해고자를 결정한 나라. 시험, 그중에서도 대입은 온 국민의 관심사다.

나는 아직도 종종 20여 년 전 학력고사를 다시 치르는 악몽을 꾼다. 가슴 속 깊은 회한이 되살아나는 모양이다. 군대에 다시 가는 꿈보다 더 진한 식은땀이 난다. 그 시절 후기 학력고사 시험지 도난 사건이라는 초유의 불운까지 겪은 터라 되도록이면 입시의 '입' 자도 다시 마주하고 싶지 않았다.

삼 남매를 키우면서도 교육정책을 담당해 취재하기 전까지는 '학종'이라는 단어 자체도 모르던 '입알못'이었다.

"비교과는 또 뭐야? 공부만 잘하면 됐지, 뭐가 그렇게 복잡해."

드라마 〈SKY 캐슬〉의 예서 아빠 대사처럼, 처음에는 내 심정이 딱 그

랬다.

"옛날 학력고사 세대와는 달라요. 라면 하나를 끓일 때도 설명서를 읽는데 대한민국 최고 의대를 가려 하면서 어떻게 전략을 안 짜?"라는 예서 엄마의 대사도 과한 치맛바람 정도로 치부했다.

예서 엄마의 말이 현실에 가깝다는 것을 깨닫는 데는 그리 긴 시간이 필요치 않았다. 학종이 서울대를 비롯해 주요 대학의 대세로 자리 잡으면서 '금수저', '깜깜이', '쓰앵님'이 현실화되고 있다는 건, 안타깝지만 팩트였다.

획일적 입시 너머를 꿈꾸는 학종의 그 좋은 취지는 현장에 제대로 안착하지 못한 채 가진 자들에게 유리한 방향으로 흘러가고 있었다.

학종이 선물한 '고교교육 정상화'라는 성과도 빛이 바래간다. 고교교육 정상화를 명분으로 학종 옹호론을 펴는 교사들은 학부모들에게 기득권 수호 집단으로 비친다. 공정성의 깃발 아래 활활 타오르는 정시 확대론으로만 사람들이 몰린다. 교육부가 11월 5일 고교 유형별 서열구조가 고착화한 학종의 문제점을 보여주는 13개 대학 실태조사 결과를 발표했지만 정시 확대론자와 학종 개선론자의 갈등은 되레 커지고 있다.

정시 확대론이 맞는다면 그 길로 가면 되겠지만, 그 역시 역사의 수레바퀴를 뒤로 돌리는 일이다. 학종이든 정시든 금수저에게 유리하다는 게 진실에 가깝다.

고백하자면, 책을 쓰는 내내 회색지대에서 방황했다. 정시 확대와 학종 개선론 어느 쪽에도 손을 들어주지 못한 채 어정쩡하게 오갔다. 지금도 두 갈래 길이 정녕 함께 갈 수 없는 '제로섬'인지 확신이 서지 않는다. 수능이든 학종이든, 각자 처한 상황에 따라 유불리가 갈린다. 나도 마찬가지다.

그렇지만 내 아이들이 시험으로 평생 악몽에 시달리거나, 금수저를 물지 못한 제 신세를 한탄하는 모습만은 보고 싶지 않다.

하여 글이 엇나갈 때마다 마음을 다잡았다. "공부만 잘하면 되는 거 아냐?"라는 예서 아빠의 말에 고개가 끄덕여지는 '입알못' 동지들을 위한 '학종 팩트체커' 역할에 미력을 보태자고. 다행인지 불행인지 책을 쓰는 내내 점검해야 할 학종 뉴스가 쏟아져 내용이 풍성(?)해졌다.

학종을 심층적으로 다룬 연구자들의 선행 연구에 큰 빚을 졌다. 취재 과정에서 직간접적으로 인터뷰와 설문조사, 자문에 응해준 교육전문가와 당국자, 입시전문가들에게 고마움을 전한다. 내가 몸담고 있는 〈세계일보〉의 동기와 선후배들의 지지, 논픽션그룹 〈실록〉의 응원은 큰 힘이 됐다. 흔쾌히 출간해준 민혜영 카시오페아 대표와 졸고를 살뜰히 챙겨준 편집자께도 사의를 표한다. 아내 윤정과 경준·연서·민재 삼 남매의 사랑이 없었다면 이 책은 세상에 나오기 어려웠을 것이다.

2019년 11월 15일
세종시 가재마을에서
이천종

주석

1장

1 박찬대, 2019.9.25, pp.1~3 참조

2 안민석, 2017.10.19, pp.1~2 참조

3 박남기, 2018, p.98

4 대입제도개편공론화위원회, 2018, p.73

5 김은실, 2017, pp.89~90 참조

6 임명선 외, 2016, p.33

7 김해영, 2019.9.27, pp.1~2 참조

8 한국대학학회, 2017, p.33

9 민인식 외, 2017.7, p.74

10 여유진 외, 2015.12.31, pp.175~176 참조

11 남궁지영, 2018, p.16

12 남궁지영, 2018, p.18

13 김희삼, 2011.4, pp.28~29

14 여영국, 2019.10.8, pp.1~2

15 여영국, 2019.10.6, pp.1~3

16 사걱세, 2019.10.7, pp.1~9 참조

17 심정섭, 2019, p.311

18 심정섭, 2019, p.180

19 황병원 외, 2016, p.38

20 황병원 외, 2016, p.38

21 심정섭, 2019, p.181

22 이재연, 〈국민일보〉, 2018.5.11

23 박남기, 2018, pp.331~332

24 법무부, 2017.11.7, p.4

25 국회, 2007.7.3, p.1

26 심정섭, 2019, p.229

27 유은혜, 2017.10.17

28 김원배, 〈중앙일보〉, 2013.6.12

29 EBS '시험' 제작팀, 2016, p.237

30 박찬대, 2019.10.7, p.1

31 대입제도개편공론화위원회, 2018, p.91

32 김현, 2017, pp.3~35 참조

33 황희돈, 2017, pp.39~52

34 한국대학교육협의회, 2017.4.10, pp.2~5

35 이기혜 외, 2017, p.91

36 정구선, 2010, p.56

37 정구선, 2010, pp.4~5 참조

38 이재옥, 2018, pp.182~183

39 유진 Y. 박, 2018, p.57 참조

40 정구선, 2010, p.84

41 헨드릭 하멜, 2016, pp.126~127

42 민현구, 2010, pp.181~185 참조

43 대입제도개편공론화위원회, 2018, p.71

44 송창헌, 〈뉴시스〉, 2019.8.13 참조

45 박찬대, 2018.8.20, pp.1~2 참조

46 김병욱, 2019.9.15, pp.1~2 참조

47 사교육걱정없는세상, 2018.12.3, p.4

48 교육부, 2018.12.17

49 서영교, 2019.9.25, pp.1~3 참조

50 임충열, 2018, p.43

51 임충열, 2018, p.44

52 엄보영 외, 2017, p.5

53 임명선 외, 2016, p.147

54 엄보영 외, 2017, pp.29~30

55 류종렬 외, 2017, p.23

56 송은경, 〈연합뉴스〉, 2019.9.5

57 류종렬 외, 2017, pp.337~338

58 김소희, 2014, pp.152~153

59 류종렬 외, 2017, pp.347~348

60 고민서, 〈매일경제〉, 2018.12.31

61 김미영, 〈주간동아〉, 2016.6.29

62 교육부, 2019.3.12

63 조아란, 〈한국경제〉, 2019.2.20

64 김소희, 2014, pp.261~262

65 김재훈, 2017, p.169

66 참교육연구소, 2016, pp.53~54

67 김은실, 2017

68 사걱세, 2019.7.4, pp.1~2

69 김은실, 2017, pp.99~109 참조

70 전희경, 2019.9.18

71 이경숙, 2017, pp.236~237

2장

1 김한솔, 2019, p.67

2 김재웅 외, 2019, pp.197~205 참조

3 대입제도개편공론화위원회, 2018, pp.103~104

4 대입제도개편공론화위원회, 2018, p.86

5 이현도, 2019, pp.51~52 참조

6 이현도, 2019.2, pp.51~53

7 염동열, 2017.10.31

8 김은혜, 2016, p.46

9 대입제도개편공론화위원회, 2018, p.81

10 대입제도개편공론화위원회, 2018, p.86

11 대입제도개편공론화위원회, 2018, pp.81~85

12 이수광 외, 2015

13 고한석 외, 2009, pp.16~17

14 이해웅, 2016, p.123

15 강창동, 2007, pp.109~110

16 〈동아일보〉, 1980.7.30

17 〈동아일보〉, 1980.7.30

18 김재현, 〈뉴스1〉, 2019.3.25

19 유진성, 2019, pp.20~21 참조

20 김성현, 2017, p.7

21 박일관, 2015, p.103

22 대입제도개편공론화위원회, 2018, p.30

23 대입제도개편공론화위원회, 2018, p.31

24 한국교총, 2017, p.24

25 대입제도개편공론화위원회, 2018, p.33

26 김한솔, 2019, p.62

27 김한솔, 2019, p.62

28 김한솔, 2019, p.64

29 참교육연구소, 2016, p.36

30 참교육연구소, 2016, p.36

31 이재은 외, 2017, p.11

32 이천종 외, 〈세계일보〉, 2019.4.20

33 박혜영 외, 2019, pp.157~165 참조

34 광주시 교육청, 2019, pp.111~112

35 이동수, 〈세계일보〉, 2019.5.13

36 신진상, 2014, pp.101~102

37 대니얼 골든, 2011, p.9; p.40; p.114; p.230

38 이재은 외, 2017, pp.13~14

39 한기호, 2015, p.17

40 한기호, 2015, p.18

41 교육부, 2018.4.6, pp.6~24

42 류성창 외, 2018, p.147

43 류성창 외, 2018, pp.148~149

44 류성창 외, 2018, pp.150~152

45 정의진, 〈한국경제〉, 2019.6.16
46 최유란, 〈에듀동아〉, 2019.4.22.
47 마이클 샌델, 2018, pp.251~272

3장

1 송수경 외, 〈연합뉴스〉, 2016.10.19
2 〈경향신문〉, 1957.4.10
3 〈동아일보〉, 1957.4.11
4 〈경향신문〉, 1957.4.11
5 이경숙, 2017, pp.233~234
6 24회 국회임시회의 속기록, 22호, p.14; 23호, p.29; 25호, p.24
7 고한석 외, 2009, pp.16~17
8 교육부, 2019.8.27
9 신동하, 2019.9.25, pp.1~4
10 전경원, 2019.9.25, pp.5~6
11 김영식, 2019.9.25, pp.7~10
12 신진상, 2014, p.13
13 교육인적자원부 보도자료, 2004, p.3
14 교육인적자원부, 2004, p.2
15 교육인적자원부, 2004, p.8
16 대입제도개편공론화위원회, 2018, pp.14~18
17 타임입시연구소, 2015, pp.22~23
18 강창동, 2007, pp.93~94
19 이재옥, 2018, pp.186~187
20 이해웅, 2016, p.122
21 이경숙, 2017, p.205
22 김충회, 1993, p.72
23 이대규 외, 1990, p.2
24 이경숙, 2017, p.206
25 신재영, 2005, p.163
26 이경숙, 2017, pp.203~204
27 대입제도개편공론화위원회, 2018, p.69
28 김미향, 〈한겨레〉, 2019.4.20
29 서울시 교육청, 2018.8.29
30 서울시 교육청, 2018.8.29
31 문주영 외, 〈경향신문〉, 2018.9.6
32 〈동아일보〉, 2018.11.5
33 교육부, 2018.12.17
34 서울중앙지법 2019.5.23, 2018고단7784 업무방해, pp.54~56
35 이혜정, 2019, p.36
36 서울중앙지법 판결문, 2019, pp.54~56
37 교총, 2019.5.23
38 박경미, 2019.4.5
39 한국교육학회 고교체제개편연구팀, 2008.10.1, p.4
40 한국교육학회 고교체제개편연구팀, 2008.10.1, p.5
41 이해웅, 2016, pp.50~51
42 심정섭, 2019, p.151

참고문헌

단행본

고한석·진명선, 《이제는 입학사정관제다》, 한겨레에듀, 2009

광주시 교육청, 《아지트》, 제이제이커뮤니케이션, 2019

교육혁명공동행동, 《대한민국 교육혁명》, 살림터, 2016

김동연, 《있는 자리 흩트리기》, 쌤앤파커스, 2017

김성현, 《교과 수업, 틀을 깨다!》, 지식프레임, 2017

김소희, 《강남 엄마의 정보력》, 북라이프, 2014

김은실, 《문재인 시대의 입시전략》, 황금열쇠, 2017

김은혜, 《대학입학전형 사용설명서》, 행복한미래, 2016

김재훈, 《대한민국 교사로 산다는 것》, 우리 교육, 2017

대니얼 골든 지음·이기대 옮김, 《왜 학벌은 세습되는가》, 동아일보, 2011

류종렬·이정현·정장현, 《대치동 최상위권 공부의 비밀》, 미다스북스, 2017

마이클 샌델, 김명철 옮김, 《정의란 무엇인가》, 와이즈베리, 2014

박남기, 《실력의 배신》, 쌤앤파커스, 2018

박일관, 《혁신학교 2.0: 혁신학교를 넘어 학교혁신으로》, 에듀니티, 2014

신진상, 《수시의 진실 3.0: 선생님과 대학교가 절대 알려주지 않는》, 지공신공, 2014

심정섭, 《심정섭의 대한민국 입지지도》, 진서원, 2018

엄보영·이수봉·김범, 《학종맘 학생부종합전형 입시 전략서》, 티핑포인트, 2017

유진 Y. 박 지음, 유현재 옮김, 《조선 무인의 역사, 1600~1894년》, 푸른역사, 2018

이경숙, 《시험 국민의 탄생》, 푸른역사, 2017

이재옥, 《조선시대 과거 합격자의 디지털 아카이브와 인적 관계망》, 보고사, 2018

이재은·정훈, 《학생부 자소서 하나하나 알기 쉽게》, 꿈결, 2017

이해웅, 《2021 중학생 공부법: 새 입시를 준비하는》, 타임북스, 2016

임명선·정학경, 《학교생활 잘해야 대학도 잘 간다》, 카시오페아, 2016

정구선, 《조선의 출셋길, 장원급제》, 팬덤북스, 2010

참교육연구소, 《대한민국 입시혁명》, 살림터, 2016

타임입시연구소, 《입시의 패턴을 풀다》, 타임북스, 2015

한국대학학회, 《대학정책, 어떻게 바꿀 것인가》, 소명출판, 2017

한기호, 《나를 발견하는 자소서: 입학사정관이 보내는 편지》, 좋은 땅, 2015

헨드릭 하멜 지음·김태진 옮김, 《하멜 표류기》, 서해문집, 2016

황병원·조진호·유제숙·김혜남·이금수·주동식, 《대입, 수시로 대학간다》, 지상사, 2016

EBS '시험' 제작팀, 《시험》, 북하우스 퍼블리셔스, 2016

논문

강창동, 〈한국대학입시제도의 사회적 변천과 특징에 관한 연구〉, 《교육문제연구》제28집, 고려대학교 교육문제연구소, 2007.7, pp.93~94; pp.109~110

김재웅·강태중·박상완, 〈'교육적 관점'에서 대입전형 공정성의 의미에 대한 논의〉, 《한국교육》(2019.4. Vol.46, No.1), 한국교육개발원

김충회, 〈대학입시제도의 타당성 분석: 대입 학력고사와 내신 성적의 타당성 분석〉, 《교육 연구논총》14(1), 1993, pp.45~81

김한솔, 〈학생부종합전형 공정성에 대한 교사의 인식과 개선 방안: 비평준화 지역 일반계 고등학교에 관한 질적 사례 연구〉, 《학습자 중심교과 교육 연구》(2019) 제19권 10호, 2019.5.30

김현, 〈통계로 살펴보는 10개 대학의 학생부종합전형 3년〉, 《학생부종합전형 3년의 성과와 고교교육의 변화》, 2017.3.30

김희삼, 〈영어교육투자의 형평성과 효율성에 관한 연구〉, 《KDI 연구보고서(2011-040), 2011.4, pp.28~29

남궁지영, 〈한국교육종단연구 2013: 중학생의 교육 경험과 성장〉, 《2018 한국교육종단연구》, 2018, p.16; p.18

류성창·이윤옥, 〈고등학교 유형별 교육과정 분석 및 학생부종합전형에 대한 대학 입시전형 실무자들의 인식-K대학의 사례를 중심으로〉, 《한국교육문제연구》36(3)

민현구, 〈과거제는 한국사에 어떤 유물을 남겼나〉, 한국사 시민강좌 46, 2010, pp.181~185

박혜영·이명애·이명진, 〈우리나라 미래 초·중등학교 교육평가 탐색〉, 《《교육과정평가연구》》 Vol.22, 2019

신재영, 〈교육개혁 체험 연구: '이해찬 1세대'의 내러티브를 중심으로〉, 《교육사회학연구》 제15권 제1호, 2005

유진성, 〈지방교육재정과 교육지표 추이 분석 및 시사점〉, 한경연, 2019. pp.20~21

이경숙, 〈일제시대 시험의 사회사〉, 한국교육사학 30권 2호, 2008

이광현, 〈학생부종합전형의 쟁점 분석과 대입제도 개선방향〉, 부산 교육대학교학술지정보 한국교육사회학

연구 한국교육사회학회, 2018

이대규·박재호·김상달, 〈대학 입학 학력 고사의 문제점과 개선 방안 탐색〉, 《교육 연구》, 1990, pp.1~85

이현도, 〈학생부종합전형에 대한 고등학생들의 인식 연구-충청남도 C시를 중심으로〉, 공주대학교 교육대학원, 2019.2

이혜정, 〈교육 '공정성'의 빛과 그림자: '숙명여고 사태'에 관한 담론 분석을 중심으로〉, 경기도교육연구원, 2019

임충열, 〈학생부종합전형에 대한 학생들의 인식 분석〉, 전북대 행정대학원, 2018.8.22

중앙대학교 한국교육문제연구소, 2018

정부, 국회의원 발간물, 판결문

24회 국회임시회의 속기록, 22호, p.14; 23호, p.29; 25호, p.24

건국대·경희대·연세대·이화여대·중앙대·한국외대, 〈학생부종합전형 101가지 이야기〉

교육부, 보도자료, 〈학교생활기록부 신뢰도 제고방안(시안)〉, 2018.4.6

교육부, 보도자료, 〈성균관대 교수 갑질 및 자녀 입학비리〉 관련 조사 결과 발표, 2019.2.26

교육부, 보도자료, 〈시·도 교육청 감사 결과 공개에 따른 학생평가·학생부 신뢰도 및 투명성 제고를 위한 관리 강화 방안〉, 2018.12.17

교육부, 보도자료, 〈시·도 교육청 초·중·고 감사결과 공개 및 종합 대응방안 발표〉, 2018.12.17

교육부, 설명자료 〈국민들이 신뢰할 수 있는 학생부종합전형을 위해 교육부는 지속적으로 노력하고 있습니다〉, 2019.8.27

교총, 보도자료, 〈숙명여고 시험문제 유출 사건 1심 유죄 판결에 대한 교총 입장〉, 2019.5.23

국회, 〈법학전문대학원 설치·운영에 관한 법률안〉, 2007.7.27

김병욱, 보도자료, 〈2019 서울대 수시합격생 평균 봉사활동 139시간, 동아리활동 108시간, 교내 상 30개〉, 2019.9.15

김영식, 〈공교육 정상화와 대입 공정성 제고 방안〉, 2019.9.25

김해영, 보도자료, 〈SKY재학생 40.7% 고소득층 자녀, 의대는 48%에 달해〉, 2019.9.27

김현, 대교협, 2017.3.30

대입제도개편공론화위원회, 〈대입제도개편 공론화 결과〉, 2018.8.3

대입제도개편공론화위원회, 〈대입제도개편 공론화 숙의자료집(A 타입)〉, 2018.7.30

리얼미터, 보도자료, 〈'수시 vs 정시' 대학입시제도에 대한 국민여론〉, 2019.9.4

민인식·이경희, 〈직업 계층 이동성과 기회불균등 분석〉, 《한국노동연구원 노동리뷰》, 2017.7, pp.63~74

박경미, 보도자료, 〈'수험생 가족 입학 업무 배제' 대입 공정성 강화한다〉, 2019.4.5

박찬대, 보도자료, 〈고교 시험지 유출사고 증가세…처벌 수준은 학교별로 제각각!〉, 2018.8.20

박찬대, 보도자료, 〈무너지는 교육 사다리…고소득층 자녀 서울권 대학 쏠림 심각〉, 2019.9.25

박찬대, 보도자료, <SKY 대학 포함 주요 20개 대학 의대생, 로스쿨생 절반 이상이 고소득층!>,2019.10.7

법무부, 보도자료, 〈2017년도 제59회 사법시험 최종 합격자 발표〉, 2017.11.7

사교육걱정없는세상, 보도자료, 〈고교 판 SKY 자사고: 자사고 진학 희망 중3생들의 고액 사교육비가 일반고
　　진학 희망 중3 학생들보다 최대 4.9배로 높아〉, 2019.7.4

사교육걱정없는세상, 보도자료, <특권 대물림 교육 해소, 국민 절반 이상이 대입 제도만 고쳐서는 안된다고
　　답했습니다>,2019.10.7

서영교, 보도자료, 〈맘에 안 들면 고치는 학생부〉, 2019.9.25

서울시 교육청, 보도자료, 〈S고 학업성적 관리 특별감사 결과 및 대책 발표〉, 2018.8.29

서울중앙지법, 판결문, 〈2018고단7784 업무방해〉, 2019.5.23

신동하, 〈공정성 개선을 위한 학교생활기록부 추가 정비〉, 2019.9.25

안민석, 보도자료, 〈주요 대학 의약대생 중 절반이 고소득층 학생, 해마다 증가〉, 2017.10.19.

여영국, 보도자료, <자사고 학비, 최고 2671만 원>, 2019.10.6

여영국, 보도자료, <연간 학비 사립외고 최고 1866만 원>, 2019.10.8

여유진·정해식·김미곤·김문길·강지원·우선희·김성아, 〈사회통합 실태진단 및 대응방안 Ⅱ-사회통합과 사회
　　이동〉,《연구보고서 2015-25》, 한국보건사회연구원, 2015.12.31

염동열, 보도자료, 〈공정 사회를 위해 정시 확대와 사시존치 논의해야〉, 2017.10.31

유은혜, 보도자료, 〈법학전문대학원 재학생, 10명 중 7명이 고소득층〉, 2017.10.17

유진성, 〈지방교육재정과 교육지표 추이 분석 및 시사점〉, KERI 정책제언 19-05, 한경연, 2019.4.24

이기혜·전하람·최윤진, 〈서울시 고교생의 대학입학전형 영향요인 분석: 정시전형과 학생부종합전형 비교를
　　중심으로〉, 2017.9

전경원, 〈공교육 정상화와 대입제도 공정성을 위한 제안〉, 2019.9.25

전희경, 보도자료, 〈"학생부 관리에만 480만 원"…'입시 코디' 학원 4배 ↑〉, 2019.9.18

종로학원하늘교육, 보도자료, 〈2019 대입 결과, 특목고 및 영재고 출신이 가장 많은 대학은?〉, 2019.6.28

한국교육학회 고교 체제개편연구팀, 〈자율형사립고등학교의 추진 방안 및 과제〉, 2008.10.1

한국교총, 보도자료, 〈19대 대선 교육공약 요구 과제: 미래형 인재를 육성하는 교육〉, 2017.3

한국대학교육협의회, 보도자료, 〈학생부전형의 성과와 고교 현장의 변화 심포지엄〉, 2017.4.10

황희돈, 대교협, 2017.3.30

기사

사설, "사실로 드러난 숙명여고 사태… 고교내신 신뢰 회복 시급하다", 〈동아일보〉, 2018.11.5

정의진, "'학종' 공정성 논란 진화에 사활 건 서울대 "5차례나 블라인드 테스트"", 〈한국경제〉, 2019.6.16,
　　https://www.hankyung.com/society/article/201906162899i)

"낙하산 입학은 사실 아니기를 바란다", 〈경향신문〉, 1957.4.11

문주영·노도현·김찬호, "'쌍둥이딸 1등' 숙명여고 압수수색…'학종 불신' 사태로 번지나", 〈경향신문〉, 2018.9.6

김재현, "학종, 사교육비 상승 이끌고 기회 불평등 유발", 〈뉴스1〉, 2019.3.25

서부원, "소설이 된 '생기부'… 나는 그만 모멸감이 들었다", 〈오마이뉴스〉, 2018.12.30

고민서, "'내년엔 학종에만 올인' 돌아온 대치동 돼지엄마들", 〈매일경제〉, 2018.12.31

조아란, "대입 전략도 占으로?…'학종 사주'까지 등장", 〈한국경제〉, 2019.2.20

"대입 본고사 폐지, 졸업정원제", 〈동아일보〉, 1980.7.30

김미영, "'돼지맘' 밀어낸 '학종'의 위력", 〈주간동아〉, 2016.6.29, https://news.naver.com/main/read.nhn?mode=LSD&mid=sec&sid1=102&oid=037&aid=0000022006

최유란, "엄태호 연세대 입학처장 "올해 논술 유형 바뀐다… 내년엔 선발 인원 절반으로"", 〈에듀동아〉, 2019.4.22, http://edu.donga.com/?p=article&ps=view&at_no=20190422160953289445

송수경·서혜림, "秋 "최순실 모녀 사태, 이승만 정권 때 이기붕 일가 떠올라"", 〈연합뉴스〉, 2016.10.19, https://news.naver.com/main/read.nhn?mode=LSD&mid=sec&sid1=100&oid=001&aid=0008764641

김미향, "고1 첫 중간고사 뭐길래…"이번 시험 망치면 인생 망할 것 같아요"", 〈한겨레〉, 2019.4.20, https://news.naver.com/main/read.nhn?mode=LSD&mid=sec&sid1=102&oid=028&aid=0002450933

김원배, "유엔총장까지 배출한 외시, 45년 만에 폐지", 〈중앙일보〉, 2013.6.12, https://news.joins.com/article/11775827

송은경, "'SKY 캐슬' 작가 "'금수저 전형' 학종 문제 다뤄 큰 반향 예상"", 〈연합뉴스〉, 2019.9.5, https://news.naver.com/main/read.nhn?mode=LSD&mid=sec&sid1=103&oid=001&aid=0011064833

"경기중학 채점기준 변경의 밑바닥", 〈동아일보〉, 1967.12.7

이천종·이동수·이진경·윤지로, "4차혁명 시대 걸맞는 인재, 한국 교육으론 어렵다", 〈세계일보〉, 2019.4.20

"동맹휴학으로 돌입…천이백 서울법대학생들", 〈동아일보〉, 1957.4.11

이재연, "정시 확대 거부한 서울대 "수능 올인하면 교실붕괴 불보듯"", 〈국민일보〉, 2018.5.11, http://news.kmib.co.kr/article/view.asp?arcid=0923947414

이동수, "스팀 수업으로 공동체 정신 '우분투' 배워", 〈세계일보〉, 2019.5.13

송창헌, "'시험 유출' 사립고, 입시학원화 사실로…무더기 징계 요청", 〈뉴시스〉, 2019.8.13, https://news.naver.com/main/read.nhn?mode=LSD&mid=sec&sid1=102&oid=003&aid=0009397720

인터넷

노무현, 《여보, 나좀 도와줘: 노무현 대통령 후보 홈페이지(저서)》, pp.124~128, http://archives.knowhow.or.kr/record/all/view/89043

조선왕조실록(sillok.history.go.kr/main/main.do)

청와대 국민청원 홈페이지(www1.president.go.kr/petitions)

한국민족문화대백과사전(encykorea.aks.ac.kr/)

한국사사전편찬회(https://terms.naver.com/list.nhn?searchId=au330)

한국학중앙연구원(www.aks.ac.kr/home/index.do)

학종유감

금수저, 깜깜이, 쓰앵님… '학종'은 왜 공공의 적이 됐을까?

초판 1쇄 발행 2019년 11월 18일
지은이 이천종

펴낸이 민혜영 ㅣ **펴낸곳** (주)카시오페아 출판사
주소 서울시 마포구 성암로 223, 3층(상암동)
전화 02-303-5580 ㅣ **팩스** 02-2179-8768
홈페이지 www.cassiopeiabook.com ㅣ **전자우편** editor@cassiopeiabook.com
출판등록 2012년 12월 27일 제2014-000277호
외주편집 공순례 ㅣ **표지 디자인** 김태수

ISBN 979-11-88674-94-7 03370

이 도서의 국립중앙도서관 출판시도서목록 CIP은 서지정보유통지원시스템 홈페이지(http://seoji.nl.go.kr와
국가자료공동목록시스템 http://www.nl.go.kr/kolisnet에서 이용하실 수 있습니다.
CIP제어번호: CIP2019043726

이 책은 저작권법에 따라 보호받는 저작물이므로 무단전재와 무단 복제를 금지하며, 이 책의 전부 또는 일부를
이용하려면 반드시 저작권자와 (주)카시오페아 출판사의 서면 동의를 받아야 합니다.

• 잘못된 책은 구입한 곳에서 바꾸어 드립니다.
• 책값은 뒤표지에 있습니다.